书山有路勤为径，优质资源伴你行

注册世纪波学院会员，享精品图书增值服务

全球教练经典译丛

SYSTEMIC COACHING
Delivering Value
Beyond the Individual

系统化教练
超越个人价值

[美] 彼得·霍金斯（Peter Hawkins）

伊芙·特纳（Eve Turner） 著

林菲 译

电子工业出版社·

Publishing House of Electronics Industry

北京·BEIJING

Systemic Coaching: Delivering Value Beyond the Individual by Peter Hawkins, Eve Turner

ISBN: 9781138322493

Copyright © 2020 by Peter Hawkins and Eve Turner. All rights reserved.

Authorised translation from the English language edition published by Routledge, a member of the Taylor & Francis Group.

Copies of this book sold without a Taylor & Francis Group sticker on the cover are unauthorized and illegal.

版权贸易合同登记号　图字：01-2021-3015

图书在版编目（CIP）数据

系统化教练：超越个人价值／（美）彼得·霍金斯（Peter Hawkins），（美）伊芙·特纳（Eve Turner）著；林菲译. —北京：电子工业出版社，2022.1

（全球教练经典译丛）

书名原文：Systemic Coaching: Delivering Value Beyond the Individual

ISBN 978-7-121-42364-2

Ⅰ.①系… Ⅱ.①彼… ②伊… ③林… Ⅲ.①管理学 Ⅳ.① C93

中国版本图书馆 CIP 数据核字（2021）第 261157 号

责任编辑：袁桂春

印　　刷：三河市双峰印刷装订有限公司

装　　订：三河市双峰印刷装订有限公司

出版发行：电子工业出版社

　　　　　北京市海淀区万寿路173信箱　邮编：100036

开　　本：720×1000　1/16　　印张：18.5　　字数：296千字

版　　次：2022年1月第1版

印　　次：2022年1月第1次印刷

定　　价：88.00元

凡所购买电子工业出版社图书有缺损问题，请向购买书店调换。若书店售缺，请与本社发行部联系，联系及邮购电话：（010）88254888，88258888。

质量投诉请发邮件至zlts@phei.com.cn，盗版侵权举报请发邮件至dbqq@phei.com.cn。

本书咨询联系方式：（010）88254199，sjb@phei.com.cn。

译者序

当下，VUCA这个词已经不再是潮流，甚至因为被过于频繁地引用而令大家心生排斥。创新领导力中心（CCL）曾经提出它的升级版"RUPT"，更加贴切地描述出动荡混乱的内外部环境对领导者的挑战，R代表急速的（Rapid），U代表莫测的（Unpredictable），P代表矛盾的（Paradoxical），T代表错综缠绕的（Tangled）。新一代的领导力发展因此聚焦于敏捷善学、不确定性管理、灰度管理和认知格局修炼，"团队教练之父"彼得·霍金斯（Peter Hawkins）同著名教练伊芙·特纳（Eve Turner）共著的《系统化教练》也应运而生。

何为系统化教练

"教练"这个概念最早是约翰·惠特默（John Whitmore）爵士从体育行业迁移到商业领域的，旨在帮助企业高管采用启发式的管理模式让个体和企业释放潜能。2012年我将他的《高绩效教练》（原书第4版）引入中国。那时的教练范式强调教练作为客观的"陪驾人"，支持领导者聚焦个体的挑战和目标，更好地提升"驾驶技术"并实现个人目标。进入RUPT时代，"驾车人"貌似面对着A问题，但A问题的解决是受B、C、D等多个问题错综交织影响的。这就是系统教练的源起，即领导力教练需要引导领导者不仅关注自己的问题，还要以更大的系统视角看所面对的问题，把他所在系统（利益相关者、部门、公司、社会）的需求也纳入教练的目标，这样才能实现领导者个体与组织的双赢和共同成长。

举个真实的例子，我的一个客户是全球领先的高科技公司。为了应对日益复杂多变的市场竞争，董事会决定推进组织变革，短短一年之内全球的首席执行官、人力资源总监、首席财务官，甚至大中华区的首席执行官都发生了变动。我的辅导对象——这家公司的大中华区首席财务官,她的职业发展在这样的背景下充满了不确定性,并与公司和全球关键领导人物的命运相互依存。如何通过高管教练支持她的职业成功?在这个案例中,我应用系统化教练范式并取得了很好的效果。以下几点感悟最为深刻。

1. **目标**。领导者与关键利益相关者共同确立教练目标,而这个目标是建立在共赢互助的基础之上的。同时,在行动推进中主动寻求利益相关者的反馈并达成共识,在每个目标节点达成后大家一起复盘反思,确定下一步的目标与行动方案。

2. **系统**。在公司内外系统中建立人际网络联盟是未来领导者的关键成功要素。这个人际网络不仅包括上级,还包括内部360度的利益相关者、客户、供应商,甚至竞争对手。换位思考是很多领导者成长的卡点,它的根本不是技巧或意识,而是认知系统的局限性和系统角色与关系的盲点。

3. **驱动**。当教练可以引导领导者从对一个更大系统的价值与贡献角度来看待自己的挑战时,领导者就自然而然地承接了这个系统的使命、责任与动力。这些驱动领导者从系统的角度思考价值最大化所产生的能量远远高于只驱动个体价值最大化。中国人称这种状态的终极为"天人合一",同声相应,同气相求。

4. **关系**。迪尔茨的理解层次模型最高一层是"精神(Spirituality)",即"我与世界的关系(Who else)"。教练的最高境界就是帮助领导者觉察到以前所忽略的"我与其他人或系统的关系"。每达到一个新的系统,领导者的认知境界就进入了一个新的层级。

如何成长为一名系统教练

教练不必优于辅导对象,但专业教练的系统认知格局与架构不能低于辅导对象。随着专业探索的精进,教练的聚焦更加分化:生命教练、领导力教练、业绩教练、职业教练、私董会教练……教练也因此不能仅仅满足或骄傲于一张国际教练联合会(ICF)的高级教练(PCC)证书,那只是一张从事职业教练服务的资格证明,并不代表我们是能够带给客户真正价值的专业教练。作为在系统教练道路上探索的我,有如下体会供大家参考。

1. **聚焦**。无论你选择哪个教练领域，请专注并持续在这个领域中探索。生命教练支持一个人和他亲近的人的生命绽放，领导力教练支持领导者的内在成长，业绩教练支持经营者突破业绩目标。聚焦探索特定领域的系统机理，对一个教练的功力精进甚为关键，不要因为某个领域热门而蜂拥而上。

2. **思维**。倾听、提问的技巧很重要，但认知高度与格局大小是教练水平最大的分水岭，这也是成为系统教练最核心的修炼点。"与自己认知层级相同的人对话是乐趣，与自己认知层级不同的人对话是修炼"——认知的突破总是有痛苦相伴，格局的提升总是先放弃才能得到，思维的成长需要心路历程的陪伴。

3. **感知**。传统的教练培训会讲倾听的三个境界，要不仅听到对方说什么事，有什么情感，还要听到对方内在的价值驱动和内在角色。系统教练还需要练习和培养"广角共情"，共情的对象不仅是客户本身，还要兼顾客户案例中涉及的每个人和每个系统。

4. **持续探索**。这里我希望借用彼得的那个经典的探索问题："你唯一能做的事情是什么？明天的世界需要什么？"请在你系统教练成长空间的每个系统视角中对自己提出这个问题，那么与我们关联的系统都将受益，并支持我们实现成为一名优秀系统教练的目标。

系统化教练有什么模型

最后提一下教练模型。GROW模型最早源于教练技术，但它本身并不能被称为一个教练模型，而是一个厘清混乱局面、找出关键聚焦点并思考解决方案的思维模型。众多教练模型中我最喜欢CCL的RACSR模型，有兴趣的朋友可以了解一下。本书除了介绍彼得在团队教练中常提到的CLEAR教练过程模型，还着重介绍了系统化教练纵深探索的四级参与模型及在此基础上的框架重构，可参见本书第6、第7章。系统化框架重构是我最喜欢的话题之一，希望未来有机会跟大家做更深入的探讨。

展望中国企业的成长，一个个年轻的商业巨擘在RUPT下风起云涌，字节跳动、美团、拼多多、阿里巴巴……强大如华为也不断面临着新的挑战与困难。企业家的成功都离不开他们所在的系统与时代，系统化教练是我们支持这些领导者拨开迷雾看清宇宙的法器，陪伴他们与企业一起，行得大道，取得真经。

林菲

于2021年6月19日

前　言

間（Ma）

两者之间的空间创造了框架，

透过它可以看到天空。

由此我们可以认识到，

我们是三个而非两个。

彼得·霍金斯

2019年4月于京都

在日语里，"間"指两者之间的空间，大致可以翻译为"间隙""空间""停顿""两个结构部分之间的空间"。它被用于日本的园艺、音乐和舞蹈。它也可以用于表示教练课程所创造的工作之间的"暂停"，还可以用于表示教练和学员之间的空间。如果掌握得当，它甚至可以表示在每对教练和学员之间隐含一种"优雅的第三空间"。

在本书中，一方面我们赞美了教练对个人领导者和经理人员所做出的巨大贡献——在过去的四五十年，我们很荣幸从这种贡献中受益匪浅；另一方面我们认为教练需要在21世纪中期在所有方面发生彻底改变，特别是在范式上做出重大转变。我们想要明确的是，书中所描述的"新"教练方法，对有的读者而言并不陌生。我们感谢这些"新"方法的创造者，也欣喜于许多同行正在使用这些方法，他们中有许多人值得我们学习和借鉴。而对许多其他读者来说，他们或许对书中内容略知一二，但大部分内容从未见过。这是一本对某些人具有挑战性的书，就像它有时候对我们来说也一样！它将带你走出舒适区，打破固有思维方式，并且让你从新的角度反思自己与工作。我们鼓励你敢于接受挑战，既不盲从也不反对我们的观点，而是看看这些观点如何与你自己的经验和思维进行对话，并且创造出新的东西。

我们并不认为我们对所探索的一切都有答案。我们所做的是"走出去"，通过采访来自世界各地不同背景的教练和领导者、与他们对话、接受他们各种方法和培训的指导，以探索尽可能广阔的教练世界。我们还查阅了很多最近出版的有关教练的文献、报告和研究。在这些繁杂的材料中，我们不可避免会有所取舍，而且会特别关注寻找新教练方法的萌芽。这些新方法将超越个人，为组织和利益相关者创造价值。我们还探索了领导力、领导力发展、组织思维、团队方法、团队合作和团队发展、心理学、心理治疗，以及咨询领域正在发生的平行转变。此外，我们还从哲学、科学、神经科学、关系学、系统学、生态学和精神学的角度，研究了人类认识方式（认识论）和存在方式（本体论）在必要范式转变方面的许多其他方法。

我们希望已经尽力以一种容易理解的方式整合了上述探索中的所有发现，并且为教练的下一步前进方向提供了一些指导。我们希望本书不要被看作只是试图做总结，而是能激励读者与他人开展新的对话并推动他们勇于探索。它仅仅是为进一步对话提供一个全新的跳板。事实上，本书带来的是两位作者之间的对话，他们不一定总是意见一致，但他们的分歧会碰撞出富有成效的火花！

目 录

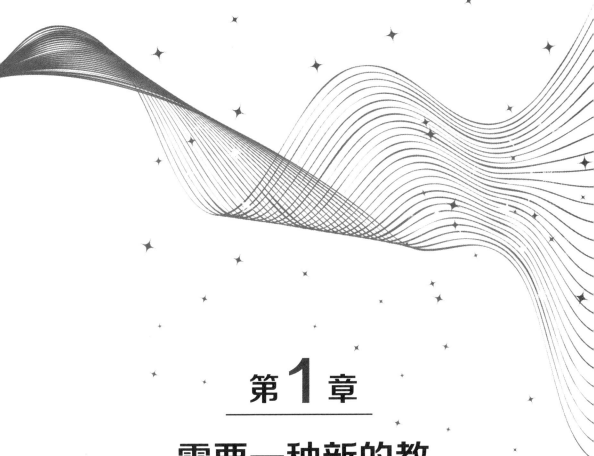

第1章

需要一种新的教练方法

从本质上讲，教练就是关系和对话，即两个或两个以上的人分享新的价值，在他们之间的世界里共同创造新的思维和行为方式。本书也是一种对话，正如1946年马歇尔·麦克卢汉（Marshall McLuhan）的一句名言所说："媒介就是信息。"或者换言之：我们说什么和我们怎么说必须相互一致。

因此，让我们——作者和读者——从对话开始。请思考一些开放式问题，这些问题对于应如何开始系统化教练的对话至关重要。或许你可以想象是你要来会见我们两位作者，而我们俩先向你提出问题：

- 请告诉我们，什么对于了解你最为重要？
- 你最感兴趣的是什么——对你来说真正重要的是什么？
- 你的工作是什么？你的工作为谁服务？请列出你现在和将来的所有利益相关者（那些可能直接或间接受益于你所做工作的人）。
- 如果我们能邀请5至10位你现在和未来利益相关者的代表参加这个假想的对话，并问他们希望你从本书以及与两位作者之间的对话中学到什么，他们会给出什么样的答案？当你阅读这本书时，他们希望你问什么问题，这样他们就能从你读本书中获得利益和价值？请写下他们的名字，并列出他们会提出的问题及他们将从中受益的知识。
- 现在，在阅读本书的过程中，你希望了解哪些问题和新知识，以确保你和未来的生活、工作及你的利益相关者从与我们一起度过的时间里获得最大价值？

我们无法承诺回答所有这些问题——无论如何，即使我们能够回答，这也不符合对话的本质——但我们可以承诺的是，通过牢记这些潜在的知识和问题，我们之间的对话将会更加丰富，学习也更有价值。

在本书的序言和第1章中，我们将回答本书一开始提出的问题，即我们为什么认为教练需要在理论和实践上做出变革？在第2章中，我们将探讨客户的需求如何发生快速变化。在第3章中，我们将探讨"什么是系统化教练"。我们将给出一个实用的定义，并概述它如何建立于教练思维的其他最新发展之上。在明确了"原因"和"定义"之后，在第4~7章中，我们将继续探讨"如何做"的问题。在第4章，我们讨论了组织如何从他们管理的教练中获得更多价值。在第5

章，我们讨论了多方利益相关者开展合作的重要性。在第6章，我们展示了教练旅程地图，我们发现这些地图在提高组织和个人客户参与度以及实施个人教练课程的过程中非常有帮助。最后，在第7章，我们描述了对这次旅程特别有用并且可能十分必要的工具与方法。

我们首先分享一些我们发现的问题，这些问题将引导我们进入对话探索。

1. 教练如何帮助避免发生商业和组织灾难

2009年年初，我（彼得）在英国的一个教练课程上发表主题演讲。我提了一个问题："当银行处于危难之中时，教练们在做什么？"因为我曾不安地发现，在2008—2009年金融危机中倒闭的雷曼兄弟、苏格兰皇家银行和许多其他主要金融公司在教练方面花费了大量时间和金钱。但这显然未能充分提醒正在成长中的领导者们如何防止他们的组织出现严重失败，从而造成高昂的人力成本浪费。提出这个问题后，房间后面的一个人举起手说："很明显，教练们有事可做啊！"我说："这个答案太过笼统，你能启发一下大家吗？"他答道："他们很快就寄出了发票！"大厅里许多人突然大笑起来，我也开始大笑，然后震惊地倒吸一口冷气。难道这就是大家关于教练职业的看法吗？我们开始问：教练如何帮助组织克服我们的同事玛格丽特·赫弗南（Margaret Heffernan）在2011年所说的"视而不见"，并且在他们遭遇灾难性商业危机之前帮助他们度过学习危机？

2. 教练如何在个人发展之外传递价值

我（彼得）在大马士革的又一次教练经历是在我与南非开普敦地区政府合作的时候。他们一直在制定一个全面的"教练文化战略"，请我举办一个大型研讨会，不仅有教练和南非政府的教练管理人员，还有教练领域的多方利益相关者，包括高层领导、中层领导和一线经理，在当地企业、医院、学校和大学工作的人，以及当地纳税人和服务使用者。我让那些教练管理人员介绍他们的"教练文化战略"，并建议他们时不时停下来，以便各种利益相关者站在更广泛的生态系统层面上给予他们反馈。我甚至让三个人扮演"我们的共同孙辈"角色，代表未来的几代人提供反馈，因为这些人将会受到现在所做决定和行动的影响。

突然，一位年轻的一线经理站起来说道：

这听起来好像是拥有大办公室、豪车和高薪的人现在又拥有了大教练。我认为这是为已享有高度特权之人提供的昂贵的个人发展。

我觉得这个评论像是对我的肚子重重打了一拳。我再一次想到"这是对我们教练职业的控诉，难道我花费如此多的时间和精力，仅仅是为了给已经享有高度特权之人提供昂贵的个人发展建议吗？"我开始质疑教练在多大程度上为更广泛的人类家庭和"超越人类"的世界创造了积极利益——无论教练是否正在助长西方的个人主义自恋和自我吸收，这可能都是21世纪许多人类问题的根源之一。

国际投资银行集团人力资源总监马克汗（Marc Khan）在我们采访他时表示：

如果高管教练在工作中仅是做一种形式上的咨询或一对一的技能培训，那么他们只应收取比咨询师和培训师低得多的费用。如果他们想获得比商业教练所要求高得多的报酬，那么他们需要为企业提供可证明的价值。

3. 教练如何为个人、团队、组织及其利益相关者带来可证明的价值

在我们举办的培训研讨会、指导团队及所做的演示中，许多教练告诉我们，他们相信如果个人获得成长和发展，那么他们的团队、组织及其利益相关者就会自动受益。

我们认为这是一个沾沾自喜、非常值得质疑的假设，它或许反映了这些教练对当代领导力的培训和理解缺乏系统性关注。一个基本问题是"谁是客户"，而答案不是一个或另一个。我们终于搞明白的是，"所有发展均始于个人"，以及"学习总是发生于个人内部"的这种假设是西方后启蒙文化信仰体系的一部分。在过去的250多年里，西方的物质进步也带来了一些观念层面的危险。

4. 为了给个人、团队、组织及其利益相关者带来价值，应如何建立和签订教练协议

导致教练如此以个人为中心，一个限制因素是高管教练的签约方式缺乏复杂性。2014年，我们实施了一项关于多方利益相关者签约的全球研究。该研究提出了一些挑战和问题，这些挑战和问题都是教练为满足学员团队和组织需求在签约个人教练时所经历的。本书在很大程度上受到了解决联合研究中所出现问题的启

发。如何通过多方利益相关者的有效合作建立并集中开展教练活动，这将在第5章中进行讨论。

5. 我们如何评估教练为个人、团队、组织及其利益相关者所创造的价值

在商业教练发展早期，人们很少对教练的过程和结果进行高质量研究，教练行业在个人教练的热情和信念推动下迅速崛起。最近10年，由于建立了拥有硕士、博士及学术研究人员的教练学术中心，高水平的行业研究有了很大增长，这是一个显著的变化。然而，大部分研究都集中在教练过程的"输入"上，即教练工作内容、教练关系本质，以及教练干预等。很少有人关注教练更为重要但更难研究的方面：

- 输出——学员从教练过程中获得的新知识和发展，如他们可以在工作中应用的新技能。
- 结果——学员在接受教练后在工作中做出的优异成绩，如他们如何吸引团队、客户和利益相关者，如何管理会谈、组织工作和利用其他新功能等。
- 价值创造——学员的新行为、新行动为团队、组织中更广泛的职能，以及所有利益相关者创造的价值。利益相关者包括客户、供应商和合作伙伴、投资者、员工、组织运作所在社区，以及"超越人类"的生态世界。

在本书第12章，我们将讨论将以上评估教练的所有4个方面联系在一起的重要性，以显示输入、输出、结果和价值创造之间的联系。

6. 指导如何影响系统化教练的质量并为所有利益相关者创造价值

鉴于系统化教练的本质——认真了解个人以外更广泛的环境，并仔细思考你作为其中一部分的教练关系——我们坚信，如果不进行系统化指导，我们就不可能实施高质量的系统化教练。在第10章，通过一些指导小案例及其对后续教练过程的影响，我们将向你描述系统化指导的本质。

7. 为什么我们需要对未来保持警醒

在培训课程中，我们经常听到学生说："你不能预测未来，为什么还要担心它？"我们做出回答并强调"未来已经到来"。未来就在世界的某个地方——常

常被我们忽视——它显示的早期萌芽和迹象在不久的将来即将成为现实。当IBM在大型计算机领域处于世界领先地位时，它是如此成功，以至于没有注意到有两个年轻人正在简陋的车库里工作，发明了新的个人计算机和操作系统，直到苹果公司发展壮大到IBM几乎来不及回应。

在《三视野思维》（*Three Horizon Thinking*）一文中，比尔·夏普（Bill Sharpe）写道：我们都在经历着巨大的加速变化，我们需要在3个时间的视野上不断思考。"视野1"为"一切照旧"，由一些需要立即解决的问题组成，如关注下一个教练客户、运营教练业务、赢得新工作等。"视野2"是为明天创新，即我们需要不断提升技能、跟上新发展、创造和引进新方法和途径等。"视野3"是未来远见，即在视野上方将要发生的事情，这可能从根本上要求我们不仅要升级当前的游戏或方法，而且要彻底地改变它。

当你读到这里时，我们想请你停下来，为你自己写下在过去的一个月中，你在上述各个视野上所花费工作时间的百分比，总计为100%。请考虑一下，你认为从现在起一年内应该如何分配你的工作时间，并写下一份新的3个百分比的清单。

现在看看这两组数字之间有何区别，问问你自己，从第1组数字到第2组数字你需要做什么？你将如何做出改变？

比尔·夏普认为，在当今呈指数级变化的世界里，我们不能再按照从"视野1"经"视野2"到"视野3"的顺序工作，而是必须从"视野1"转向未来远见的"视野3"，然后在"视野3"启示下完成"视野2"的创新。只有这样，我们才能通过创新来玩明天的游戏，而不仅是在昨天的游戏中变得更好。

8. 教练如何迅速崛起并获得如此成功

自20世纪70年代末、80年代初高管教练开始崭露头角以来，教练方式迅速崛起［部分原因得归功于蒂姆·高尔韦（Tim Galwey）在1975年出版的《网球的内心游戏》（*The Inner Game of Tennis*）这本书的推动作用］。目前，此行业估计有53 300名专业从业人员，行业价值23.56亿美元（国际教练联合会，2016年）。在那段时间里，教练取得了很大的成就。当我们在20世纪七八十年代开始走上教练之路时，许多人的智商（EQ）比情商（IQ）高几倍。因此，无论是在工作中还是在更广泛的范畴内，教练在帮助众多领导者和经理人员发展情商和能力以更好与人沟通方面发挥了重要作用。

教练已成为最受欢迎和赞赏的领导力发展方法，并将领导力发展从历史案例的课堂研究中剥离出来，重新聚焦于个人，从而解决了个人或团队行动学习中当前和未来的挑战。它的成功离不开雷吉·雷文斯（Reg Revans）的工作成果，以及亨利商学院（Henley Business School）在20世纪五六十年代推进的"行动学习"和基于挑战的联合学习的整体发展。

教练已经成为许多领导力发展项目的一个重要组成部分。有广泛的证据表明，学员对教练的好处有积极的反应，包括个人意识的增长和对他们关键关系的洞察。一些研究显示，接受教练的经理人员总体上认为这些学员的工作绩效有积极的改善。

索斯基（Soske）和康格（Conger）指出，尽管领导力发展项目的数量和费用呈指数级增长，但仍存在严重不足。他们认为，原因之一是不承认"在组织中行使领导力不是个人行为……当今组织的复杂性、相互关联性和透明性意味着没有一个人能够独自取得巨大成就。大多数挑战和机遇在本质上是系统性的"。他们担心领导力发展宁可脱离业务也不愿"原地踏步"。伊芙（Eve）在21世纪初参与了英国广播公司（BBC）的领导力发展计划，领导者们一致高度评价与正式教学项目并行的教练要素的主要好处。特别是高层领导想要获得更多的教练和行动学习，而少一些授课安排。

大量证据表明，个人客户感谢并积极评价他们的教练，并反映参与教练对他们很有帮助。我们也意识到教练可能会在其他方面带来益处——如家人和朋友——因为我们坚信一切都是相互联系的。然而，很少有证据能证明：个人教练不仅能给个人带来价值，还能给学员所领导的个人、团队、同事、更广泛的组织及众多的利益相关者带来好处。

9. 教练应如何打破自我，迎接未来30年的挑战

颇具影响力的美国教练马歇尔·戈德史密斯（Marshall Goldsmith）在2008

年写了一本书，书名为《习惯力：我们因何失败，如何成功？》（*What Got Us Here Won't Get You There*）。他在书中展示了我们敢于舍去以往成功之路的重要性，以及为了不断变化的角色和时代而重塑自我的必要性。

硅谷奇点大学（Singularity University）的创始人彼得·迪尔曼迪斯（Peter Diamandis）说，在当今呈指数级变化的世界里，每个组织和职业都可以选择是自我分裂还是被分裂。我们还知道，对于那些踏着成功浪潮、春风得意的组织来说，他们既很难看到明日之世界相比今日之客户需要何种不同之物，也很难注意到正在创造新市场的微不足道的创新型竞争对手。在刚刚过去的历史中，这样的例子比比皆是：打字机行业的好利获得（Olivetti）和摄影行业的柯达（Kodak）等市场领导者由于未能认识到外部干扰对其行业的影响而错失发展良机。我们认为，同上述例子一样，教练虽然能够沉醉于自己的巨大成功和客户的积极评价中，却无法彻底挑战和重塑自我，因此，仅有"未来"可以适应21世纪不断变化的挑战。

我们几乎看不到任何证据表明教练有足够的勇气挑战自己，因为在21世纪中期对教练的要求与20世纪后期形成的当前的教练方法有着根本不同。许多人早就指出，当你成功之时，从根本上做出改变难上加难。成功很容易带来自满和傲慢。教练课程和出版物上总是充斥着自恋于过去成功的赞誉之辞，这不足以让位高权重的首席执行官们或有能力挑战社会舒适假想的年轻千禧一代保持警醒。我们将在本书中论证，打破自我迎接挑战对于教练的创新发展和系统化至关重要，只有这样才能实现"未来回溯"和"由外而内"。

正如布莱基（Blakey）和戴（Day）在2012年所强调的，我们坚信，在当今世界，教练作为一种实践和职业，必须更加注重自我挑战，并时刻准备好面对客户。

10. 教练职业面临的干扰因素有哪些

当我们展望未来，审视当今世界上已经存在的来自"未来"的微弱信号时，我们看到几个关键的干扰因素，我们相信这些因素将在不久的未来加速增长。你可能想花点时间考虑一下这些因素中哪些会对你的工作产生影响，哪些是你所知道的破坏性趋势。

1）**教练被重新内包**——首先是内部教练，然后是领导者和直线经理。许多年前，我（彼得）将教练描述为"外包困难对话的一种方式"。如果经理人员与某位下属员工产生矛盾，他们通常会打电话给人力资源部寻求帮助，而不是自己解决问题。当人力资源专员也决定不想和这名员工对抗或打交道时，他们会打电话给外部教练，给这个人提供教练！自那时起，内部教练有了很大的发展空间。他们有的是由组织内部雇用的全职教练，有的是已经完成内部教练培训计划的员工，随后利用工作日的部分时间培训来自组织其他部门的员工。事实上，这就是伊芙开始其教练生涯的方式，除了作为英国广播公司领导者的角色，她还是一名内部教练。

最近，有关领导者和经理人员学习教练技能的课程在数量上有了很大的增长，它们要么作为一般性质的领导力与管理能力发展计划的一部分，要么作为一种特殊的培训。这些领导者和经理人员被鼓励使用这些技能来培训自己的员工。还是在最近，我们看到在团队教练方法中引入了"培训型领导者"，这样他们就可以提高团队的集体能力。这一发展得到了专业机构教练协会（AC）的认可，该协会引入了"AC认证教练型领导"（2019年，线上认证）。他们写道："我们认为教练技能是一种重要的领导工具。本教练协会正在努力帮助组织从教练文化中受益，并通过教练方法使其领导者和经理人员能够发展和授权他们的团队。"

2）**更少的客户**——在我们的领导力研究中，接受采访的所有大公司均表示，由于数字化、机器人、人工智能和服务外包，他们预计在未来10年受雇用的员工会少得多。

随着员工越来越少而内部教练越来越多，大公司雇用的外部教练在数量上将不可避免地减少。

3）**人工智能教练**——人工智能是一个飞速发展的领域，每天都会带来更多的产品、进步和用途。近来，数字在线学习的开发和使用，以及数字教练应用的增长出现了热潮。我们已经见证了数字系统如何整合教练行业里各种各样的"最佳提问"，以及其他计算机系统如何读取访问者的情绪和情感，如何调整音调配合访问者并显示出人机共情。如果教练接受培训只是为了询问学员一些好的问题，让学员能够独立思考，那么数字系统很快就能以更低的价格和更容易理解的方式复制"教练"这一产品。重要的是，我们必须学会将人工智能和数字化视为我们教练工作中的合作伙伴，而不是即将取代我们的威胁。彼得正与Saberr公司开展密切合作，后者开发出"团队教练机器人"，该机器人利用了系统化教练的"五大训练科目"，并拥有一个训练有素的全球系统化团队教练小组，以便人工智能系统能够为团队教练的实施提供支持，并保障各位团队教练对系统的正常访问。此外，当一个组织的高级团队使用了团队教练机器人之后，该团队的成员能够使用教练机器人帮助他们训练自己的团队。这样，数字和人工智能系统不仅没有取代个人教练或团队教练，反而扩大了它们的连锁反应和影响。

4）**按需教练**——在对千禧一代未来领导者的研究中，我们了解到，由于成长在一个通过社交媒体——无论是脸谱网（Facebook）、快照聊天（Snapchat）、WhatsApp还是其他应用程序——进行即时和定期联系的世界里，他们不愿意等到下一次月度教练时再解决他们认为迫切的学习需求。对他们来说，这没有任何文化意义。他们中的一些人对我们说："我为什么不把我的问题发给我所有的朋友或同事，并立即得到他们的反馈和回应？为什么还要等？"为了应对这种文化上的改变，有的教练服务提供商已经建立了按需教练服务，通过这种服务，始终有在线或按需教练随时准备帮助那些有即时需求的人。

5）**同伴教练**——与前两个分裂因素相关的事实是，未来的几代人比以前的几代人更愿意向他们的同伴团队寻求帮助，他们不太想对外界坦白自己的个人世界，更需要忏悔室或教练室这样的私密空间。在第9章，我们将探讨系统化团队教练，以及如何支持团队教练转变为同伴团队教练。

6）**自我教练**——随着越来越多的经理人员和领导者接受情商和教练技能的培训，并以专注的态度参加研讨会，他们更有能力进行自我教练。

他们管理结构化"自我时间"，以及发展认知和内部见证以实现自我反省的能力已经显著提高。

教练可能还需要关注其他关键的干扰因素；或许，你可以添加哪些你所知道的，以及对你的教练实践产生影响的干扰因素呢？在更广泛的系统中，教练还有外部干扰因素，我们将在第2章和第8章中探讨这些因素，在这两章中，我们将讨论生态退化的巨大挑战及其造成的干扰。

| 结论

　　在教练技能方面培训更多的外部和内部教练、经理人员及领导者，这种需要在世界上许多地方仍然不断增长。然而，我们要质疑的是，在北美和西欧是否仍然在培训更多的传统教练，甚至超过未来一段时间的需求量。

　　我们认为，对所有教练培训来说，重要的不仅是传授过去的教练模式、方法和技能，还包括对教练职业潜在干扰因素的展望。我们认为，对于所有的教练和学员来说，关注于内部干扰因素非常重要，而同样重要的还有培养对未来的远见卓识，即这个世界——我们的客户、经理人员和领导者——如何发生指数级变化，而明天的客户可能会有哪些迥异于今日的需求。这正是我们将在第2章讨论的内容。

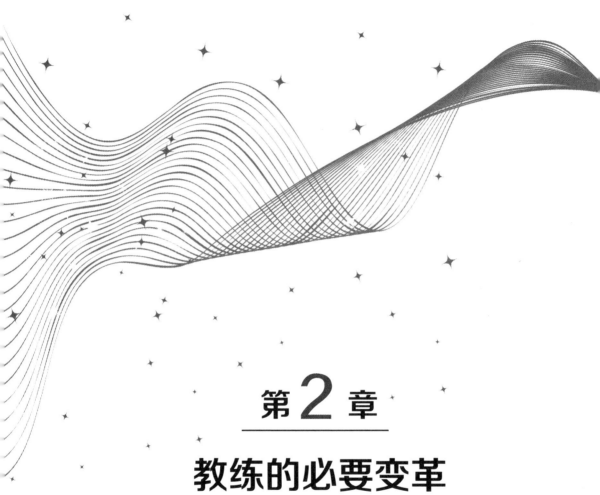

第 2 章

教练的必要变革

"我有许多教练人员来指导我的员工，也有很多顾问来为我所在组织的各个部门提供咨询，但我面临的所有挑战都在于如何将他们彼此联系在一起。

——一位接受"未来领导力探索及当今领导力发展必要变革"研究访问的

首席执行官

| 简介

我们已经在第1章中探讨了教练潜在的内部干扰因素，在本章中，希望与你一起探讨以下问题：

- 为客户提供教练在未来将面临哪些不同的挑战？
- 教练必须如何改变才能让我们的客户应对这些挑战？
- 教练必须怎样改变才能充分发挥其潜力，以便为未来的个人、团队、其所属组织，以及更广泛的生态系统创造最大的利益？
- 教练如何才能够"适应未来"，并让领导者、团队和组织"适应未来"，从而为未来世界做出积极贡献？

在第1章中，我们描述了我们的一些"觉醒"经历，当时我们意识到我们目前所做的教练并没有提供它所能提供的所有价值。我们会邀请你在匆忙进入本章之前停下来，思考一下当你有时间醒来质疑你的教练（或指导）取得了什么成就时，你是作为教练提供的教练服务；作为教练的组织购买者购买教练服务；还是作为学员接受教练服务。这些时刻给你带来了什么新的挑战和问题？请思考这些问题，并将它们与我们在本章对话中提出的问题放在一起，这样我们就可以发现我们共同的问题是如何相互联系和交流的。

| 21世纪的挑战

2016—2017年，彼得通过亨利商学院领导了一个全球研究项目《未来领导力探索及当今领导力发展必要变革》（*Tomorrow's Leadership and the Necessary Revolution in Today's Leadership Development*）。

该研究解决了4个关键问题：

1. 未来组织所需的领导力与今天的领导力有何不同？

2. 未来领导力必须怎样发展？

3. 当前的最佳实践有多适用于未来领导力发展？

4. 我们还必须做些什么？

为了解决这些问题，我们制订了一个广泛而目标远大的研究方法，将深度与广度、定性与定量研究，以及来自众多行业和地区的投入结合在一起。

我们的基本设计基于各种数据源的三角测量。在第一个三角测量中，我们决定单独采访以下三类人员：

- 首席执行官（或其他管理团队成员）；

- 人力资源总监或领导力发展负责人；

- 年轻千禧一代的未来领导者，他们被企业认为在10年内成为潜在的高层领导者。

我们采访了来自不同行业的40家不同的企业，以及来自全球不同地区的公共和非营利（或"利益性"）组织。我们感兴趣的是，这些企业和组织各自是如何看待未来领导力的挑战，以及他们认为当今的领导力应如何发展。我们还想发现，通过将他们不同的视角相互联系起来可以获得何种创新。

第二个三角测量是从首席执行官、人力资源总监和千禧一代领导者的角度，执行我们能找到的三个最新、最全面的调查，并实施"调查之中的调查"，比较和对比每一个发现，并把这三个不同的角度联系起来。

在第三个三角测量中，我们单独采访了几位关键的"思想领袖"，并与其中几位，以及其他思想领袖举行了为期两天的调查团队会议，然后将这些对话与我们已出版的书籍、论文、文章和博客的广泛文献综述进行比较。

一家全球科技企业的首席执行官告诉我们："大公司的领导力和小公司的领导力正在融合"。由于担心当前的大部分数据来自大公司，我们还想看看在高科技、互联网和数据驱动的"指数型组织"中发生了什么，这些组织正以惊人的速度从初创企业转变为价值数十亿美元的全球化企业。因此，我们回顾了伊斯梅尔（Ismail）、迪尔曼迪斯与科尔特（Kotler）在奇点大学所做的研究，以及李（Lee）对"独角兽公司"的研究。

我们还认为调查缺乏来自中国的代表，因此我们研究了海尔和小米这两家非常成功的中国企业的案例，并采访了美国大型生物技术公司赛默飞世尔（Thermo Fisher）中国分部的负责人。

第四个也是最后一个三角测量是通过这些不同的数据源和上述三个不同的三角测量得出尝试性假设、结论及进一步调查的指导。

第一个研究结果是基于对以下这个问题的诸多回答，即"在未来3~5年里，你认为组织所面临的3~5个最大挑战是什么？"这些确定的挑战按优先级排序：

1. 不断加速变革；

2. 技术和数字革命；

3. 去中介化和"优步化"；

4. 组织的空洞化和利益相关者世界的日益复杂；

5. 全球化；

6. 气候变化；

7. 需要更快地学习和适应。

这些挑战不是孤立的，它们彼此相互关联。每一种挑战都在考验这个世界，也都受到其他挑战的影响。它们给每个人都带来了机遇和威胁。

1. 不断加速变革

2008年，托马斯·弗里德曼（Thomas Friedman）写了一本开创性的书《世界又热又平又挤》（*Hot, Flat, and Crowded*）。它详细描述了世界如何面对全球变暖（"热"），同时，知识变得无处不在，每个人都可以通过互联网（"平"）获得这些知识，而世界人口正呈指数增长（"挤"），从1950年的24亿增长到2019年的77亿，翻了三倍以上（世界人口时钟，2019年）。

弗里德曼在2012年讨论了自他首部著作《世界是平的》（*The World Is Flat*）问世后7年间所发生的巨大变化："推特（Twitter）是一种声音。云端在天上。4G是一个停车场。领英（LinkedIn）是一座监狱。App是大学申请。对大多数人来说，Skype是个打字错误。"他认为这些变化让世界从"互联"走向了"超互联"，这既带来了机遇，也带来了挑战。

据估计，人类在21世纪前14年里所发现的东西和我们的前辈花了整个20世纪才发现的东西一样多，而且我们将在未来7年内发现比之前14年更多的东西。

卡伊罗（Cairo）和多特利克（Dotlich）总结道：

当今领导力的根本挑战不是如何解决问题、让问题消失，而是如何管理没有长期解决方案的持续困境或悖论：在不牺牲未来投资的情况下实现短期目标；确保成本效率不会抑制创新；坚持不懈地关注绩效，同时创造一个让人们感觉受到重视的环境；或者在不脱离当地市场的情况下从核心上领导一个全球性组织。管理这些固有的模糊问题需要毅力、韧性和没有真正封闭起来的生活能力。

2. 技术和数字革命

领导者认为数字革命带来了许多重大挑战。他们经常提到的有以下一些：

"拥有应对大数据的能力和技能。"

"我们拥有越来越多的数据，但我们有能力真正地利用好它们吗？"

"技术改变工作的速度快于我们提升劳动力以新方式工作的速度。"

在过去的20年里，就业机会的大幅增加并非来自大公司，而是来自初创企业、小公司、个体自由职业者和非营利组织。

世界经济论坛（World Economic Forum）的创始人克劳斯·施瓦布（Klaus Schwab）指出，"第四次大工业革命……其特点是融合了模糊物理、数字和生物领域界限的技术"。发生在数字世界、人工智能、虚拟现实等领域中的革命，以及通过混合现实、机器人和生物技术的各种"展示"将会以前所未有的速度改变我们的工作场所。

正如我们研究的一位领导者所指出的：

技术正以巨大的力量推动亚马逊（Amazon）、谷歌（Google）、惠普（HP）等大型企业的崛起，同时也让社区能够通过使用参与性和协作性技术来塑造自己的命运。了解企业领导者在此日益数字化环境中的角色，以及在这一动态中我们作为一个人或真正的领导者应该如何最好地联系在一起，这非常重要。

3. 去中介化和"优步化"

在这场技术革命中，许多首席执行官经常谈论的一个重要方面是来自"优步化"的威胁。这是多位领导者用于描述他们整个行业被一种全新运作模式"去中介化"所带来威胁的简称。此术语是指优步（Uber）及其模仿者和竞争对手通过去除价值链的整个中间环节，以从根本上改变全球出租车行业的一种方式。就出租车而言，这包括通过一个基于互联网的系统让顾客直接找到最近的自由职业司机并直接预订，从而跳过了出租车公司。爱彼迎（Airbnb）允许房主直接出租他们的房间作为酒店的替代，亚马逊允许作者自行出版著作并接触广大读者，这些都是去中介化的其他例子。

对于组织来说，仅仅从战略上关注如何成为其所在行业的第一名已经不再明智，因为他们所经营的行业可能会突然被彻底地"肢解"。任何战略意图也需要有内在的敏捷性。

恰如一位首席执行官所言："新的竞争不会来自目前正在发生的地方，也不会来自我们目前关注的地方。"

我们采访的一位保险行业的首席执行官谈到了亚马逊对彻底改变保险提供方式的影响，这是因为他们很容易接触到大量的全球客户，而且他们拥有关于这些客户的海量数据，可以对保险风险进行对数分析。

4. 组织的空洞化和利益相关者世界的日益复杂

在这里引用两段话，以说明许多受访者均认同的主题。

未来的领导者需要成为卓越的合作者和经理人，发现并创造与其他机构开展合作和交叉孵化的可能性。如今伙伴关系的维持笨拙、缓慢而且偏执。

——玛格丽特·赫弗南，畅销书作者、
连续企业家和前首席执行官

通过网络获得成功的能力是一种巨大而必要的领导力。

——一位受访的全球科技公司首席执行官

这项研究中出现的最为激进的转折点是，在领导力应该如何变化以应对未来世界的问题上，我们的整体看法需要发生改变。许多受访的首席执行官对其中一位领导者提出的以下观点也都表示担心：

数字化、机器人技术和离岸外包相结合造成的公司空心化，从根本上减少了我们的员工人数。

奇点大学的伊斯梅尔也有同样看法："任何可预测的事物均已或将由人工智能和机器人自动完成，剩余的特殊情况则通过人类工作者来处理。"

许多领导者还描述了团队和组织在数量、多样性和复杂性等方面不断增长，而他们必须与这些团队和组织开展合作，以使自己的企业取得成功。合作不仅在供应链或"外包支持职能"上，需要有效合作的关键利益相关者包括客户、分销商、当地社区团体、压力团体，以及重要的竞争对手。

无论是在组织内部还是外部，"未来领导者"需要进行纵向管理的人会越来越少，而需要与之合作的人会越来越多。在谈到有必要转变为他所谓的青色（Teal）组织时，拉卢（Laloux）强调了整体性及与他人之间的联系。他认为，那些完成这一转变的领导者"能够接受……意识之中的进化，而进化的趋势朝着处理世界的每一个更复杂和更精细的方式前进"。

5. 全球化

在受访的领导者中，许多人都在带领全球化公司，他们深有感触地讲述了在不同的国家、文化、商业环境和时区领导企业所遇到的各种挑战。而他们提到的最大挑战是如何培养足够多能够跨越不同文化和利益相关群体以实现有效沟通的领导者。盖玛沃特（Ghemawat）在2012年报告了类似的发现："在高管中，76%的人认为他们的组织需要发展全球领导能力，但仅有7%的人认为他们目前这样做非常有效。"

不过，一些业务主要在一个国家内运营的行业领先企业也强调了全球视野的必要性。

"无论你从事什么行业，客户都可以用世界上最好的产品来衡量你的所作所为。"

"我们的客户了解全球市场，因此我们也必须这样做。"

"创新可以来自世界的任何地方，因此我们必须在全球范围内保持联系和警觉。"

从另一角度看前面讨论过的数字革命，即使是本地企业也需要放眼于全球，因为他们的竞争对手可能位于世界的任何地方。例如，本地的电影院与网飞（Netflix）和亚马逊竞争，本地的酒店与爱彼迎竞争，本地的出租车与远程电脑汽车租赁服务竞争，以及本地的医院与国外更便宜的治疗服务进行竞争。现在，教练同样在全球市场上运作，高管们接受的实际上是来自世界另一端的教练督导，而教练们接受的是远程虚拟指导。

6. 气候变化

研究中出现的一个难题是，在回答未来20年组织必须应对的3~5个最大挑战时，受访的大部分首席执行官和人力资源总监均未提及气候变化；然而，当得到提示时，他们又都会说："是的，当然！"气候变化将对我们所处的世界产生重大影响——这种影响可能是毁灭性的。

有几个例外，大部分是因为他们的开拓性和创新性措施而被选中。例如，一家制造企业的全球首席执行官谈到了重新规划他们的公司使命："带领公司实现'2020年零排放'目标，并在未来受益于……'气候恢复'——公司应努力帮助扭转气候变化带来的影响，将碳排放降至最小。"

大多数千禧一代将气候变化视为组织和领导者将面临的最重大挑战之一，这促使我们的经营方式发生重大转变："将商业模式从线性经济转变为循环经济，并改变了经营模式对商业和领导力产生的影响。"

这可能反映了人们认识上的代际差异；然而，所有年长的思想领袖都提到这是最关键的挑战之一。我们的结论是，对于高管来说，这一关键问题更有可能被当前紧迫问题的压力所淹没，这些紧迫问题更像是"思想的前沿"。乔治·马歇尔（George Marshall）在他2014年出版的《想都别想：为什么我们的大脑天生会忽视气候变化》（*Don't Even Think about It:Why Our Brain Are Wired to Ignore Climate Change*）一书中提出，我们的大脑天生会优先考虑当前和短期的问题，并筛选出具有更大长期后果的问题，以及涉及潜在损失的问题。眼前的意愿胜过更为重要的问题。他引用的一份研究表明，英国85%的受访者认为气候变化将是未来几代人面临的主要挑战，但很少有人将其列入他们认为政府应该解决的三大问题之一。在通过指导和研究了解的众多高管培训中，我们都看到了同样的现象：气候变化鲜有提及，甚至被当时更直接和更地方性的问题所掩盖。

然而，我们能找到的最好的科学证据表明，应对气候变化的关键时机就在未来几年。罗伯茨（Roberts）在2012年说道："为了稳定全球气温，全球碳排放量必将在未来5至10年内达到峰值，然后每年迅速下降。"国际能源协会（International Energy Association）计算出，峰值每推迟一年，2010年至2030年间所需要的投资就会增加5000亿美元。1999年的"地球生态超载日"为9月29日——在这一天，我们从大自然中获取的能量已经超过了地球一年所能更新的能量——2019年被提前到7月29日。与20年前的1.4个地球相比，我们现在使用了1.7个地球的资源。

现年90多岁高龄的大卫·阿滕伯勒（David Attenborough）爵士，曾于2018年12月在波兰卡托维兹参加了由联合国发起的气候谈判，他发出了以下行动呼吁：

现在，我们正面临一场全球性人为灾难。这是我们几千年以来的最大威胁。这个威胁就是气候变化。如果不采取行动，我们人类文明的崩溃和大部分自然世界的灭绝即将来临。

2014年，加拿大先锋作者内奥米·克莱因（Naomi Klein）在她的书《这改变了一切》（*This Changes Everything*）中呼吁人类对气候变化有所作为，但我们作为地球上的物种之一，仍然对这些呼吁装聋作哑，熟视无睹。乔西·麦克莱恩（Josie McLean）认为，要解决我们星球上的问题，唯有思维模式发生转变，"从看到问题的一部分并与之合作（如经济增长或气候变化）转变到理解整体和部分之间的关系。"但她同时也指出，"人类家庭似乎永远处于一种否认状态，虽深知必须采取行动，却无法或不愿付诸实施"。在她的博士论文中，她将可持续性、对变革的管理以及组织内的领导力联系起来。正如拉卢所认识到的，"没有人能够在意识中进化，即使他有最好的意图——对于教练和

顾问来说，这是一个严酷的事实，他们希望通过信念的力量帮助组织领导者接受更复杂的世界观"。

7. 需要更快地学习和适应

一位国际首席执行官表示：

当领导者从带领一定规模的团队走向更大的团队时，他们就会面临着学习危机。这发生在大约15个、50个、100个、200个或1000个人的团队上。随着你的进步，你必须"吃掉自己的孩子"——因为让你在某一阶段成功的因素，并不会让你在下一阶段同样获得成功。

另一位首席执行官也表示："你不能完全依赖于你的工商管理硕士学位——它会帮助你进入第1步，但你必须自己找到第2至第10步的学习方法。"2016年，凯利（Kelly）谈到技术变革的速度及创新"保质期"的缩短，这意味着我们必须成为"永远的新手"，并且必须习惯于成为不断奋斗的新手。

当回答有关未来领导者的问题时，最常用的词是"灵活"和"适应性强"。

然而，几乎所有高级领导者均表示，他们没有足够的时间或支持结构来继续学习。有的人谈到了聘请教练或导师，或者优秀的非执行董事作为决策咨询人的价值。然而，多位领导者评论说，即使聘请了教练或导师，当面对加速学习和发展的需求与压力时，他们也不能完全迎接这种挑战。2012年，布莱基和戴在他们的书《挑战教练》中持与此相同的观点，他们展示了教练增加挑战数量和有效性的方法。正如一位首席执行官所言："除非首席执行官们不断改变他们的想法，否则他们想法的保质期很有限。"

许多领导者一方面谈到，他们的组织需要更快地学习和适应周围世界不断加速的变化；另一方面也表示，他们几乎没有时间回避每天的紧迫需求，无法不去思考他们的组织、商业生态系统，以及更广泛的世界中正在发生之事的模式。他们也无以从空间和时间上获得更广泛的视角，更谈不上去实践"战略远见"。

行动学习的创始人雷吉·雷文斯给了我们一个简单的公式"$L \geqslant EC$"。这是组织生存的达尔文定律——学习必须等于（或大于）环境变化的速度，否则它将走向灭绝。

许多首席执行官都谈到领导者必须定期重塑自我。他们必须忘记那些让他们在一个领导层次上获得成功的因素，以便发现如何在另一个领导层次上成为新的领导者。

我们认为这项研究对整个教练行业提出了几个重要挑战：

1）教练如何在工作中提高迎接挑战的水平，同时保持教练的核心原则，而不是"更好地了解或首先了解"？

2）教练如何才能不被紧迫需求所束缚而陷于专注当前问题？因为正是这些需求使我们无法创造空间迎接即将以如此之快的速度不期而至的挑战。

3）教练如何向必须与之合作的日益复杂的利益相关者提供超越个人教练的价值？

| 结论

在本章中，我们探讨了教练必须为"适应未来"做出变革，以及在当今快速变化的世界中，领导者和管理人员所面临的诸多挑战要求他们以新的方式学习和发展，而这反过来又要求教练必须加强实践。以下是我们认为"适应未来教练"需要重视的一些关键领域（请添加你认为重要的其他领域）：

- 不仅要深入聆听学员的故事，还要聆听他们口头和非口头交流的内容，以了解他们的团队动力、组织文化及其所属的更广泛的时代精神。
- 以虚心、坦率和开放的心态接受教练课程，积极参与并轻松应对出现的各种情况，以及加快在各个层面上的必要学习。
- 不仅与学员个人，还要与学员所服务并对其负责的更广泛的系统签订合同。
- 定期评估教练的最新发展特点，以及这些特点如何为学员和更广泛的系统提供服务和创造价值。
- 通过亲自参与和成熟的指导实践，认真回顾他们的教练工作，不仅要看到教练的多层次系统化水平，还要看到他们与学员和组织共同创建的关系系统。

- 参与教练评估，了解学习输入、输出和结果与价值创造之间的联系。
- 以应对不断变化的道德挑战和复杂性的方式完成教练评估。
- _____（请添加你的补充内容）

如何发展这些功能和能力，以及如何对它们进行规划，我们将在以下各章节重点阐述。

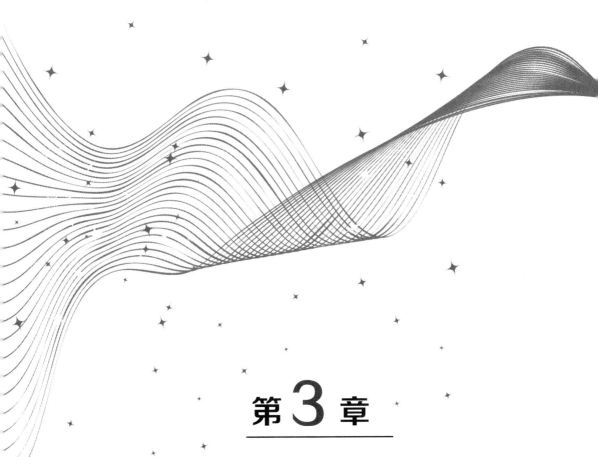

第 3 章

什么是系统化教练

简介

在第1章和第2章，我们研究了为什么我们认为教练必须根据客户不断变化的需求而做出改变。本章我们将研究什么是系统化教练。

请你想想如何回答以下问题，然后我们将在接下来的几页里与你一起就这些问题进行探讨。

- 当我们在某个（由个人、团队或团队组成的）组织内从事教练、导师、督导或顾问工作时，谁是客户？
- 当我们做教练时，我们需要考虑哪些系统？
- 你认为什么是系统化教练？
- 系统化教练与传统教练有何区别，它如何建立于传统教练之上？
- "对他人产生影响"在你对教练是否成功的判断中有何作用？
- 你对系统化教练还有什么其他问题？

在继续我们的对话之前，你可能会想做一些笔记，并且带着我们的问题一起思考。

在最近一次以"未来教练"为主题的会议上，人们对系统化教练和系统化团队教练相关的整个领域都很感兴趣，但许多人报告说，他们不清楚这些术语的含义。其他人虽然认为他们清楚这些术语的含义，但事实证明他们的理解与许多人迥然不同。我们每个人都在讲英语，但许多人都在说不同的概念语言，而聪明或害羞的人可能会保持沉默！一位与会者表示："我总是系统性地开展工作，因为我总是考虑更广泛的系统。"我（彼得）挑衅地回答："难道任何谈论'系统'的人都没有系统地思考吗？系统可不是一件'东西'。"

经过仔细考虑，我认为这不是一种友好或有益的回应，但它确实唤醒了我们，让我们意识到需要用不同的方式来阐明不同的系统和系统化视角，并开发一些用于系统化思维、系统化感知和系统化对话的共享语言。这正是我们将在本章尝试做的。

| 范式转变

教练正慢慢意识到一个发生在科学、哲学、宗教、心理学、组织科学和领导力发展中的根本性范式转变。这种范式转变始于近100年前的量子物理学并逐渐传播到20世纪三四十年代的化学和自然科学领域。其首次传播到人类科学领域，主要在第二次世界大战之后的20世纪40年代末及五六十年代，后来扩展到各种方法来理解组织作为生命系统，甚至后来还扩展到了解个人心理、学习、成人与领导力发展领域。

卡普拉（Capra）和路易西（Luisi）认为，系统化认知的第一个原则是相互依赖，"生态系统中每一位活跃成员的行为均取决于许多其他人的行为"。

个人教练已经从咨询、心理学和心理治疗领域发展出来，并在很大程度上采用了1960—1990年盛行而现已过时的心理治疗和咨询的概念。其中包括相信保持客观的重要性，同时努力"客观地"理解并使他们的病人或客户获得更健康和更充实的生活。在这个范式中，健康、思考、学习和发展都位于客户内部。咨询师、心理学家或教练试图成为客观的局外人，并运用成熟的工具和方法来促进客户的发展。

存在主义、人本主义、主体间性和综合心理疗法都对这些传统方法表示质疑，并提出了自己的观点。就像之前的量子物理学家一样，他们已经认识到，"你永远不可能客观地知道某件事，更不用说了解某个人了"。首先，你只知道他们如何在你遇到他们的社会和文化环境下出现。其次，你如何出现——通过口头、非口头或情感等形式——将会影响他们的感受、表现及言行。再次，你对他们的感知通过你自己丰富而浓厚的主观性视角来实现。对另一个人的所有认识基本上都是主体间性的。我们许多从事帮助性职业的人都会对他人的本质特性做出全面陈述，而不是谦逊地承认以下这个事实，即我们对他人的所有认识只不过是我们和他们在一个特定的社会与文化环境下相遇，他们如何对我们做出反应，而且这种反应被我们自己的感知所过滤。

| 系统化教练的开端

直至最近，教练才开始质疑起自己的许多假设，以及这些假设所基于的基本范式。

最早这样做的人之一是玛丽·贝丝·欧尼尔（Mary Beth O'Neil），她2000年写了一本书《高管教练：毅力与用心》（*Executive Coaching: With Backbone and Heart*）来表达自己的质疑。欧尼尔提倡一种"系统"观点，这样"我们就不至于将系统中的某个元素或某个人作为问题的根本原因"；相反，她建议我们可以用"双焦点视觉"来关注整体。如今，我们可能进一步称之为"多焦点视觉"，以强调与系统化教练、指导和督导相关的多方当事人，而不仅是组织。例如，这可能包括行业、国家、我们的星球，以及我们的家人和朋友。

里毛诺奇（Rimanoczy）和布朗（Brown）在2008年也重申了这一观点。他们说，"为了更好地理解和解决个人与组织问题，我们必须考虑到不同的系统和环境，它们相互作用并对这些问题产生影响"。

2011年，安妮·斯库拉（Anne Scoular）写了一篇关于商业教练的文章，非常明确地指出教练必须理解教练实践的更广泛的环境。她担心的是这样一些教练："通常是那些前治疗师……坚持认为他们负有主要和唯一责任的'客户'就是坐在他们前面的人。"她对此表示强烈反对，认为"这是错误的：从道德上——实际上从法律上讲——如果教练与组织签约，那么组织就是客户"。她认为，"真正的客户不是坐在你面前的那个人，而是支付账单的组织"，并且当"在组织中工作时，需要理解组织生活中不断变化的政治环境，并在其中保持良好的协议关系"。

她一共提出了11个关键问题，其中包括：

- 谁是主要的利益相关者？
- 组织客户的需求是什么？
- 教练与他们当前或未来的业务需求和驱动因素有何关系？
- 从他们的角度来看，教练中存在的问题可能是什么？
- 组织和个人的目标相一致吗？

赫芬顿（Huffington）对"谁是客户"采取了更为细致入微的方法。她将之描述为"双重聆听"：组织中的个体和个体中的组织。她认为重要的是不要"困在一个圈子里"。在描述"心目中的组织"时，赫芬顿提到组织在教练空间中的两种存在方式："一是作为内部现实，即作为客户心目中的内部对象，二是作为独立于教练和客户的外部现实。"她将第二种方式描述为"准备就绪的第三方"。

在2011年和2012年，彼得写了几本书和一些论文，概述了系统化教练的各个方面。第一本书为《领导力团队教练》（*Leadership Team Coaching*），展示了教练团队应如何基于系统化团队教练方法开展工作，不仅需要关注团队的教练过程，还需要关注团队的目的和集体任务；不仅需要关注团队内部正在发生的事情，还需要关注团队如何参与其内属并且必须参与的众多系统。在这本书第3版中，彼得扩展了这一方法，将团队教练的第4个级别"生态系统化团队教练"包括在内，从而认识到系统化团队教练必须超越团队及其与更广泛组织之间的关系，甚至不仅要考虑为组织的利益相关者创造价值，还要考虑组织如何与合作伙伴及网络中的其他人合作，以便为更广泛的商业生态系统，以及我们所有人都依赖的环境生态系统创造价值。

上述第4个级别与许多创业企业的业务相一致，这些企业都是"B团队"成员，即主要为"超越常规企业"。它们是一些非常成功的企业，如联合利华（Unilever）和维珍集团（Virgin Group）。彼得的这些想法被扩展到系统化教练督导领域，并成为《建设教练文化》（*Creating a Coaching Culture*）一书中所探讨的方法，这些方法将教练从个人一对一接触的密室中解放出来，成为任何组织中各个部分学习和发展的一种方式，无论是在各部分内还是在各部分之间，也无论是在整个组织内还是各组织之间。

2014年，南非的马克汗撰写了《轴心上的教练》（*Coaching on the Axis*），将教练视为一种关系性接触，即位于个人和组织学习与发展的交汇点，它同时面向两个方向，并将组织和个人视为平等的客户。他提出了一种教练方法：

将教练定位于促进整个组织的成功，而不仅是参与教练实践的个人的成功。通过教练对话，将个人的、人际的和组织的现实系统地带入一种经改善的关系状态中。

2017年，英国的赫蒂·艾因齐格（Hetty Einzig）在她的著作《教练的未来——变革世界中的愿景、领导力和责任》（*The Future of Coaching-Vision, Leadership and Responsibility in a Transforming World*）中提出基于以下四大支柱的"下一代教练"：

1. **合作**——教练和客户之间协同合作，建立伙伴关系："如果我们明白一切都是相互依存的，那么问题不仅是如何成为世界的领导者，而是如何共同为世界创造领导力"。

2. **系统**——将一切视为相互关联和相互依存，承认一切具有复杂性。

3. **目标**——帮助"领导者不仅发现他们真实的自我，还发现他们对更广泛世界的贡献"。

4. **精神**——"与个人一起，依靠并超越他们，为组织及其所服务社会的更大利益而努力"。

保罗·劳伦斯（Paul Lawrence）和艾伦·穆尔（Allen Moore）在2018年同样对系统性工作表现出日益增长的兴趣。在写于澳大利亚的著作《三维教练》（*Coaching in Three Dimensions*）中，他们以非常清晰的方式展示了3种教练方法之间的区别。他们称之为：

- **传统教练**："帮助学员独立思考问题。他们视自己为外部代理，在客户组织中很少接触其他人。最好的传统教练是伟大的共情聆听者，他们通过学员的眼睛看世界。"

- **对话教练**：教练……将自己视为教练过程中的代理……是互动中出现的任何见解和意图的共同创造者。他们意识到自己在反思过程中的作用，以及自己的聆听在多大程度上促进或抑制了发散思维。

- **系统化教练**：教练不仅能自如地处理对话，还能处理对话模式。他们知道在客户组织中，每天都会有变化发生。系统化教练从整体上看待组织的功能。

虽然认识到这3种方法都有一些好处，但他们清楚地表明，当教练在某个企业或组织环境中提供辅导时，为了给系统中所有级别带来价值，需要将对话教练

和系统化教练这两种方法结合起来。

在深入探讨系统化教练的道路上，新加入的旅伴有马歇尔·戈德史密斯，他是当今世界上最著名、最多产的教练之一。在他2018年与萨尔·西尔韦斯特（Sal Silvester）合著的《以利益相关者为中心的教练》（*Stakeholder Centered Coaching*）中，他们为自己的教练方法制定了一些重要原则，"成功并非由接受教练的领导者所决定，而是由受教练影响的人所决定"。

他们描述了以利益相关者为中心的教练方法（SCC）有以下3点不同于其他教练方法：

1. 以利益相关者为重点。

2. 强调前馈——为未来提供想法和建议，并将重点从过去转移到未来。

3. 对行为变化和感知变化同样关注。

系统化教练将分享所有这些优势。这两种方法之间的差异在教练过程中会更大。以利益相关者为中心的教练步骤包括：

1. 领导者设定明确的发展目标。

2. 领导者宣布他们的发展目标——他们向精心挑选的利益相关者宣布发展目标，并要求反馈和前馈。

3. 领导者制订一项在线行动计划，与主要利益相关者共享。

4. 领导者每月与利益相关者一同跟进计划，以支持转变并帮助缩小认知差距。

5. 领导者根据利益相关者的反馈修改他们下个月的行动计划。

6. 领导者通过对利益相关者的小型调查正式考察行动结果，按"−3"到"+3"的范围对计划的进展情况进行评分，"0"代表无进展。

马歇尔和他的同事在世界各地提供这种教练方法的培训。他们建议，为了实施这个以利益相关者为中心的教练过程，教练必须掌握以下技能：

1. 帮助领导者设定他们的发展目标。

2. 帮助领导者排练互动（类似于在转化型教练中实现快进排练）。

3. 帮助领导者制订行动计划。

4. 强化积极转变的能力。

5. 基于以下4个关键问题，帮助领导者实施行动后评估：

　　1）在过去的30天里你打算做什么？

　　2）实际发生了什么？

　　3）你学到了什么？或者你是否正在学习？

　　4）你的下一步行动是什么？

6. 讲故事创造可学习时刻的能力。

我们的方法与这种方法有许多共同之处，尤其侧重于：

- 利益相关者参与整个教练过程。

- "未来回溯"和"由外而内"探究。

- 排练新行为的重要性。

- 在新思考、排练、新行动之后立即进入行动学习周期，然后通过行动后回顾进入新的思考周期。

- 在整个过程中评估教练的影响，包括系统的代表，也许是在中点，而不是仅在末尾。

二者的区别有：

- 我们的方法远非结构化，而是开放式的。我们采取了一种更广泛、更细致的方法来设定目标，这与大卫（David）、克拉特巴克（Clutterbuck）和梅吉森（Megginson）在他们的书《超越目标》（*Beyond Goals*）中概述的方法一致。

- 当SCC法在教练过程开始时专注于设定发展目标，然后由利益相关者告知并建立发展目标时，我们的方法要求教练和学员不断发现需要完成的工作，以服务于更广泛的系统世界，他们通过与利益相关者的定期对话和参与而得到信息。

- 我们会花更多的时间帮助学员（或被督导者）远离他们的表面状况，努力发现他们的行为模式、情感触发因素、基本假设和信念，然后重新编写他们的"自我和他人"的故事。

尽管存在这些差异，我们显然都在朝着相似的方向前进。

| 整合各种方法

我们认为所有这些作者都是同行者和同道中人，他们带来的新范式和系统化思维，彻底改变了商业和高管培训可以为迫切的未来适应型组织和可持续发展的世界所能创造的价值。

所有这些作者都将教练划分了不同的级别。多位作者指出，这不是级别上的争论，后一级并不一定比前一级更好，但它们更具有包容性，也就是说四级包括所有其他级别，但一级不包括更广泛的级别；每一个级别都比之前的级别有更广泛的视角。

这些级别可以概括为（见表3.1）：

表3.1 教练级别

		作者及代表作				
		马克汗《轴心上的教练》（2014年）	彼得·霍金斯《领导力团队教练》（2017年）	保罗·劳伦斯和艾伦·穆尔《三维教练》（2018年）	马歇尔·戈德史密斯和萨尔·西尔韦斯特《以利益相关者为中心的教练》（2018年）	彼得·霍金斯和朱迪·赖德（Judy Ryde）《综合心理治疗》（*Integrative Rsychotherapy*）（2019年）
教练级别	一级	以个人为中心/二元	团队协作	传统教练	以客户为中心	目标
	二级	关系型教练	团队教练	对话教练		主体间型教练
	三级	系统教练	系统化团队教练	系统教练	以利益相关者为中心	系统教练
	四级		生态系统化团队教练			生态教练

一级：以个人为中心的传统教练，试图客观地关注于使个人或团队作为一个

独立的实体，使用经过实践检验的方法来发展自己。

二级：关系型、对话型和主体间型教练，认识到教练是与学员协作探究的积极伙伴。

三级：系统教练，认识到学习和发展并非发生在个人内部，而是发生在与他们所属的更广泛系统之间的动态参与；它反映了我们是塑造我们的语言、存在方式、思维和行为的社区与文化的一部分。

四级：到目前为止，有关生态系统和生态教练的第四个级别的文章还很少，我们将在本书（第8章）详细讨论这个问题。

| 系统化教练的综合模式

基于这些不同作者的研究成果和我们多年以来在这个领域的发展，我们现将"系统化教练"定义如下：

个人系统化教练是两个人（教练和学员）之间的协作与对话式探究，探究学员如何学习和发展与其所处世界相关的知识，从而为他们及其所属的所有内属系统创造积极的利益。

系统化教练认识到所有的学习和发展在一个有机体或生命系统及其所内属的更广泛的生命生态系统之间均相互关联。

商业系统化教练是这样一种系统化教练，即侧重于为个人客户及其所属团队、其所服务的组织客户、组织的利益相关者、更广泛的社区，以及组织所属的生态环境创造价值。

我们将在下文对这个聚合型定义进行一番解释，并提供我们所认为的系统化教练的基本原则：

1. 在高管或商业教练中，始终至少有两个客户。

2. 关注整体而非部分。

3. 始终通过与其他系统相比较来认识系统。

4. 了解所有系统如何内属于更大的系统，而更大的系统又如何内属于其中——我们生活在世界中，而世界也生活在我们之中。

5. 我们是我们观察和参与的所有系统的一部分，并对它们产生影响。

6. 我们无法做到完全客观，因为我们带来了自己的背景、文化、价值观和偏见。（这一条在下文不做详细展开。）

7. 系统化教练不仅涉及我们关注什么，还涉及我们如何关注，以及从哪里关注。

8. 系统化教练需要系统化感知、系统化思维、系统化存在和系统化关联。

1. 在高管或商业教练中，始终至少有两个客户

正如第1章中提到的，许多被督导者把他们的教练客户说成是他们遇到的那个人。他们没有认识到学员所服务的组织（通常由谁支付教练费用），以及组织和个人之间的关系本身都是重要的客户。

在《领导力团队教练》中，我（彼得）用帕西法尔神话来阐释这个问题，称之为"帕西法尔陷阱"，这个名字源自传奇的圆桌骑士帕西法尔，他一生都在学习问一个关键问题"圣杯为谁服务？"

当把教练本身视为目的，并且没有弄明白"教练为谁服务""如何确保个人和组织（至少）从教练中有所收获"时，教练们就会身陷帕西法尔陷阱。如果我作为一名教练要创造可持续的价值，那么我必须清楚自己在工作中为谁服务。我至少必须确保我的教练服务于个人客户、其所属团队、组织及其所服务的更广泛的系统，包括更具人性的生态世界在内。此外，作为一名教练，我必须服务于所有这些团体之间的联系和网络，因为这些实体没有一个能够独立成功，它们的价值是内在联系在一起的。我必须关注各方未实现的潜力及它们之间的联系，并帮助实现这一潜力。然而，在为个人服务时，我不仅为他们单独或利己的自我服务，而且作为更高级别经理人员的代理。更重要的是，我是在帮助这个人找到他们的使命、服务和目的，从而在组织和更广泛的世界里做他们应该做的事情。

同样，在团队教练中，成为一个高效团队本身并不是目的，教练只不过是团队更好地"与所有利益相关者共同创造价值"的一种手段。在为组织服务时，我们必须确保个人或团队的工作本身不仅是目的，而且能使团队更有效地领导和管理组织的下一个发展阶段，以便组织能够发挥其潜力，为更广泛的世界做出更大贡献。

因此，系统化教练需要与学员及其利益相关者签订合同。教练和学员之间必须是一种伙伴关系并且共同进取，教练既要服务于学员的个人发展，也要服务于其所服务和连接的所有人和系统——这就是他们与更广泛的生态系统及教练职业之间的关系。

2. 关注整体而非部分

人们越来越认识到，最重要的组织问题不能试图通过解决组织内某一部分的问题来解决，因为组织是一个相互关联的整体。伊芙认为这就像被制成动物形状的气球：你在一个地方对气球施压会影响其他地方的形状。此外，许多组织所面临的挑战已经超越了组织的边界，涉及利益相关者的更广泛的系统。如果不考虑这种联系，组织就没有生命或意义。这些利益相关者包括客户、供应商、合作组织、员工、投资者、组织运营所在的社区，以及生态环境。

加雷恩·摩根（Gareth Morgan）1986年曾在他的书中描述了有关组织的主导性隐喻的变化，这种变化已经从将组织视为机器转变为将它们视为活跃的有机体。这种主导性隐喻的转变被后来的作者进一步发展。在这些作者描述转变时，他们或称之为从部分到整体，从具象的个人和团队到抽象的关系，从事件到模式，或者从线性因果思维到过程思维，侧重点不一而同。1999年，库珀里德（Cooperrider）和惠特尼（Whitney）认为我们应该"把组织看作有生命的精神社会系统，是受到培养和肯定的创造的奥秘，而不是需要解决问题的机械或科学操作"。

1996年，卡普拉将"系统"定义为"本质属性源于各部分之间关系的整体"；彼得·森奇（Peter Senge）在1990年则把它描述为"各元素'结合在一起'的被感知的整体，随着时间的推移，各元素不断地相互影响，并朝着共同的目标运行"。加热器和自行车都是系统，因为它们的目的只能通过整体的相互连接来实现，而不是通过它们的部件总和来实现。一个活跃的系统可以是植物、动物、人类或家庭，也可以是珊瑚礁、林地，或者真正的"盖亚"（Gaia），洛夫洛克（Lovelock）在1979年用这个词来描述围绕我们星球的相互依赖的整体生命圈。一个系统也可以是一个家庭或部落、一种教练关系、一个团队、一个整体组织或一个商业生态系统。

生存和成功从来都不是单一的，而是相互关联的，然而我们大多数人认为个人、团队或组织可以通过在更广泛的系统中优化他们的一部分来获得成功。

彼得将**系统**定义为：本质属性源于各部分之间关系的整体。

然后他给出了"系统思维"的定义：

系统思维着眼于整个系统如何大于各部分的总和——它如何随着时间的推移在其边界内连接和运作。

他认为**系统思维**与**系统化思维**的定义不同：

系统化思维认为系统总是相对于系统内部的内属系统级别及其所内属的系统级别而参与、发展和变化。它能感知到系统级别和宇宙全息本性之间的舞蹈。

3. 始终通过与其他系统相比较来认识系统。

系统化教练认识到，个人与其所处环境相分离的概念既是抽象的，也是不可知的。作为教练，我们了解客户在教练环境中的表现，或者更准确地说，了解他们在教练课程中的表现，而这些课程是由他们的组织通过我们这些教练如何看待个人的视角来安排的。我们看待个人的视角由我们自己的文化、教育、个人有意识和无意识的偏见与心态而塑造。

从他们自己的各种叙述中，与从360度反馈法及通过多方利益相关者协议收集的观点相比（见第6章），我们可以在他们出现并被同事和利益相关者感知时形成个人的观点，但这也不可避免是局部和暂时的。这意味着我们自己对个人的看法至多应该是试探性、暂时性和探索性的——其中部分看法有待于通过进一步的经验和修正来改变。精神分析学家威尔弗里德·拜昂（Wilfrid Bion）鼓励我们"把避开记忆和欲望的积极原则强加给我们自己"，这样我们就可以用伟大诗人济慈（Keats）所说的"消极能力"与他人交往，这种能力就是保持不知道和部分知道的能力，从而能够在我们与他人之间出现新的认识。奥托·沙尔默（Otto Scharmer）———位在组织变革和领导力领域颇具影响力的创新者——同样鼓励我们以虚心、坦率和开放的心态接受教练课程。没有系统环境的学员就如同没有上下文的文本，是无法生存的；系统化教练的工作不仅是聆听学员的声音，还要聆听他们在工作内外所处的系统环境。然后，最重要的是去聆听两者之间的关系，因为所有的学习和发展都发生在个人及其所处系统环境之间的关系领域，并且在对他人的反应中发展和进化。我们还必须记住，作为教练，我们同样被引入所有的系统环境中。

这对教练培训的意义在于，所有的教练均必须接受培训，不仅在教练、个人心理与发展、理解组织和业务方面，还有系统化思维方面。这当然必须包括发展一个人的认识论（即知识理论），也就是从仅关注个人、问题和即时快照的认识论，发展到在更广泛的环境下、随着时间的推移看到所有问题和模式，并且知道如何在更基本的系统级别上创造转变的认识论。

4. 了解所有系统如何内属于更大的系统，而更大的系统又如何内属于其中

我们可以认识到，我们看到的任何系统都包含有系统在其中，同时也是更大系统的一部分。原子内部有质子、电子和原子核，同时它们又是更大的系统——分子——的一部分。团队由个人组成，同时又是职能部门、组织、商业生态系统、行业、人类活动，以及更广泛的生态系统的一部分。据我们所知，宇宙中的一切都存在于相互关联的内属系统中。让我们想象一下俄罗斯套娃：每一个套娃都被放在另一个套娃里面，但是系统化思维告诉我们，虽然最小的套娃存在于最大的套娃里面，但最大的套娃也存在于最小的套娃里面。个人是其所在家庭、社区和组织文化的一部分，但是这些文化也存在于这些人之中，存在于他们如何行动、表现、思考和使用的语言之中。此外，我们都是更广泛的生态系统的一部分，但生态也在我们体内，在我们吃的食物和呼吸的空气中，在它塑造我们进化的方式中。因而，我们放入环境中的东西最终无法被我们丢弃。以不可降解塑料的日益增长为例。作为人类，我们从地球资源中创造了这种塑料；然后，当不再需要它的时候，我们将其丢弃，它要么进入垃圾填埋场，影响我们种植食物的地球，要么出现在海里被鱼类误食，最终在人类食用鱼肉后成为进入人体的塑料微粒。

将近一个世纪前，著名的心理治疗学家卡尔·荣格（Carl Jung）谈到了集体无意识：一种将我们所有人团结在一起的潜在意识。归根到底，我们都是相互连接和相互关联的，因为我们——人类和非人类生物——均存在于我们星球的同一个生态系统中；我们将在后文提倡树立生态意识时详述这一点。

如果进一步思考这个问题，我们就会开始意识到下一个原则，即相互联系和相互依存：

　　只要较小的系统依附于较大的系统中，只要所有的系统都被相互依存的复杂模式连接在一起——正如我们所知道的那样——那么任何影响一个系统的事物都会影响其他系统。

　　然而，我们通常观察、思考和谈论的是不同的东西。我们人类独一无二的语言给万事万物一个独立的名字。我们告诉孩子"那是一棵树""那是一片叶子""那是从树上长出来的槲寄生，但不是树的一部分"。我们大脑左半球新皮层分析世界和解决问题的部分方式是将事物分解成各个组成部分，从而创造出各种界限。为了理解这个世界，我们使用分析的"剪刀"，在无缝的生活网络中创造切口，但是忘记了正是我们自己的思想创造了这些切口和边界，而认为它们存在于世界的"外面"。

5. 我们是我们观察和参与的所有系统的一部分，并对它们产生影响

　　重要的是，我们要认识到，我们正在研究的每一个系统都是从我们自己的系统立场出发进行研究的。从某种意义上说，我们是我们正在研究的任何系统的一部分，并且不可避免地会对该系统产生一些影响。从早期的霍桑工厂实验——工人们在知道他们被观察时改变了他们的行为——以及从博尔（Bohr）和海森伯格（Heisenberg）等核物理学家的研究中，我们了解到，无论是研究人类群体还是亚原子粒子，我们都在影响正在研究的东西。同时，我们给系统带来了我们所有的思维方式、框架、语言和意义，这些都是我们所处的系统和文化的一部分。我们关于家庭、社区、文化和物种的信仰与思维方式不仅内属于我们，同时我们也内属于其中，它们构成了我们感知世界的透镜和过滤器。

6. 系统化教练不仅涉及我们关注什么，还涉及我们如何关注，以及从哪里关注

　　系统化教练不仅涉及我们关注的内容。将关注点从个人转移到团队、组织等，这虽然很重要，但本身并不是系统化教练。关注系统的多级别，这才是我们所说的系统化教练（见表3.2）。要使教练真正系统化，我们不仅需要拓宽关注的领域，意识到多级别系统之间的动态关系，还需要改变关注方式和关注点。为避免引起混淆，我们特意用"系统"这个词来指我们正在关注的东西，而用"系

统化"这个词来指我们从哪里关注，以及我们如何与世界打交道。

表3.2　系统级别和系统化关注级别

关注级别	正在关注级别			
	尝试客观观察	对话和关系参与	关注"此时此地"的关系系统	我们文化和意识的局限
个人 个人关系模式 直接利益相关者背景 更广泛的系统化级别				

咨询和心理治疗领域出现了许多教练。我们不能通过经验主义来观察、研究或接触另一个人。如同咨询和心理治疗一样，在指导（和其他人类互动）过程中，我们仅在我们与他人相遇的环境中，在我们与他人共同创造的关系中，以及在我们理解相遇的主观方式中认识他人。

7. 系统化教练需要系统化感知、系统化思维、系统化存在和系统化关联

"系统化"这个词经常与"系统化思维"联系在一起，被看作我们思考系统的认知过程，但我们认为我们也应该参与**系统化感知**、**系统化存在**和**系统化关联**。

系统化感知始于认识到我们是我们所看到和听到的每一个系统的一部分，我们只是主观地感知世界，换句话说，我们只是通过自己的主观视角和在系统中的特殊位置来感知世界。

系统化感知改变了我们聆听、关注、感觉的方式。当我们系统地聆听另一个人时，我们不是作为一个独立的个体去聆听另一个人在说什么，而是通过另一个人去聆听世界是如何通过他们而呈现的。这个所呈现的世界包括他们的团队活力和组织文化是如何通过他们来体现的，以及他们的社会、民族和国家文化是如何通过他们来表达的。我们聆听全息场时，系统某一级别上的动态舞蹈可能就是系统其他级别上动态回声的一个小重复。我们必须通过共情来聆听对方，但不要通过他们的眼睛看世界；我们必须以一种广角共情的方式参与其中，对个人客户是这样，对客户故事中的每个人和每个系统也是这样。这有助于我们避免将问题或冲突定位于教练室之外的人或系统的一部分，这可能很快导致"责备他们"或产生卡尔普曼（Karpman）于1986年所提出的"戏剧三角"，在这种情况下，客户是受害者，"他者"是迫害者，而教练则是串通好的救助者。

作为一名系统教练，我们总是把问题或冲突看作由多方共同创造的一种关系或联系。我们会努力聆听，而不去评判客户或他们故事中的其他任何一方。我们会全身心地聆听——不仅通过我们的耳朵——这让我们听到声音的音调、节奏和音色，以及其他人的呼吸模式，我们听到的和声也不仅是简单的旋律。我们还会"以柔和的目光"看问题，不再过分关注数据和内容，而是寻找各个离散点背后的模式。我们的同事尼克·史密斯（Nick Smith）使用了20世纪80年代流行的"魔眼"图片来比喻：在这种情况下，你需要散焦你的视线，才能看到隐藏在许多彩色圆点后面的三维图片。

系统化存在改变了我们的意图和表现方式。彼得在2018年列出了13个"系统化至福"——或者说生存态度——是如何系统化呈现的指标。这意味着这些指标不仅要呈现给其他个人或团队，而且要呈现给我们在他们更广泛的生态系统中所能感觉到的一切。不仅要为个人的需求服务，还要为他们的世界和教练的需求服务。

系统化关联总是三位一体，而不是二位一体的，这意味着它不仅是两个人面对面的对话，而是一个三位一体的对话，即两个人肩并肩地共同探讨他们一起工作的共同目的是什么，未来和学员的利益相关者需要什么，以及在个人和他们更广泛的环境中即将出现哪些潜力。这就是为什么我们都喜欢和人们并肩工作，展望未来，而不是坐在他们对面。

| 系统化教练的七眼模型

教练督导的七眼模型（图3.1）已经被很多作者详细论述过。许多人把这个模型看作是指导者的七大关注点，以及七套工具与方法的集合。他们持这种看法，是因为没有认识到这个模型从根本上来说是系统化的。此模型虽然是作为如何理解指导和培训指导者的一种方式发展起来的，但也可以直接应用于如何理解教练。因为——就像指导一样——教练也是关系系统，只不过关注的是学员的关系系统，两个系统始终在更大的系统环境中运行。在七眼模型的教练版本中，系统化教练可以集中在一些相互关联的领域，我们将在后文中分别概述这些领域，同时认识到它们都是系统化关联的。

模式1——关注学员的工作情况，共同探索和理解他们工作所带来的挑战、他们的团队及其运作方式、他们的组织及其流程和挑战。

模式2——考察学员在应对模式1挑战时做出的有意识和无意识的选择，并拓宽他们可能的应对方式。

模式3——关注学员在工作中与其他人的关系，以及如何共同创造这些关系。

模式4——在模式4中，关注点更多地集中于学员的内部世界，包括学员在他们所面临的各种情况下的反应和再激发。这可能会导致对一些更深级别的行为模式、情感模式，以及支撑这些模式的信仰体系的探索。

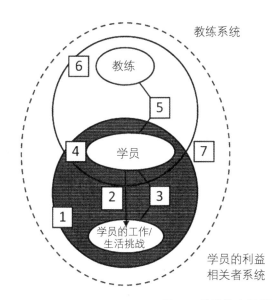

1. 学员的工作/生活挑战
2. 学员的行动、行为和干预
3. 学员与其利益相关者的关系
4. 学员
5. 教练关系和平行过程
6. 教练的自我反思
7. 更广泛的环境

图3.1 教练的七眼模型

前4种模式着眼于学员和他们的世界。然而，教练也发生在由学员、教练和工作共同创造的关系系统中——因此教练同样是这个系统的一部分。

模式5和模式6——在模式6中，教练除了需要专注于他们所听到和看到的数据之外，还要关注教练关系，以及关注教练带来的故事如何影响他们自己。通常，学员需要交流的最困难的问题是无法表达的，它们被博拉斯（Bollas）称为"未被考虑的已知"，即我们能感觉得到但不能用语言表达出来的东西。指导者需要将自己作为一种工具与非语言表达的东西产生共情，而且这种影响可以被注意到并可以对其加以评论。我们无法表达的东西，我们可能注定要复制。

只有当教练能够将他们自己的感知和潜意识经验作为教练系统的一部分时，对过程中出现的教练关系进行反思才是适合的（模式5）。通过使用模式5和模式6，教练可以探索自己需要做出什么转变以使教练关系发生转变，从而使学员能够转变他们的关系，并在工作中接触各种系统化环境。尽管我们的理解需要从"由外而内"和"未来反馈"开始，但变化的产生需要从实时指导关系中的"此时此地"开始，因此教练模式5和模式6至关重要。我们必须记住，在更广泛的系统中，教练过程中唯一可以改变的部分是教练室里的人——学员、教练和教练关系。不过，如果系统的一部分发生变化，整个系统都会受到影响。

模式7——七眼模型强调学员在教练中所关注的一切都内属于更广泛的系统环境中，这正是模式7所关注的（见图3.2）。在模式7.1中，教练鼓励学员看到他们所带来问题的更广泛的环境。在模式7.2中，教练鼓励学员理解他们在试图应对所面临的各种情况时做出的选择同样来自更广泛的系统冲突、团队动态、组织文化等。在模式7.3中，教练可以帮助学员探索他们带来的困难关系不仅是由个性差异驱动的人际冲突，而且是由他们每个人的系统动力驱动的人际冲突，这些动力承载着不同的组织和系统需求，并且这些需求尚未被认识和联系。在模式7.4中，关注点在个人所处情境之外的更广泛的环境。这包括他们在工作之外的生活、家庭、社会和社区世界中发生的事情如何影响其所处情境，以及他们过去的经历和他们对未来的目标与抱负如何影响这些情境。

这种教练关系系统亦被嵌入更广泛的系统环境中（模式7.5和模式7.6）。这包括教练如何设立、构建和约定（见第5章和第6章）。它还包括教练所属的组织和专业团体，这些组织和团队对所发生的事情有自己的期望。

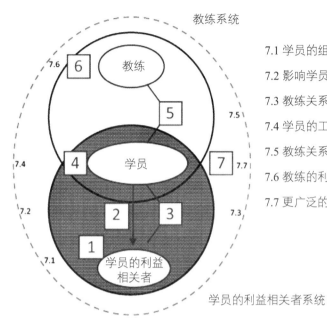

7.1 学员的组织利益相关者的环境

7.2 影响学员行动和干预的培训与背景

7.3 教练关系的环境和利益相关者

7.4 学员的工作和生活环境

7.5 教练关系的环境和利益相关者

7.6 教练的利益相关者

7.7 更广泛的环境

图3.2 模式7的七个视角

在图3.3更广泛的七眼模型中，在内属系统级别的外层，第一个圆环表示直接环境（7a），即直接的差异性环境区（7a）。由此向外的各个圆环是教练和学员双方所属的社会环境。其中第二个圆环包含教练服务的更广泛的利益相关者（7b），代表教练过程中双方的系统文化背景，以及在教练对话中共同创造的跨文化动态。再向外一个圆环表示各方及各方之间的社会与文化环境（7c）——正如我们在第2章所探讨的——是相互关联的人类世界和全球正在发生的事情。这些圆环都包含在生态世界中，包括人类和共同进化的"超越人类"的世界（7d）（见图3.3）。

这些我们均内属于其中的更广泛的系统级别不仅存在于外部，而且贯穿于其中的所有级别。组织文化不是我们外部的东西，而是成为我们的一部分，成为我们存在和感知的方式。彼得曾经将组织文化定义为"当你在某个地方工作了3个月后，你不再注意的东西"，因为它已经成为你的一部分。同样，生态系统与我们也不是分离的，我们是其中的一部分，非常小但影响深远。

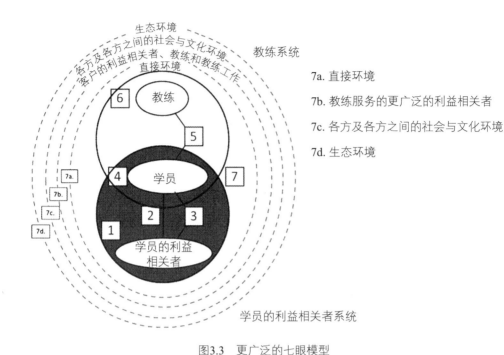

图3.3 更广泛的七眼模型

| 结论

为了解决教练职业所面临的上述这些关键挑战，我们一直从以下几个方面探索从根本上改变教练模式和实践的方法：

1. 不仅向个人传递价值，而且向所有受学员个人工作影响的人传递价值；

2. 将多个利益相关者的需求和意见同时引入协议签订和培训过程中；

3. 提高教练室的挑战水平，同时仍然忠于教练的角色，并能够探索教练带来的问题；

4. 确保教练过程不仅要关注"未来回溯"和"由外而内"，而且要关注教练平衡（而不是复制），以及掩盖未来重要挑战的当前紧迫问题的动态。

在定义中，我们试图在一个系统环境中捕捉到个人系统化教练的本质。在后面的章节中，我们将深入探讨系统化教练的各个要素，以展示这种教练方法给我们带来了哪些重大变革。

- 组织如何以系统化方法管理教练（第4章）。

- 多方利益相关者如何订立协议（第5章）。

- 系统化教练课程的实施过程与持续关系（第6章）。

- 系统化教练使用的不同工具和方法（第7章）。

- 个人系统化教练如何与系统化、系统化团队教练和系统化组织发展联系起来（第9章）。

- 系统化教练如何要求教练继续对他们的工作进行系统化指导（第10章）。

- 我们需要超越个人主义框架来思考道德，以理解复杂的系统化道德（第11章）。

- 我们用于评估和鉴定教练的方式（第12章）。

- 我们用于重新思考如何训练和培养教练的方式（第13章）。

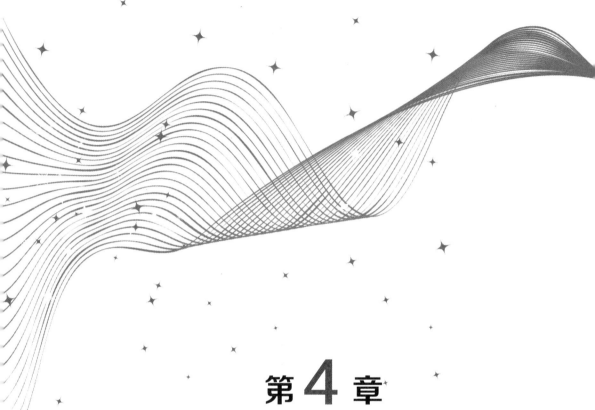

第 4 章

从组织的角度发展系统化教练

简介

第3章已经描述了系统化教练的核心要素，现在我们将转向组织如何确保教练活动为组织及其所有利益相关者提供超越个人的价值。这包括如何为所有教练活动创建教练策略和基础架构——无论是由外部或内部教练，还是由直线经理或人力资源提供——以及如何建设教练文化，从而将教练方法构建到组织运营的结构中，并与利益相关者合作。

在你阅读本章之前，我们建议你想一想以下几个问题——无论是作为组织代表还是教练——关于这些问题，也许你还可以添加自己的想法：

- 如何创建教练策略并使其有效？
- 在教练关系中，组织和教练的相互作用是什么？
- 我们如何建设教练文化或支持教练文化的建设？
- 我们如何提供超越教练关系的价值，使组织及其众多利益相关者受益？

教练策略

创建强大而可持续的教练策略和文化，需要建立坚实的基础。彼得·霍金斯在其2012年的著作中提出了为教练工作提供支持的三大关键支柱（见图4.1），如果其中任何一个支柱缺失，教练就会有被边缘化的危险，或者在组织的下一轮削减、重组或实施新举措过程中被清除。

1. 教练策略

第一大支柱强调，教练策略必须牢牢扎根于组织的宗旨和使命、策略、发展计划，以及人才保留和招聘等人力发展政策；否则，它可能会与放在抽屉底层的许多文件一起丢失。至关重要的是，此策略应在整个组织内协作制定，让利益相关者参与其中，并随着环境和实践的变化而定期更新。它还需要员工的参与，与员工进行沟通和讨论，因此它是一个"活跃的"策略。

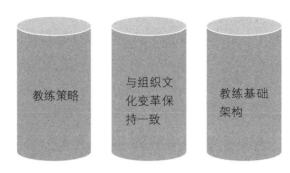

图4.1 教练文化的三大支柱

2. 将教练文化与更广泛的组织文化变革相结合

第二大支柱将教练文化的建设与组织文化中更广泛的变革联系在一起。为了发展壮大，组织必须在策略和文化方面保持领先，而后者是一个特殊的挑战。彼得·德鲁克（Peter Drucker）曾说过"策略是文化的早餐"，有人则补充道，"也是午餐和晚餐！"我们从变革举措充满失败的道路上了解到，组织文化无处不在，其本质是保守的，它可以减缓甚至阻止所有形式的战略变革，除非这些文化也得到了认真的发展。建设教练文化是达到目的的手段，也是创建更普遍的持续学习和发展文化的关键部分，从而提高所有员工和整个组织的能力。这种能力的提高有利于个人、团队和组织的绩效，而高绩效则有利于为组织及其所有关键利益相关者创造更大的共享价值。有关教练文化的其他例子还有：会议如何进行、对话类型，以及人们在各个层面承担的责任程度，包括对自身发展的责任。

3. 教练基础架构

第三大支柱确保所有必要的基础架构到位，以使教练的实施变得成功、稳健、可持续和一体化。这涉及治理、管理，以及所有各方的参与。教练的基础架构包括以下几个方面：

1）强大的发起/指导团队。这个团队必须由对组织至关重要的成员组成，他们可以确定教练期限的长短，在理想情况下应包括来自不同业务部门和职能部门的高层领导者、人力资源总监、教练经理，以及其他教练"客户"的代表（如寻求晋升的人）。这些人员需要有一定的影响力、知名度和预算权。作为一个强大的团队，他们能够帮助制定教练策略、分配资源、推动质量评估和审查流程，同时还能做出高层次的决策，确保与组织不断变化的战略和发展计划相适应。《2016年里德勒报告》（The 2016 Ridler Report）借鉴了100多名调查受访者的信息，并结合访谈和团队座谈，考察了如何成功建立教练团队的关键因素，指出"教练团队需要有高水平的发起人"。

2）管理团队。这将推动、协调和整合教练过程和活动。组织的规模和组织内部的教练发展阶段将决定管理团队成员的确切组成，但至少包括一名由更广泛的团体——即便是小团体——支持的兼职教练冠军，以便责任得以分担，并在有成员离开时迅速予以恢复。

3）实践社区。第三大支柱应该始终让教练参与进来，以确保他们能够在建设致力于组织成功的教练文化中成为合作伙伴。这对于建立实践社区至关重要。他们将定期通过网络或者面对面的形式聚在一起，既为了他们自己的持续学习和发展，也为了确保他们作为合作伙伴了解组织的战略和发展。他们必须致力于组织内教练文化的发展，以及个人学员和自身的学习，而且这种思维方式可能不会自动被采用。这三大支柱很少在组织参与建立教练活动之前（全部）到位。彼得在其2012年的著作中展示了他所研究的组织中有多少在意识到它们有大量的教练活动时，仅解决了对这种基础架构的需求，而没有对它们的教练投资收益进行任何有效的整合或评估。

| 创造教练文化

通过研究如何建设教练文化并查阅此领域的大量文献，彼得整合了这些元素，并基于系统化教练的持续发展做出了教练文化的最新理想化定义，这是我们在这方面取得的又一进步：

当组织的所有员工和其他利益相关者都将教练方法作为一种关键的参与方式时，教练文化就在这个组织中形成了。这适用于所有系统级别和所有职能部门，其带来的结果将是个人、团队和组织学习的改善，工作绩效和员工参与度的提高，以及所有利益相关者拥有共同的价值观。

| 建设教练文化的发展阶段

当考虑让利益相关者参与进来时，我们的组织挑战之一是如何确定组织在使用教练方面的发展方向。2010年，彼得森（Peterson）描述了使用外部教练的四个典型阶段：

1）临时型教练，由组织内寻求教练的个人推动，随后可能会赞美教练的好处；

2）管理型教练，由发起人或教练冠军推动；

3）主动型教练，由业务需求推动；

4）策略型教练，由组织的人才策略推动。

第一阶段通常是由少数高管的热情所推动，他们发现教练对个人有益。他们不仅向其他人推荐，还倾向于向组织推荐以引进教练。此阶段对教练的质量或费用不做监控。当玛克辛·多兰（Maxine Dolan）接手管理特易购（Tesco）时，她发现特易购每年花费在教练上的钱超过100万英镑，但没有对其适当性或有效性进行监控。

第二阶段则是任命关键人员以提供更集中的教练和支出计划，然后发展到与业务结果保持一致的第三阶段——其中包括考虑谁将从教练活动中获益最多——最后发展到与业务战略、变革和文化考量保持一致的第四阶段。

我们可以在内部教练的发展阶段中看到类似的模式：

1）非关联临时型内部教练，由独立于组织而实施教练培训的个别员工推动。

2）相关联临时型内部教练，由独立实施教练培训，但由组织以某种方式整合在一起的个别员工推动。

3）管理型教练，由教练冠军或发起人推动，包括选择教练以培训教练技能。

4）主动型教练，由业务需求推动——包括将教练聚集在一起，整理新兴的文化主题。

5）系统化教练，教练活动与不断变化的业务战略直接相关。包括设立正式的流程用于选择教练和客户，制订相关流程对教练进行评估，整理各种主题，要求教练涵盖多个领域的愿望，如与多个利益相关者在培训中签订协约（见第12章），并有实施到位的持续而专业的个人发展与指导计划。

我们并不是说必须瞄准最高阶段——因为这取决于组织及其环境。我们赞同奈特（Knights）和波普莱顿（Poppleton）提出的建议：

就组织教练服务而言，同一种规模显然不适合所有人。重要的是对教练的组织环境有一个清晰的理解，然后建立与这种理解和意图相一致的启动过程。

选择谁发起或领导教练活动仍然是一个关键问题。他们在组织中的"权力"、获得资源的途径及顶级团队如何听取反馈，将决定教练如何定位和发展。

我们采访了一些领导者，了解他们如何发展教练文化，其中一位是英国广播公司（BBC）苏格兰分部主任唐纳达·麦金农（Donalda MacKinnon），她同时也是一名老道的英国广播公司内部教练。她于2016年年末接任主任职务，负责1000多名英语和盖尔语员工的工作，预算为1.14亿英镑。此外，在一些知名女性雇员收入不平等的案例被广为报道之后，公司要求唐纳达发起一个项目，研究女性职业发展和英国广播公司改善工作场所文化的问题。《让英国广播公司成为女性的绝佳工作场所》（*Making the BBC a Great Workplace for Women*）（英国广播公司，2018年）的报告中有30多条建议得到了英国广播公司董事会的认可，她现在负责指导这些建议的实施。这些建议包括向所有级别的男女员工——休完产假、收养假或共享育儿假的新父母，以及那些因照顾家庭成员长期休假或暂离工作岗位后重返公司的员工提供教练。31%的女性员工在她们上一次休完产假后离开了工作岗位。下面对唐纳达的采访展示了如何将教练技能融入实际行动，以实现持久的系统文化变革。

任职主任后，我希望尽快实现文化变革，随着2019年新频道的推出及英国广播公司新章程的出台，我实行了一二十年以来最大的重组。我新建了许多涉及"员工和文化"的工作流程。对文化的反思和审视深深影响了招募工作，我们决定任用那些愿意共同踏上这一变革旅程的人。作为一名受过训练的教练，我所学到的理论和实践使我有能力和信心开展内部教练活动，我十分强调聆听对话的重要性，而不必非得处于一种"教练模式"之中。这对于发展一个新电视频道，同时采取多平台多学科的方法，鼓励团队合作和包容，尤为合适。

通过将教练培训付诸实践、允许深入聆听、为个人和团队提供支持，我们见证了新的活力和生产力。

担任这个职位一年后，托尼·霍尔（Tony Hall，英国广播公司总干事、最高领导者）让我建立一个与女性职业发展、性别平衡和工作场所文化相关的工作流程。根据我的教练方法，我召集了一系列人员，我们一起在英国广播公司内开展广泛的咨询，包括举办为期一天的活动，以了解员工的真实感受，让他们有发言权，成为解决方案的一部分，并拥有对建议的所有权。为了找到解决方案，我们询问他们：如何在团队和团队中，以及在员工之间做出非凡的成绩？其原则是，我们将一起提出可行的解决方案来应对阻碍个人职业发展和建设良好文化的挑战。除了管理顾问给我们带来专业知识之外，我认为我们本身也必须进行自我检查和探索，以找到更有可能实现持续改善的解决方案。

| 七步法

2012年，彼得开发了一个模型，提出在早期工作的基础上，建立一个完整的教练文化需要7个步骤（见图4.2和图4.3）。它们的顺序并不总是相同的，但以下是最常用的顺序：

第1步：开发有效的外部教练团队；

第2步：发展内部教练与指导能力；

第3步：组织的领导者积极支持教练工作，并使其与组织文化变革相一致；

第4步：教练从个人正式课程转向团队教练和组织学习；

第5步：教练融入组织的人力资源和绩效管理流程；

第6步：教练成为整个组织管理的主导风格；

第7步：教练成为组织如何与所有利益相关者做生意的方式。

图4.2 发展教练文化——结果

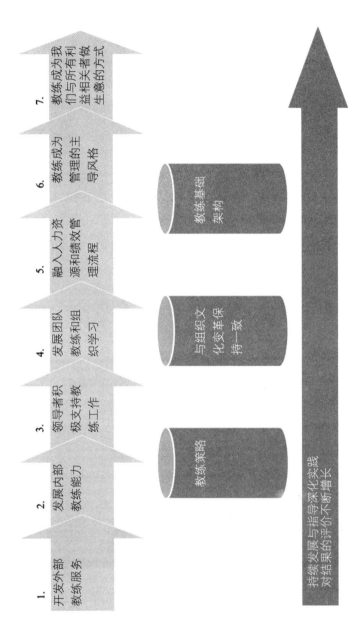

1. 开发外部教练服务

2. 发展内部教练能力

3. 领导者积极支持教练工作

4. 发展团队教练和组织学习

5. 融入人力资源和绩效管理流程

6. 教练成为管理的主导风格

7. 教练成为我们与所有者利益相关做生意的方式

教练策略

与组织文化变革保持一致

教练基础架构

持续发展与指导深化实践
对结果的评价不断增长

图4.3 教练策略：建设教练文化的步骤

即使有了这些步骤，还有其他因素可以决定一个组织内教练基础的深度，并且它正在成为一种完整的教练文化。开发教练服务、提供学习和指导（如果内部提供）等要素的初始投入成本可能意味着产出和业务收益需要时间才能显现和得到认可。彼得曾使用图4.2与高级管理人员探讨，只有当你在教练文化之旅的一些后续步骤中支持教练工作时，业务成果的产出效益才开始显现。他还将讨论评估的关键作用。

| 教练选择

如果组织决定创建结构化的教练过程，以下9个阶段对于确保最佳的组织回报很有帮助。

1. 诊断和定义需求

这需要从前面概述的教练策略开始，并且不单是简单地引入教练以考察其必要性以及有何作用。我们会询问以下问题：

- 帮助组织的领导者和管理人员实现这种转变需要怎样的发展历程？
- 在这个更广泛的发展历程中，教练将如何发挥作用？
- 在这个历程中，我们希望教练能带来哪些具体结果？

2. 制定教练政策和指导方针

有关下面问题的答案将为组织的教练政策提供信息，此政策以教练策略为基础，将提供实施教练活动的更多细节，以促进组织向前发展。这些回答可以发展成公司所有领导者和管理人员均可免费获得的信息。这些问题包括：

- 原因：组织任用外部教练的目的，以及它如何与组织的当前业务、领导力和变革策略相联系。
- 什么：组织对教练的定义。
- 谁：谁有资格接受外部教练，以及组织聘用谁担任外部教练。
- 何时：教练在何时最为有效，如在职务转换、参加领导力课程，或者为未来职务做准备等情况下。
- 如何：有关申请或选择教练、教练匹配及签约、审核和评估教练的流程

是什么。

- 预期目标：组织所期望的业务、绩效和个人成果，以及个人对教练的期望。

- 地点：去哪里寻求更多信息或教练方法，如与直线经理、人力资源、教练经理等一起进行绩效或发展评估。

有一个很好的例子，这是由汤森路透高管教练服务公司（Thomson Reuters Executive Coaching services）和英国广播公司开发的教练政策和指导方针。他们提供了一个在线手册，对以下领域的教练问题进行了概述（见方框）。在英国广播公司，所有涉及领导力和过渡教练均需要管理人员参与，并在教练活动开始和结束时召开三方评估会议。教练活动结束后，对学员和管理人员也会有一个最终评估。

《英国广播公司教练与技巧指南》（2019年）包括以下内容：

- 英国广播公司的领导力教练是什么？
- 英国广播公司领导力发展教练如何？
- 英国广播公司的领导力发展教练有何帮助？
- 领导力发展教练可以培养哪些技能？
- 英国广播公司提供哪些教练项目？

  高管教练。

  过渡教练的前100天。

  领导力和发展计划。

- 成功的教练关系如何造就？
- 发展目标。
- 结束教练关系。
- 机密。
- 你有资格接受领导力培训吗（这将链接至另一个网站）？

---

3. 确定教练选择的要求和标准

接下来，我们将考虑哪一些教练适合为组织带来所需要的成果。除其他方面以外，教练选择的要求还包括他们的工作背景和经验、所获得的培训、认证或证书，以及他们的文化适应能力。我们还认识到，需要有一系列教练来为整个领导力群体提供足够的挑战。

有多种教练标准可供选择，包括来自专业教练机构的标准，如职业经理人教练和指导协会（Association for Professional Executive Coaching and Supervision，APECS）、教练协会（Association for Coaching，AC）、南非教练和导师协会（Coaches and Mentors of South Africa，COMENSA）、欧洲指导和教练理事会（European Mentoring and Coaching Council，EMCC）和国际教练联合会（International Coaching Federation，ICF）。有关教练的一些书籍也会介绍教练能力和资格等方面的信息。这些标准可以由特定的组织进行调整，以适应其自身的教练要求。

彼得通过对高管教练的了解，描述了教练需具备的三种基本综合能力。他把这三种能力想象成由教练技能、包括成人发展在内的心理理解能力，以及业务和组织理解能力组成的"三腿凳"，如图4.4所示。他认为优秀的教练督导至关重要，就如同凳子的稳固性与三条腿相关。彼得认为这种"三腿凳"应由教练督导提供，他在凳子三条腿代表的所有领域都要很有经验。要想成为凳子的三条腿，教练还需要有良好的系统理解能力，以便他们能够注意并关注个人、团队、部门、组织，以及更广泛的利益相关者与系统动态之间的相互联系。

第一条腿包括实施教练活动，以及建立并保持有效教练关系的技能。每位教练都应完成专业教练培训，并积极参与持续的个人和专业发展，包括教练督导在内。

第二条腿是心理理解能力，这对教练来说非常重要，它能让教练时刻对学员可能需要转介以寻求更专业帮助的心理状况保持警觉。这种理解能力包括成人学习和发展领域、个性类型和学习偏好。

图4.4　教练"三腿凳"

第三条腿是对组织行为和商业世界的理解能力。以前担任过高管的教练可能很容易满足这一要求。教练可能还需要获得商业或组织的任职资格——如工商管理硕士——但这本身可能还不够。伊芙注意到，她的工商管理硕士学位和作为高层领导者的经验比她所有的教练资格更有助于她赢得公司的管理工作。

这些问题将在第13章"系统化教练培训"中被提到。

4. 选择

实施教练活动的先决条件是，组织不仅要清楚自己需要什么样的教练，还要清楚需要什么样的条件，比如，学员人数、课程时长及可能的频率。严格选择这些条件很花费时间，但没有这种理解，组织可能会浪费自己和教练的时间。需求的深度和广度可能与组织中可用的教练总量成比例。

任何广告都将针对感兴趣和合适的教练。有的教练过程可能非常简单，以至于组织被成百上千的应用程序淹没。相反，如果这个过程时间太长，并且有太多的"紧箍咒"，那么忙碌而有适当经验的优秀教练可能不会申请。如果组织认识效率高的合适教练，可以直接联系并邀请他们申请。

申请过程可能包括一系列评估任职资格的简单问题，如教练经验、证书和认证，以及一些开放式问题。其目的是了解更多有关教练的方法、风格、评估方式、督导的使用、对业务和文化的理解，以及为组织工作的动机等。

有效的教练过程需符合组织的基本标准和期望标准。对于符合基本标准的教练申请，组织将根据所需的教练概况进行评分。表4.1是一个教练选择标准概况表，选取于我们已经看过的几个示例。第一列"领域"里有一些基本标准，此标准将用于初始筛选，然后再与那些符合初始标准的人一起进入第二列（我们给出了几个简单的例子）。

视组织而定，这一框架将被用于筛选人数可控的教练申请，以进行更深入地评估；然而，有一些需要大量教练的组织可能只完成了纸上作业。无论做出何种决定，我们都强调教练必须与所提供工作"相称"的理念，并强调有必要确保那些可能经历了许多类似过程的顶级教练——如果教练过程太长而且要求太高——可能会被拒绝。

根据可用的时间和资源，有多种评估方法：

- 教练简短介绍他们的教练方法、使用的模型和流程，以及他们认为如何为组织增加价值；
- 一次或多次深入访谈，最好包括人力资源或教练经理，以及可能接受教练的高级管理人员；
- 与组织的一名志愿者到现场观察教练课程；为此，组织可以使用摄像机，让观察员在相邻的房间里观看；
- 教练以书面形式反映访谈和教练课程；
- 以书面或口头形式回答教练将如何处理一些可能发生的教练情况；
- 采访教练督导，以获得口头和书面参考。

彼得曾帮助一家国际银行审查其教练选拔过程，并询问银行相关人员通过哪些问题帮助他们接受（33%的受访者）和拒绝（67%的受访者）教练。他们提到了以下开放式问题：

- 请描述一下你在教练过程中遇到的道德困境，以及你是如何处理的。
- 请告诉我们你利用指导来改进你与客户之间教练关系的一次经历。

表4.1 教练选择标准概况

领域	1. 基本要求	2. 期望要求	3. 申请人得分	4. 权重	5. 加权得分 (2 × 3)
以前的教练经验	例如，至少3年	有5年从事高管培训的特定经验			
教练训练和最近证据的CPPD	个人与职业发展的完整证据				
相关业务行业经验	不重要				
业务资格	不重要				
专业团体会员	是APECS、AC、EMCC、ICF等协会的正式会员				
专业机构认证*	不重要	至少获得APECS、AC、EMCC、ICF认证或达到同等国家专业水平			
专业赔偿保险	是，最低500万英镑				
心理训练或经验	是				
专业指导	是，要求提供督导的姓名和至少一年的证据，并目前正在接受指导	提供有关指导如何发挥作用的案例			
教练模式	无必需的模式				
处理道德困境能力	完成形式上的困境				
与内在价值相匹配所需的品质和个人特性	不重要				

资料来源：*在《2016年里德勒报告》中，68%的报告组织要求教练认证。

他们报告说，被接受的教练能够对这两个问题给出有意义的答案。区分成功教练的另一个因素是他们描述的教练方法与其实际的教练示范之间的一致性，这显示了他们支持的理论与他们使用的理论相一致（Argyris和Schön，1978年）。

　　有的组织也会将外部教练的选择或外部教练团队的管理进行外包。有时候，组织会选择同一个外包服务提供者，以确保所有的教练人员始终满足必要的标准，并根据特定客户组织的需要给予指导。大型全球组织会采用委托方式，因为他们发现教练招募、质量评估和保持全球教练团队的一致性是一件很困难的事情。尼克·史密斯的案例研究就是这样一个例子（见附录里"案例研究7"）。对于曾经提供的教练活动，重要的是要确保此教练活动同样嵌入组织之中，就像完全由内部管理一样。

　　教练的选择越来越受到重视。《2016年里德勒报告》总结道："选择合适的教练和确保组织的适应性是成功的前提。"渣打银行（Standard Chartered）高管发展全球督导萨曼莎·金（Samantha King）正是这样的一位参与者，她认为：

　　我们经常惊讶地发现有许多经认证的教练……他们要么坚持使用一种教练方法，甚至询问一套更公式化的问题，要么可能缺乏签订保密协议或建立融洽关系的技能。就其本质而言，教练过程的风险在于它基本上不被观察到，许多学员通常不知道"优秀教练"是什么样的。我们努力寻找不可多得的教练，他们能提供一系列灵活的工具、有效的方法和深刻的技能，他们对自己的个人发展投入巨大，随着时间的推移，他们与各种各样的领导者一起积累了丰富的经验。

　　《2016年里德勒报告》强调，教练选择的最大变化之一是教练专业机构对个人认证的要求。这一比例从2013年的54%上升至2015年的68%。

　　当伊芙在2007年开始担任全职教练时，她对组织采用的各种选择方法感到惊讶。

　　有些组织从某个人那里听说了我，问我收多少钱？如果费用可以接受，我什么时候可以开始？在这种情况下，经常是连最基本的问题也不会被问到，例如，资格证书、指导安排、专业团体会员和专业保险（并非所有国家都有）。相比之下，国家注册流程既费时又费力，例如，英国国民健康服务（National Health Service，NHS）需要三个阶段、三个月的流程：书面申请，必要认证、访谈和评

估。书面申请很烦琐，共有15个问题，其中第15个问题要求提供两个详细的案例研究。它有以下一些示例问题：

"你如何描述你的教练方法？包括你所依赖的支持理论，以及典型的教练过程。"

"你如何评价你的教练实践的有效性？"

"请分享一个你在过去12个月中接受指导的问题实例。请描述你在指导中学到了什么，以及你的学习对教练实践或具体教练任务有何影响。"

当谈到内部教练时，首要问题是组织准备选择谁作为教练及选择的原因。人选从人力资源、学习与发展专家到领导者，不尽相同，也可以是他们的组合。你需要教练和他们的直线经理做出什么承诺？当伊芙申请成为英国广播公司内部教练时，她的直线经理必须批准申请，其中包括对经理和潜在教练必须接受的最低教练时间进行概述。除此之外，还有即将实施的培训及持续的专业发展和指导。

5. 教练入职、简报和调整

一旦完成教练选择，为了确保组织从他们的教练过程中获得最佳价值，许多遵循良好实践的组织将通过简报活动或虚拟网络研讨会提供入职培训。在理想情况下，参与入职培训的人员将包括一名高级管理人员，他能够通过组织使命（目的、战略、核心价值观和愿景）为教练提供背景，并解释教练如何能够为即将合作的组织和个人客户增加最大的价值。简报会还可能包括以下问题：

- 教练流程如何运作——教练匹配、初始会议、三方签约、审查、评估、报告等。
- 组织使用哪些反馈和心理测量工具，以及它们的可用性和使用过程（360度反馈法、迈尔斯布里格斯类型指标、Firo-B行为量表、霍根测评、Insights Discovery评估系统、贝尔宾团队角色测试等）。
- 对教练及其工作的评估使用了哪些评估标准和反馈工具。
- 如何从教练那里获得集体组织学习，以及教练将如何参与其中。
- 一般合同安排，如保密、处理利益冲突、道德界限、撤销、投诉程序等。
- 发票和付款方式。
- 如何让教练了解组织、教练政策和运营的最新变化。

简报会的目的不仅可以提供信息，而且可以由此开始建立一个由教练、教练经理和高级管理人员组成的忠诚社区，他们共同致力于推进组织、战略、文化和领导力的发展。其中包括定期安排组织简报及其更新，教练督导或发起人将考虑由谁在何时完成简报，以确保系统不同部分之间保持相互联系和清晰沟通。这可以使他们充分理解教练、学员和更广泛的利益相关者的工作环境，而不会"陷入"组织或个人的议程。

6. 匹配教练和学员并根据组织需求调整教练

组织可以使用多种方法将个人客户与合适的教练进行匹配。

公开自选。这是一个公开选择的流程，组织发布一个可用教练库的目录，每个教练都附有简短的个人简历，包括他们的相关背景、经验、方法、地址和联系方式。未来的学员可直接与他们选择的教练联系，安排一个探索性（化学反应式）会议，并通知主要组织者。

公开联合选择。这同样是自选流程，但在这里，未来的学员联系相关教练经理，与其讨论自己的偏好，教练经理将安排一个或两个探索性会议。

按照需求集中匹配合适的教练。在这种情况下，首先组织将提供一个教练登记簿并附上一个名单，该名单列出了当前有哪些教练可供选择，以及最近的反馈。接下来，还将有以下步骤：

- 个人的具体发展需求和学习偏好，由其直线经理或人力资源合作伙伴或顾问确定。
- 从这些信息中，教练经理利用他们对教练库的了解来确定两三个合适的教练。
- 向个人提供相关的一两个合适教练的信息。
- 他们要么立即做出选择，要么两者都参加介绍会。
- 个人（可能还有教练）告知教练经理他们的选择。
- 教练经理正式通知被选定的教练，并确保必要的合同安排。
- 个人与被选定的教练，可能还有他们的直线经理召开第一次合同会议。

7. 收获学习成果

在彼得2012年的著作中，他向雇用了大量外部教练的首席执行官和人力资源总监提出了一个问题："你认为在你的组织中，每个月有多少次教练对话？"

很少有人知道确切的次数，但大多数人估计说有几千个，尤其是如果你让直线经理参与教练对话，而不仅是正式的外部和内部教练时。

接下来他又问了一个简单但富有挑战性的问题："你的组织如何从成千上万的教练对话中有所收获？"

他们通常感到困惑，但对教练如何能带来组织学习和明显的组织效益感到好奇。

在大型组织中，可能有许多教练关系并行发生。三方、四方协议签订和评估过程（见第5章和第12章）将有助于组织学习超越教练室的界限，但这种学习可能仅限于参与协议和360度反馈流程的少数人。由于保密性，大量的组织学习仍未实现。彼得开发了一种方法来保护一对一教练关系的适当保密性，同时帮助组织从其发起的许多教练关系，以及外部和内部教练库的集体见解中学习。他将这种方法称为"收获学习"，它有以下4个阶段：

1）定期召集内部和外部教练小组，听取组织所面临的挑战，安排相关论坛对业务、组织、文化、领导者，以及人才发展战略和计划提出问题。

2）与"督导三人组"（教练、督导者和观察员）中的所有教练就关键的教练关系进行合作，并执行保密管理。观察员根据给定的格式记录所发现的一些新兴主题，例如：

- 组织发展方向的清晰性和一致性，以及这个发展方向对领导者和管理人员的要求。
- 组织文化，包括行为模式、心态、情感和动机根源。
- 整个组织的连接和断开。
- 与利益相关者的连接和断开。
- 如何看待教练过程。

每个人在每个角色上都有30分钟，并且教练和督导者都要接受反馈，以提供额外的发展性学习。

3）各个"督导三人组"从收集到的主题中寻找新兴模式，这些模式将被输入一个"通告区"，并被张贴在不同主题的活动挂图板上。然后按各个主题板对团队进行划分，并组织新兴的集群和主题，识别连接它们的模式，最后反馈给整个团队。他们必须确定能够使组织实现或者阻碍其实现战略与发展目标的关键模式。

4）这些关键模式被整合在一起，高级管理人员和教练就这些新兴关键主题展开对话。这可以发生在同一个事件中，也可以发生在高级领导团队与内、外部教练代表团队之间的会议上。在探讨了新兴主题之后，对话可以集中在教练如何更有效地为组织的下一阶段发展做出贡献。

此过程需要有一名顾问的协助，他不仅要是经验丰富的教练和训练有素的教练督导，还必须了解组织战略、文化变革、系统动态和组织发展。最重要的是，这位培训导师需要在高级管理人员的战略和业务语言与教练的流程语言之间自由进行转换。

对于处在发展早期的教练社区来说，这种收获学习成果的完整过程听起来可能相当令人生畏，但是更简单的过程形式可以作为教练社区年度评估的一部分。这一流程已成功应用于多个不同行业的组织。在尼克·史密斯撰写的案例研究（见附录中的"案例研究7"）中，他展示了如何通过由同一教练督导挑选并加入的全球教练团队，这些教练督导将继续指导他们为全球公司提供教练服务，教练督导可以自己完成这一收获学习的过程。

8. 小组、团队及团队教练团队

有证据表明——如《2016年里德勒报告》所示——团队教练活动正在不断增长。虽然这仅占组织中教练总量的9%，但76%的组织预计在未来两年内会增加团队教练的使用。作为制定教练策略和评估教练活动影响的负责人之一，他们需要考虑在提供个人教练方面应该花费多少时间和投资，以及在小组教练、团队教练、系统化团队教练和团队教练团队方面应该有多少投入。所有这些方法都有可能最大限度地发挥教练活动对组织及其利益相关者的影响，并在个人学习与发展、团队学习及组织学习，同组织致力于为所有利益相关者创造更多价值之间建立联系。我们将在第9章对此进行更深入的探讨。

正如本章所概述，在我们看来，组织中的教练活动并不开始于向个人或团队暗示他们可能从教练活动中受益。教练活动始于组织审视其战略，并考虑未来需要所有利益相关者有何作为才能使组织成功前进。只有到那时，组织才能认识到它需要对当前的文化、领导层集体、管理层，以及员工做出何种变革（正如组织内部人员所描述和经历的那样）。这可能导致创建一个组织发展计划，此计划不仅涉及如何发展领导者和管理人员，还包括如何发展整个企业的职能、团队和关系，以及与外部利益相关者的关系。

此发展计划很可能包括以下需要解决的问题：

- 我们从哪些教练活动中获得了最佳效果？
- 哪些个人教练活动最为有效？如何使小组教练、团队教练、内部团队或团队教练团队发挥最大效果？
- 哪一种教练活动最好通过电子教练、同伴教练、内部教练或外部教练来提供？
- 如何对这些不同形式的教练活动进行监控、督导（见第10章）、道德保证（见第11章）和评估（见第12章）？
- 可能会出现哪些挑战，我们将如何应对？谁可以帮助我们做好这件事？

正如我们所观察到的，组织的教练策略必须基于教练个人的学习和发展战略及组织的发展战略之上，这将确保实现所有业务利益相关者的未来需求。

如果没有这种工作流和联系，那些在组织中负责管理教练活动的人将很难实现有效的资源目标，或者从所有教练活动中获得潜在的利益。组织也很难全面实施其与利益相关者签约、参与和受益的方法，因为提供意见和建议的人不可避免地会从个人的角度谈论个人或团队需要何种教练活动，而不是从个人成员或团队的角度，以及基于他们的教练活动有理有据地清晰表达组织、未来和更广泛的利益相关者需要什么。

为了帮助你梳理这些问题，我们可以从一些简单的问题开始，例如：

你在组织中为谁服务？列出你的关键利益相关者及他们需要从中（写出干预措施）获得什么。

假如你是投资者，请你完成：

- 作为投资者，我们欣赏（写出小组、团队或个人名字）当中的
_____。

- 作为投资者，我们需要与他们不同的是_____。

现在，假设你是客户——内部或外部客户——请你完成：

- 作为组织的客户，我们欣赏的是_____。

- 作为客户，我们需要与他们不同的是_____。

接下来，请你站在其他利益相关者的立场上——员工、团队成员等——回答
问题：我们下一步需要做什么？

| 结论

在本章中，我们已经展示了组织如何发挥他们的作用，以确保他们所提供的
教练活动能够给那些有幸直接接受的人带来价值。为此，我们展示了以下方法：

1）制定教练策略，与他们的业务战略保持一致并为其提供支持。

2）创建适当的教练基础架构，以开发、协调、支持和评估组织内的所有教
练活动。

3）从提供大量的教练活动发展到建设一种教练文化，在这种文化中，教练
方法被纳入公司管理、领导和评估员工，以及与利益相关者互动的方式中。

4）选择教练、入职培训并定期向外部和内部教练介绍情况。

5）从众多的个人教练任务中寻找获取组织学习的方法，并将其反馈给高层
领导及负责实施组织、团队和企业个人发展计划的相关人员。

6）对个人教练、小组教练、团队教练、系统化团队教练和团队教练团队的
投资进行初步思考，我们将在第9章中进一步探讨。

在接下来的两章，我们将探讨教练将如何增加其教练活动所创造的价值。首
先，在第5章，我们谈到价值的增加需要通过利益相关者更多和更有效地参与签
约；其次，在第6章中则谈到价值的增加需要通过教练如何有效使用系统化教练
过程，不仅关注学员的需求，还要关注学员服务的所有人的需求。

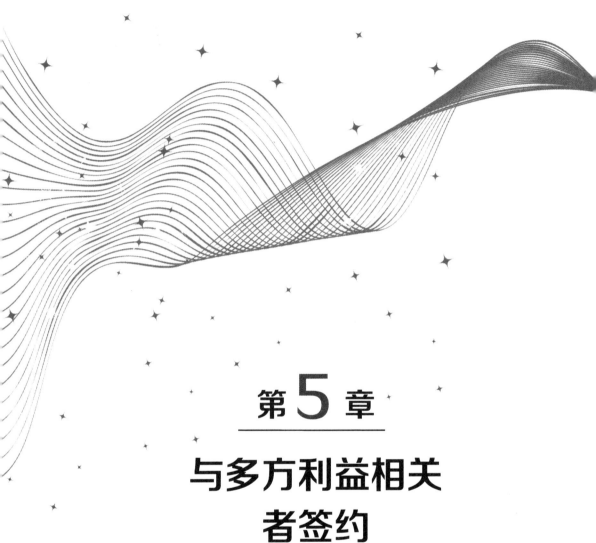

第 5 章

与多方利益相关
者签约

| 简介

在本章和接下来的第6章、第7章中，我们将探索个人教练的工作方式，了解他们如何在教练活动中创造最大的潜在价值，不仅为学员，也为他们所服务的众多利益相关者。这几章都将基于向系统化范式的转变，即我们不再仅仅考虑对个人进行指导，还考虑与个人一起或通过对个人进行指导，从而为参与的所有人、系统和组织创造利益。这种工作方式让我们想起了"苏菲教学"的故事，它大致是这样的：

你认为因为自己知道"一"，所以一定知道"二"，因为一加一等于二。但是你忘了你还必须知道什么是"加号"。

如果你曾经接受过或者现在正在接受教练，你能想到所有能从教练活动中受益或将要从中受益的人、组织和系统（包括人类以外的生态系统）吗？请试着尽可能多地列出来。现在问一问你自己，这些将会受益的需求如何被带入教练工作中，以及你和教练如何对待它们？在本章中，我们将首先探索如何改变我们的客户，然后探索签约方式，这意味着我们必须基于个人的需要及其所内属的众多系统开展教练活动——教练和学员个人一起完成工作。

在接下来的内容中，我们将：

- 审查我们从相关研究中获得的关于有效签约的信息。
- 探索成功签约的条件。
- 考虑当我们根本没有签约或者签约无效时会发生什么，用简短的案例进行说明，其中部分案例内容选取于在督导时我们收到的各种信息。
- 考虑签约的各个阶段。
- 提供可以被从业者和管理人员成功使用的框架。
- 提供一些实践工具，包括用于没有组织代表直接参与的情况下。

| 从一个客户到两个客户，再到为众多客户服务的合作伙伴

这与第3章中提出的教练和指导空间问题有关："谁是客户？"你最初的反应是什么？以这种方式构建问题可能意味着一个二元回答：或个人，或组织。

对于每个回答，你都可以找到拥护者。圣约翰–布鲁克斯（St John-Brookes）在2014年有关内部教练的研究中引用了一位受访者的话，组织的利益需求太复杂而不值得考虑，但另一位受访者认为教练应首先对组织负责。在埃里克松（Eriksson）的研究中，高管教练团队更个人化和整体化的"个人生活即整体"的教练方法与购买者"更关注公司发展任务和结果"形成对比。斯库拉（Scoular）强烈认为组织就是客户，而赫芬顿（Huffington）和卡恩（Kahn）等认为个人或组织都很重要。布雷塞尔（Bresser）和威尔逊（Wilson）说"高效的教练需要平衡这些具有竞争关系的优先事项"。

我们的建议是，我们必须走得更远，以避免在个人客户和组织客户之间周旋不止，或者在两组需求之间找到一个妥协方案。系统化教练旨在发现教练活动中需要完成的工作，以促进与所有利益相关者共同创造价值的方式，并发展个人客户和组织客户之间的伙伴关系。

| 教练签约的历史与发展

根据我们的经验，签约和续约是我们作为系统化教练和督导的工作核心。这可能是显而易见的，也可能是隐含暗示的，但都是加强相互关系的基础。这里的"相互关系"，即教练、客户和环境（包括利益相关者）之间的"相互性"——正如马丁·路德·金（Martin Luther King）所描述的那样，"所有的生活都是相互关联的，从真正的意义上来说，我们都陷入了一个不可避免的相互关联的网络中，被束缚在同一件命运的外衣里"——以及需要完成的工作，我们的3C模型对此做了展示（见图5.1）。

在2007年一项关于教练职业道德的研究中，波梅兰茨（Pomerantz）和艾廷（Eiting）强调了他们研究中提出的一些挑战，例如：

- 同一家公司有多个客户。
- 没有能力取得成功的客户。
- 希望分享更多信息的客户老板。
- 想离开公司的客户。
- 双重关系。

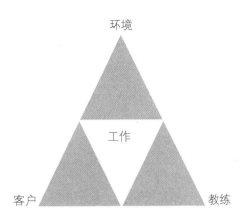

图5.1　3C模型

　　他们指出，签约是道德考量的核心，并为教练和教练雇佣者之间的对话提供了6种想法，"以提高客户和组织对道德教练实践的认识"。这包括签订预期协议，与人力资源部门合作，以及"与客户、发起人或人力资源代表、客户公司或组织中需要你负责的任何其他人一起设定明确界限，围绕保密性和匿名性进行定义并建立防火墙"。他们还提到，对于如何进行反馈，在教练活动结束后如何提供支持，以及有哪些情况可能需要不同形式的支持（如需要进行治疗），也应该达成协议。

　　签约有许多要素，这里我们将借鉴一些相关文献来研究一些要素。李提醒我们，签约从我们作为教练、导师或督导者第一次被问及是否对某项任务感兴趣时就开始了，而不仅是在签约会议的正式场合。在图5.2中，他划分了5种签约协议类型。

---

　　1. 预签约：正式签约之前的决定

　　2. 改变型协议：描述客户（个人学员）希望在教练和主办组织的支持下发展成为高管的方式

　　3. 过程型协议：其中包含教练、客户和其他人的方法及责任，这些方法及责任共同促成教练活动的实施

　　4. 商业型协议：规定教练和发起人之间的商业和法律约定

　　5. 心理型协议：各方之间默契且强大的潜在期望

资料来源：改编自李（2016年：第40~41页）

图5.2　李划分的5种签约协议类型

在图5.3中，彼得·霍金斯和尼克·史密斯描述了签约过程所涵盖的6个方面。

---

1. 实用性——例如，课程的时间和频率、付款及撤销或延期协议
2. 界限——教练和其他帮助性职业（如治疗师）之间的界限，以及保密的界限等
3. 工作联盟——教练和学员如何建立信任，双方的期望和学习风格，还包括与组织客户的关系
4. 课程形式——包括课程细节，可能使用的任何方法
5. 组织背景——包括利益相关者的期望、教练政策、发起人在支持学员方面的持续作用、评估、相互责任等
6. 专业背景——例如，遵守专业机构的道德准则和投诉程序

图5.3 彼得·霍金斯和尼克·史密斯描述的签约过程

其他作者则为个人以外的签约提供指导。基尔伯格（Kilburg）将高管培训定义为一种必要的组织利益：

高管培训被定义为一种帮助关系……协助客户实现一系列共同确定的目标，以提高其专业表现和个人满意度，从而在正式定义的教练协议中提高客户组织的有效性。

虽然基尔伯格提供了教练服务协议，但他没有明确说明参与签约的组织及发起人/督导签署协议的各种方法（如合适的话）。罗斯特伦（Rostron）和卡恩都提供了有关签约的实用性问题，而布卢克特（Bluckert）则提出了与签约相关的10个关键问题（图5.4）。

---

1. 这是双方协议还是三方协议？
2. 教练活动的预期结果是什么？
3. 对各方（教练、客户和发起人）有何期望？
4. 保密协议是怎样的？
5. 如何安排报告流程？
6. 评估的范围和方法是什么？
7. 如何构建教练干预程序？
8. 教练活动将在哪里实施？实施频率如何？如何提供支持？如何确定支持的级别和可用性？
9. 如何审查和评估教练过程？
10. 如何安排业务流程？费用、撤销条款和开票程序是怎样的？

图5.4 布卢克特提出的10个签约问题

布卢克特进一步指出，如果是双方协议，"你一定要让自己确信没有第三方发起组织是合适的"。

罗斯特伦有关签订协议的概述包括一些初步问题，如："与组织的需求相比，个人高管客户的需求是什么？"她还强调有必要阐明教练结果及如何进行评估，检查学员是否准备好接受教练，并考虑反馈和监控机制。2011年，专业机构EMCC为其成员提供了一份商业教练协议，该协议根据一家国际律师事务所的法律建议编制而成。伯德（Bird）和戈纳尔（Gornall）强调，教练关系的建立需要有一份清单，上面列出必须考虑的事项，并与企业客户和发起人达成一致意见。特纳和彼得的研究提供了处理此类会议的详细指导（见以下章节）。

| 有关教练有效性的相关研究

大卫·克拉特巴克和伊芙目前在全球范围内对100名督导和149名教练进行的研究表明，督导者认为高管教练带给他们的问题有一半（51%）与他们同客户签订的原始协议有某种联系。有趣的是，高管和商业教练认为这一数字更低——略高于1/3的问题与协议有关（34%）。这种差异可能表明需要更加重视协议签订（如在教练培训中），以增加这一领域的实践和信心，并强调协议签订应更加全面和有效。在同一项研究中，有三个主题（见表5.1）在与客户或被督导者签约时显得最为重要。然而，在这一点上，很少有教练认为签订协议与教练之间的关系是最重要的方面之一。

我们在2014年开展了一项非常全面的与多方利益相关者签约研究，一共完成了651项调查，包括569名教练、52名组织代表和30名个人客户。参加调查的绝大多数教练（87.8%）都有与多方利益相关者签约的经历，对于那些从事教练工作10年或更长时间的人来说，这个比例上升到了96.0%。这种情况在世界各地几乎没有变化。总体结果在组织中是相似的，大多数（81.3%）回复者表示直线经理、人力资源经理、学习与发展经理，或者教练经理参与了这样的签约会议。大多数教练和组织都认为让其他人参与签约是一种很好的做法，尽管有一半的客户——即便在一个小样本中——并没有表达强烈的观点（见表5.2）。客户的这一回应表明，要确保签约的利益相关者所有各方都理解为什么要这样做，以及怎样才能使其有效，还有更多的工作需要做。

表5.1 签约中的三大良好实践主题

序号	教练（142名与客户签约）	督导者（99名与被督导者签约）
1	教练和学员对教练任务达成共识（57.7%）	对督导达成共识（67.7%）
2	协议清晰明确（55.6%）	督导者和被督导者之间的关系（63.6%）
3	教练和学员之间的关系（42.3%）	协议清晰明确（54.5%）

表5.2 对与多方利益相关者签约的看法

与利益相关者签约是……	教练（506名）	客户（25名）	组织（32名）
良好实践	81.8%（414）	44%（11）	78.1%（25）
较差实践	1.4%（7）	0	3.13%（1）
不必要	0.2%（1）	4%（1）	3.13%（1）
未表达强烈观点	16.6%（84）	52%（13）	15.6%（5）

4/5的组织代表回复表明，客户、教练、人力资源经理/学习和发展经理最有可能参加最初的三方会议，2/3的受访者认为直线经理应参加。教练的回复与此类似。但是，从360反馈中也得到了一些不同的看法。在谁应该参与的问题上，环境被认为是至关重要的，正如一位参与者所说的话："这实际上取决于教练参与的具体环境。这不是非黑即白的问题。关键在于任何时候都要对学员保持公开透明！"

在作为教练参加签约会议之前，我们需要考虑自己的作用是什么。研究强调了以下三个主要作用。

1. 确保每个人都知道他们将在教练关系中扮演的角色，如个人客户、组织代表和教练。

2. 确保对教练活动达成共识。

3. 成为对话的促进者。

当多方利益相关者签约的所有各方——教练、组织和客户——认为彼此合适时，以下四种情况具有一致性：

1. 当教练活动服务于客户的个人发展时。作为领导/管理计划的一部分，为他们当前的职位发展技能，为准备申请晋升的人提供支持，或者帮助他们发展技能，否则他们可能失去工作或被降职。

2. 当组织付款时。

3. 当学员同意时。

4. 当教练目标有助于评估和审查时。

这项研究提醒我们，教练在与多方利益相关者签约方面会遇到以下一些主要挑战：

1. 教练被组织用来处理直线经理回避的事情。

2. 教练活动三方（教练、客户和组织代表）之间的边界管理。

3. 保密。这包括组织有时在学员个人不知情或不同意的情况下寻求进展，如绕开学员与教练开会或进行电话沟通。

4. 个人客户和直线经理对设定的结果达成共识。

| 与多方利益相关者成功签约

在我们的研究调查结束时，教练能够提供他们的建议，对与多方利益相关者签约成功的原因进行说明。他们的回答提到了许多早先确定的主题。在表5.3中，我们列出了与多方利益相关者成功签约的十大主题：

表5.3　与多方利益相关者成功签约的十大主题

序号	十大主题	教练
1	清楚	明确（利益相关者、客户和你自己的）期望、界限、保密性，以及教练能做什么和不能做什么
2	诚实和透明	确保沟通的诚实和透明。不要害怕挑战直线经理或向他们探问重要的问题。对直线经理进行指导，使他们能够提供有意义的反馈
3	领导和规划	在签约上做出表率。提前做出规划；提供清晰、简洁的协议

续表

序号	十大主题	教练
4	设定结果和衡量标准	设定清晰的预期结果和成功的衡量标准
5	公平	公正、聆听、好奇
6	参与和鼓励	与客户和利益相关者合作。鼓励个人客户领导临时会议。这有助于客户加强与经理和人力资源经理的互动
7	灵活性	灵活应对个人情况，坚持专业的管理实践和责任
8	勇敢	勇敢而坚定。如果利益相关者的期望无法实现，要敢于离开
9	理解问题	目标是理解问题的真正根源
10	融洽和安全空间	努力建立积极的关系，并创造一个安全的空间

这些建议强调了清晰和透明的必要性。根据这个指南和我们自己的经验，我们强调以下这些方面是有效签约的关键。

1. 阐明教练目标——确保学员和组织之间的一致性，以及利益相关者之间的透明度。

2. 对任何会影响协议签订的组织指导方针达成共识，例如，有关如何处理欺凌、骚扰或违反工作场所保密行为的程序。

3. 对发起人在教练活动中的持续作用达成共识，例如，确保在项目实施期间和之后提供任何额外的支持。

4. 通过360度反馈法、访谈等方式，对如何使教练活动获得成功达成共识，包括如何评估、何时评估、由谁来评估，以及如何共享信息。

5. 对发生以下两种情况的后果达成共识：

1）教练活动被认为成功——如升职、获得新职务、参与项目、加薪、增加责任。

2）教练活动被认为失败——如保留原职、错失奖金、降职，甚至丢掉工作。

6. 对保密达成共识，并明确说明在何种情况下可以违反保密规定，同时考虑法律、健康、安全和福利、接受指导、组织要求。

7. 我们所签署的职业团体道德准则的副本或链接，以及学员或组织如何向我们的职业团体投诉的详细信息（如果他们认为有必要）。

8. 利用我们的直觉。如果我们感觉到有一些未说出口的事情正在发生，这可能是在提醒我们这是系统中存在的普遍问题。我们需要：

1）提起注意；

2）解决问题；

3）收集数据（客户、组织、系统的其他要素中可能发生的情况）；

4）采取行动。

从下面谈到的简短案例中，我们可以看到成功签约的重要性。这个案例来自同事乔安娜（Joanna）教练，她服务于欧洲技术行业中一家成长型全球企业。在为企业的成功发展共担责任的道路上，这家企业的两位创始人开始分道扬镳，以至于他们在会议上甚至不愿坐在一起。他们之间的公开分歧和紧张关系导致员工不知所措。他们的争议对企业及其利益相关者（员工、董事会和客户）的持续成功也构成了威胁。但就像一只未被承认的"房间里的大象[1]"，该问题没有被系统地解决。乔安娜因而被请来和管理团队一起工作。

乔安娜回忆说，当她试图签约时，很快就出现了这样的情况：对于请她来工作需要实现什么样的结果，双方没有达成一致意见。在分别与两位创始人会面后，乔安娜发现，两位创始人很显然对引发争议的原因、所涉及的内容，以及需要完成的工作各持己见。他们在"兜圈子"。因此，乔安娜选择与两位创始人一起召开会议，并制定了一个基本规则，即每个人都要聆听对方的意见，不可打断对方。这次会议花了一些时间，双方深入探讨了发生争议的原因，以及可以达成共识的结果。乔安娜发现在他们之间来回走动很不自在（两名创始人亦如此）。但她认为，为了能够就待解决问题达成共识，一切都是值得的。不这样做，就不可能找到正确的解决办法。她指出，作为一名教练，回避挑战可能再简单不过，但对利益相关者来说，这不一定是件好事！

1　英语谚语，指一些显而易见的却一直被忽略的问题。——编者注

| 对签约不够重视

对签约不够重视的原因有许多。在作为督导的工作中，我们已经听说了多个例子，并且在作为教练的角色中亲身经历了这样的案例（另见第11章）。以下是在与个人和与多方利益相关者签约中可能发生的一些情况。

- 我们幻想我们中的许多人都有一名热切的客户想要分享他们的故事，并且非常渴望"签约"。因此，我们加快完成或省略了签约流程。例如，我们没有机会确定他们的个人需求如何与多方利益相关者签约中讨论的需求联系起来，或者他们的个人需求如何成为会议成果的补充内容。

- 发起人过于繁忙，以至于我们既没有完全阐明结果，也没有完全明确——如果成功签约的话——他们将看到、听到或体验到的有何不同。这导致教练和学员都很困惑，也对如何评估教练计划提出了挑战。

- 我们体验到教练活动对组织代表或学员非常有帮助，因而我们不喜欢强调撤销条款（假设可以不要这个条款）；我们始终假设他们不会考虑撤销课程！

- 也许我们还记得，我们曾非常高兴地通过"化学反应式"会议签约了那位高层领导（实际上——如果我们足够诚实的话——我们真的认为这是一场我们赢得一等奖的选美大赛）。谈论教练活动应该做和不应该做什么，以及阐明在哪些情况下我们可能需要向他们推荐另一种有帮助的干预方式（如治疗），这些似乎都不是我们应该做的事情。毕竟，需要进一步支持的客户肯定不会是他们，对不对？

- 我们正在为某组织实施我们的第一次课程。一段时间以来，我们一直试图从这个组织赢得工作，并且正在与他们举行一次初步会议。关于保密，当他们说"是的，是的，我们知道，我们已经和其他外部教练讨论过了"时，我们会感到尴尬，会跳过其中的一些内容。

- 我们没有提及记笔记，也没有讨论如何使用笔记，以及为什么使用笔记，然后可能会：

  - 坐在那里想为什么学员没有写下任何东西。

■ 提醒他们注意我们如何做笔记，这似乎让他们感到厌烦。

　　■ 当客户（个人或组织）想得到我们的笔记副本时，你会大吃一惊。

● 我们被要求与同一个管理团队的成员一起工作，并得到保证与这一团队相处不存在任何问题——然后发现他们中没有人知道我们在和其他人一起工作，而且他们中有些人之间存在真正具有挑战性的相互关系，同时我们还发现团队成员相互抱怨。

| 签约过程

　　对我们来说，签约从第一次见面就开始了，甚至在你第一次明确表达教练有何职责之前就开始了。从第一次接触开始，我们就在模拟如何进行教练对话，这包括我们作为教练、导师和督导者与组织发起人或控制人之间正在达成的协议。

　　支撑这项工作的是我们对以下这些协议要素（ANCHOR模式）的强调，从而将我们"锚定"：

　　（A）商定结果（Agree the outcomes）。

　　（N）标准化协作（Normalize collaboration）。

　　（C）沟通和联系（Communicate and connect）。

　　（H）尊重利益相关者（Honour stake holders）。

　　（O）公开（Openness）。

　　（R）审查和续约（Review and recontract）。

　　签约是指建立明确的、共同拥有的协议式伙伴关系，以实现有效和有意义的结果。从双方接触的那一刻起，就要更多地关注签约的各个阶段，见表5.4〔另见第6章，其中，我们详细描述了早期阶段的"IDDD协作循环"，即"探询（Inquiry）、对话（Dialogue）、发现（Discovery）和设计（Design）"〕。

表5.4　教练计划中的签约阶段——概述

序号	签约阶段	描述
1	预签约——初始接触和决策	组织和教练（或者在有合作安排情况下的协议指导人）的最初联系，双方对教练任务进行讨论并做出是否进一步接触的决定
2	预签约——与包括学员（客户）在内的利益相关者开展情况介绍会和合作探询。这涉及IDDD协作循环的所有要素	基于IDDD协作循环，教练和其他利益相关者之间开展协作调查，包括： 1）教练活动的预期结果——需要什么 2）评估各方是否对预期结果有明确理解 3）实际安排，如有多少次课程、费用、时间安排等 4）商议是否使用心理测量方法，包括360度反馈法等 5）商议是否对学员进行现场观察 6）评估是否进行下一步接触
3	反思——与督导讨论（可选）和个人反思——这可以发生在任何阶段	教练任务可能很简单，也可能很复杂。我们可以体验完全的公开和透明，并对圆满签约充满信心。但如果我们有任何顾虑，对有些事情"感觉不对"，或者想探索"教练室里有什么和没有什么"，那么这就是反思的机会，包括与我们的督导一起反思。这可能会导致进一步的情况介绍会（第2阶段）
4	与多方利益相关者签约。同样，这涉及IDDD协作循环的所有要素（另见第6章）	这是一次面对面或线上会议，由学员和代表利益相关者的组织发起人组成，目的是达成合作协议。会议关注发展信任、建立关系和相互聆听。主题将从本章表5.3中提到的要点中选取： 1）教练能做什么、不能做什么 2）相互的责任 3）使用工具（如360度反馈法）、在现场观察学员 4）成功的教练活动大致是怎样的、预期结果 5）保密性 6）续约/再次会面并反馈 7）如何"衡量"成功，由谁评估、何时评估，成功与否的后果 8）回答各方面的问题

续表

序号	签约阶段	描述
5	个人签约。同样，这需要借鉴IDDD协作循环的所有要素，并可能增加更多要素	基于第4阶段，我们与个人客户进一步对话，但是增加了一些我们和客户之间的私密要素。这可能包括需要讨论以下问题： 1）我们如何知道我们的工作是否有效 2）我们如何对彼此保持开放和透明 3）我们如何挑战自己，以服务于我们的工作所需 4）我们如何关注利益相关者，以及如何将任何反馈带入教练室并加以利用 5）我们应如何使用笔记 6）沉默、问题、工具、模型的作用是什么？教练如何在提供建议方面发挥作用
6	与多方利益相关者，或者与发起人和个人续约	**利益相关者**：在第4阶段，我们可能已经讨论了双方何时可以再次会面，以考虑下一步的进展，并在必要时——可能在教练过程的中途或结束——正式续约。我们还可能已经商议个人客户和发起人在工作环境中会面，以及如何将讨论结果反馈给教练 **个人**：每次课程期间的续约都是非正式的，并且涉及我们伙伴关系的所有方面——成果、合作、评估、挑战程度、责任等
7	反思——与督导者讨论（可选）和个人反思	如第3阶段所示，这实际上可以发生在签约的任一环节。反思我们的工作是一种自我提醒
8	签约后	根据早期阶段达成的协议完成评估。我们还需要考虑教练活动的成果及如何保护它

| 签约的系统化问题

表5.5虽然不是一个详尽的问题列表，但它提示了我们在签约的不同阶段可能会用到的一些问题。

表5.5　教练计划中的签约阶段（含问题）

序号	签约阶段	系统化问题——一些实例
1	预签约——初始接触和决策	教练活动的目的是什么 不同的利益相关者对需要完成的工作有何看法？不同的利益相关者（包括潜在的学员）如何在目的和结果方面达成共识

序号	签约阶段	系统化问题——一些实例
2	预签约——与包括学员（客户）在内的利益相关者开展情况介绍会和合作探询。这涉及IDDD协作循环的所有要素	我们需要一起完成什么工作 我们如何进一步探索需要完成的工作 你的工作为谁服务 这些人如何看待你完成的工作？他们需要你在哪些方面做进一步发展 你未来的股东要求你做什么 如果你的教练生涯在两年内没有什么发展，你有哪些后悔的地方 要回答这些问题，我们需要一起完成什么工作 我们如何进一步探索需要完成的工作 我们应该如何合作才能最有效地解决发现的问题
3	反思——与督导者讨论（可选）和个人反思——这可以发生在任何阶段	我们的教练/督导工作为谁服务 哪些利益相关者与我们今天的工作有利害关系 我们如何将他们的观点带入教练室 我们需要完成什么工作来满足所有利益相关者的需求 我们已经讲了哪些事情？还有哪些事情没有讲到
4	与多方利益相关者签约。同样，这涉及IDDD协作循环的所有要素（另见第6章）	谁是教练的利益相关者 利益相关者对教练有何看法 "有效结果"对这些利益相关者意味着什么 我们如何判断教练过程是否有效 我们如何确保我们对需要完成的工作达成共识
5	个人签约。同样，这需要借鉴IDDD协作循环的所有要素，并可能增加更多要素	除了第4阶段的问题，还包括以下问题： 还有哪些其他相关要素 保持现状对你和你的利益相关者有什么好处 维持现状的后果是什么？实现变革的好处是什么
6	与多方利益相关者，或者与发起人和个人续约	正在进行哪些变革？这些变革给个人和利益相关者带来了哪些好处 现在需要完成什么工作？我们还应该考虑什么或考虑谁
7	反思——与督导讨论（可选）和个人反思	同第3阶段
8	签约后	教练成果是什么？如何保护这些成果 这对个人和利益相关者有何影响 利益相关者各方都学到了什么 这种学习将如何反馈到组织中

| 让管理人员和领导者参与签约

根据文献和我们自己的经验，我们提出了一系列与发展和教练的关系各阶段相关的问题。我们将在第6章中讨论这些问题。

管理人员和领导者在教练过程中的参与程度是可变的，这适用于协议承诺。领导者和管理人员出现了不情愿可能有很多原因，包括：

- 焦虑和缺乏信心，如提供反馈。根据布朗2013年的研究，她认为"脆弱是反馈过程的核心。无论我们给予、接受还是征求反馈，都是如此"。她从优势的角度提供了如何做到这一点的例子。

- 时间压力。

- 地理位置引发的混乱——当涉及跨国或跨地区公司时，直线经理很少看到需要接受教练的团队成员。

- 对管理绩效或提供反馈缺乏兴趣。

- 关系破裂。

- 失去联系。

- 或者仅仅由于糟糕的领导实践，他们自己很少接触积极的榜样。上一次我们认为客户的老板从教练过程中受益是什么时候？

为了与我们前面提到的"锚定模式"保持一致，支持和吸引领导者与管理人员的一种方式是向他们提供有关三方和四方会议目的的概述。我们建议此概述应包括以下要素。

1. 提供背景并了解组织文化和规范。

2. 确保多方利益相关者各方都能理解教练过程的意义，以及每个人对项目成功的责任。例如，这包括：

　　1）留出举行会议的时间；

　　2）直线经理/其他发起人定期向学员提供反馈；

　　3）确保教练活动自愿进行。

3. 将教练计划与业务及个人的预期结果联系起来，就教练计划中待解决问题达成共识，同时确保教练过程中可能出现的其他问题有解决余地。

4. 确保结果的公开性和透明度，并确保学员在三方或四方会议举行之前知道这些结果。

5. 讨论教练活动结束后会发生什么。这包括结果已实现（如晋升、责任增加或保留职位）或未实现（如未能获得晋升、绩效不合格、职位改变或离开组织）。

6. 讨论如何评估教练活动，以及如何判断成功因素。

1）是否告诉学员、直线经理、人力资源总监、直接下属或其他利益相关者所看到、听到和感觉到的正在取得进展？有些结果可能是"SMART"——"具体的（Specific）、可衡量的（Measurable）、可实现的（Achievable）、现实的（Realistic）和及时的（Timely）"——但并不总是合适的。

2）评估将在哪个阶段执行？由谁执行？如何执行并反馈？

7. 讨论可能需要举行多少次会议，间隔和时间长度是多少？

8. 商定向组织反馈教练计划的频率和方式。这可能包括：

1）通过学员向直线经理/人力资源总监口头报告/讨论；

2）通过由教练/学员编写并经学员明确核准的报告；

3）通过面对面形式，即再举行一次三方或四方会议——可能在教练计划中途和结束时——由学员带头发起这次会议。

9. 确保各方在评估结束时均认为已经从教练计划中获得所需的东西，即讨论如何创造双赢局面。

10. 管理各方预期，特别注意：

1）明确什么是教练能做到的，什么是教练不能做到的；

2）讨论续约的重要性，并在教练课程之间尝试采取行动；

3）讨论可能需要哪些其他支持，以及谁将负责提供这些支持；

4）讨论如果确定了进一步的支持需求，应该向谁寻求帮助。

11. 解决保密问题，以及确定哪些内容可以与经理分享，如流程问题（举行了多少次课程）、教练和学员之间的保密内容（哪些课程内容需要保密）。考虑有哪些可以撤销的特殊情况，如客户或其他人的安全受到威胁，或出现违反法律或公司/机构特定政策的行为。

12. 回答各种问题。

| 结论

在本章中，我们探讨了如何思考和更好地实践与多方利益相关者的协议，以便教练和学员共同开展教练工作，并关注个人、其所内属的所有系统，以及他们的工作和生活所服务的所有利益相关者的需求。在第6章中，我们将探讨系统化教练过程，包括教练关系及具体教练课程中的各个阶段。

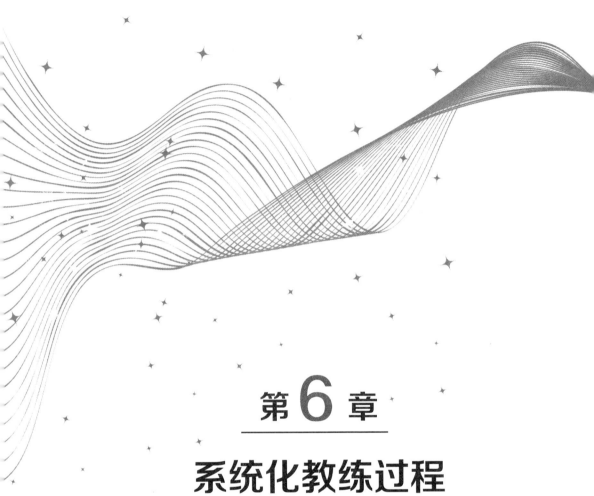

第6章

系统化教练过程

| 简介

在本章中，我们将首先探讨系统化教练工作中，教练与组织和个人合作伙伴之间在各个阶段的教练关系。

然后，我们继续考察系统化教练课程中的各个阶段。教练过程有许多模型，其中最著名的是由格雷厄姆·亚历山大（Graham Alexander）开发、因约翰·惠特默而闻名的"GROW模型"。在与学员合作，共同为他们及其组织和所有利益相关者创造价值的系统化教练过程中，我们使用的系统化教练版本是彼得在20世纪80年代开发的CLEAR教练过程模型和四级参与模型。

在开始阅读之前，你可能希望谈谈你所使用的流程。你觉得它们对你的系统化教练工作有帮助吗？你如何确保你使用的流程能吸引不同的合作伙伴加入教练活动中？关于如何与客户和利益相关者合作，你有什么可以与我们分享吗？

| 参与之前

在开始教练过程之前，我们需要对教练过程中的许多系统化需求和影响保持警惕。约翰·惠廷顿（John Whittington）提醒我们要注意这些需求和影响的多样化：

当你考察客户时，请尽力考察他们背后的人，如同事、直接下属、老板和前任老板，以及他们的教育和家庭构成、可能的忠诚和纠纷情况。请怀着极大的敬意看待他们的现在和过去——所有你知道的和你永远不会知道的。记住，你只是他们不可估量的连接系统中的过客。

当某个组织或个人客户，或者某个作为合作伙伴的教练组织给我们直接打电话时，我们会处于"探询"模式。隐含于探询中的是，我们从一开始就与这个组织和个人客户合作，这正是本章将要概述的整个教练过程。

"化学反应式"会面

教练和客户之间发生的"化学反应"存在于许多层面，从首次见面的第一个瞬间就开始了——也许是在他们第一次向我们探询的电话中——然后继续进入教练阶段。这也是一个双向或多向的过程。传统上，我们认为这是教练和客户之间决定是否"合适"的初次会面，但事实上，第一次接触可能是在那之前，比如，通过人力资源经理或学习和发展经理，或者潜在学员的直接电话。客户（及教练发起人或主管）会对我们教练人员有所反应，而我们反过来也会对他们有所反应。

从我们在督导过程中听到的一些描述来看，似乎有些教练将化学反应式会面视为一种比赛，奖励是赢得教练工作（另见第5章）。而其中的挑战则可能是想不惜一切代价赢得这项工作，因此教练努力"推销"自己，而不是确保化学反应式课程的品质。

假设我们已经绕过了这一点，并到达一个真正的充满好奇心的阶段。布卢克特指出："对客户的喜欢及与客户产生共情总是让人有更好的感觉，我们会期待赢得教练工作，但这是最好的结果吗？"他接着说，"有时候，开始时最不可能和最没有希望的任务会变成我们完成得最好和最满意的"。最近，这种事情就发生在伊芙身上，"我没有像往常那样对客户表现出共情，同时也感受到客户某种程度的敌意。她理解教练活动的潜在好处，但在交谈中她表现出对'需要教练'的反感"。经过教练提问、"纯粹的聆听"（见第7章），以及感觉绝对不可能赢得工作之后，双方建立起相互尊重的关系。在完成几堂教练课程后，她们变得融洽，在改善关系方面获得了非常积极的反馈。反思客户让我们感到不舒服的地方，甚至是为什么我们会给客户贴上"困难"的标签，这是一种学习（见第10章，"光环和号角"模型）。当然，我们或许会在价值上或反应上发生强烈冲突——可能由于他们身上的某种东西让我们想到过去所遇到的某个人——以至于我们会选择不与他们合作。

这种挑战是双向的。布卢克特说：

化学反应是一个复杂的问题。对一些潜在客户来说，最重要的是他们是否觉得和你在一起很舒服。其他人可能认为某种程度的不适感并非是一件坏事——它可能意味着更有成效的工作关系。

在这一点上，我们必须接受客户的决定，不管是否觉得我们对他们有好处——归根到底，教练过程必须能够传递价值，而客户需要带着一些积极心态和相互信任来发展与教练之间的关系。

| 关系开始

在心理治疗和教练这两个领域都有大量证据表明，导致治愈与成长的最关键因素是关系。美国存在主义心理治疗学家欧文·亚洛姆（Irvin Yalom）在其2008年的著作中简明扼要地指出，"治疗不应是理论驱动的，而应是关系驱动的"，并且"治愈的主要原因不是理论或想法，而是关系"。仿照这种观点，我们认为：不是教练技巧或工具带来了变化，而是关系创造了一种空间，并让生活在其中的客户发生了变化。

与任何形式的教练活动一样，在系统化教练中，协作是工作伙伴关系的基础，也是有效协议关系的核心。在开始签约对话之前，我们应考虑签约各阶段的"IDDD协作循环"（见图6.1），它是系统化教练工作的核心。

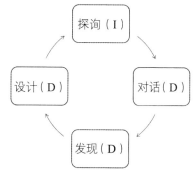

图6.1 IDDD协作循环

1. **探询（Inquiry）**——考虑我们可能带入"教练室"的所有声音，并以"由外而内、未来回溯"的方式进行探询；这可能包括使用360度反馈法，广泛涉及利益相关者的观点和对更广泛系统的影响。我们可能需要探询以下问题：

1）你的工作为谁服务？

2）这些人如何看待你完成的工作？他们需要你在哪些方面做进一步发展？

3）你未来的股东要求你做什么？

4）如果你的教练生涯在两年内没有什么发展，你有哪些后悔的地方？

2. **对话（Dialogue）**——在这里，我们讨论如何满足探询的结果；我们必须讲出道理。

3. **发现（Discovery）**——"探询"和"对话"告诉我们需要做什么，我们正在考察潜在的"目的地"。

4. **设计（Design）**——现在我们需要对"如何一起工作"进行共同设计，以满足从"探询、对话和发现"中所获得的结果。经过协作探究，我们决定需要一起走下去的道路。

欣赏式探询与其"5D对话模型"相类似，即探询分为以下几个阶段：确定主题、发现（鉴别当前正在发生的事情）、展望（想象可能发生的事情）、设计（决定应该发生的事情），以及实现（创造将要发生的事情）。这将分阶段进行，既包括与多方利益相关者的签约对话，也包括与客户的个人对话。

当第一次与新客户见面时，我们会以类似于许多其他教练的方法开始。我们要求客户告诉我们有关他们自己的情况，要求客户关注他们的叙述如何展开、构建和完成，以及最后同样重要的是，他们在叙述中是如何与我们联系在一起的。我们还会探询他们在生活和工作中最关心什么，以便更多地了解他们的目标感、价值观和最深层意图。布朗尼·韦尔（Bronnie Ware）曾与生命仅有几年时光的人一起工作，她写下了自己的成果及其与目标的联系。她列出了死亡的"五大遗憾"，分别是"我希望我有勇气过真正属于自己的生活，而不是过别人期望我过的生活""我希望我没有那么努力工作""我希望我有勇气表达我的感受""我希望和朋友们保持联系""我希望我让自己更快乐"。与其他教练方法不同的是，我们探索他们的工作，以及这如何与他们的目标感、价值观和意图保持一致。至关重要的是，我们询问他们，他们的工作为谁服务？（见第1章帕西法尔式的问题）。在共同工作中，无论是在组织内部、组织边界之外，还是在个人和家庭生活中，我们发现了他们的利益相关者计划。

通常，在这个过程中，他们的利益相关者世界将出现不一致和相冲突的需求。例如："我的老板希望我提高绩效，但我的团队告诉我，我们已经提出了太多的要求，他们正处于崩溃的边缘。""我的家人告诉我，他们很少见到我，因为我一直在加班工作，但如果不工作，我就无法完成所有的任务。""投资者希望获得更高的利润，但客户说我们的要价已经太高了。"

作为教练或督导者，我们需要保持洞察力。对于系统教练来说，重要的是不仅要关注单个利益相关者之间的关系，还要与客户合作，以理解不断变化且经常相互竞争的需求网络——他们生活和工作的复杂生态系统。

这种协作式的探询过程为我们展现了一幅丰富的图像，由此我们可以走向更广泛的"由外而内"和"未来回溯"的远景。这时候，我们可以探询以下一些问题：

- 这些不同的利益相关者目前对你所做的工作有何评价？
- 他们的需求与你有何不同？
- 他们的需求在未来会如何变化？
- 我们可能忽视或没有注意到哪些利益相关者，以致我们需要承担风险？

然后，也只有到此时，我们才能开始探询：

- 根据这一探索，你的世界需要我们一起为你提供什么样的教练工作？
- 这个工作你自己不能做，我也不能为你做，但是你的世界需要我们一起努力。

因此，从一开始，我们就在共同寻找需要完成的工作，而不是关注客户或教练的议程。相反，我们考虑生活需要教练去探索，需要客户去发展，需要他们关注更广泛生态系统中的更广泛需求。

| 与客户和利益相关者签订协议

如果教练不仅是为个人客户提供价值，那么对于教练活动应如何探索及教练工作应如何开展，这需要教练和客户进行签约讨论之外更多的沟通。

在第5章中，我们探讨了教练活动中与多方利益相关者的签约过程，并分享了我们就此问题对许多教练人员和组织开展的研究。从这项研究中，我们发现教练在签约过程中采用的两种经典方法。

1. 实施360度反馈法，从多位受访者那里收集对客户的反馈。反馈通常是匿名的，而是由教练收集。

2. 在教练、客户和他们的直线经理或人力资源总监之间安排一次三方或四方的签约会议。在会议上，经理或组织代表将被问及组织需要学员发展哪些技能或能力。有时候可以采用同事的评估反馈。

这两种方法都是善意的，但都有自己的问题和局限性。对于与多方利益相关者签约的重要性及管理它所涉及的困难，我们已在第5章中做了充分论述。

| 参与利益相关者反馈的多种方法

许多教练使用360度反馈法，从组织的各个部分（同事、直接下属、股东、董事会、客户等）获取反馈。基根（Kegan）和莱希（Lahey）进一步在这个反馈法中加入了家人和朋友。他们将此描述为"720度反馈"。他们指出，"将关键人物纳入你的私人生活和公共生活中——极大地增加了人们对改善其……目标的依恋"。这也是我们鼓励的事情，因为家人和朋友可以提供更多的见解，帮助我们巩固对目标的承诺。

相对于更广泛的团队，360度反馈可以采用多种方法进行。最简单的方法（方法1和方法2）就是向所有直接下属、同事、直线经理和其他非常了解你客户的人（如家人）发送几个问题。对这些问题的回复通过电子邮件发回给教练，并被整理成一份文件。方法3至方法5涉及教练/组织方面的更多工作，成本较高。其中，方法3涉及一份定制问卷，由内部设计，包括客户、教练和组织。方法4涉及付费使用由外部设计的问卷，方法5最为昂贵，让教练参与定制化访谈。方法6和方法7均涉及客户主动从关键人物那里寻求结构化和直接的反馈。

方法1

1. 我擅长做什么工作？这对你和利益相关者有何帮助？

2. 我不擅长做什么工作？这对你和利益相关者有何影响？

3. 你希望我多做哪些工作？为什么？

4. 你希望我少做哪些工作？为什么？

方法2

使用曾格（Zenger）、福尔克曼（Folkman）和埃丁格（Edinger）所说的

"非正式"问题，同样也是将问题回复通过电子邮件发回给教练：

1. 你认为什么技能是我的优势？

2. 我做的事情有没有可能被认为是致命的缺陷——如果不解决，可能会让我的职业生涯中断，或者导致我在目前的工作中失败？

3. 我的哪种能力对组织生产率或有效性影响最大？

4. 我的哪些能力对你影响最大？

方法3（利益相关者价值贡献）

在这里，个人得到的反馈很少是关于他们的个性，更多是关于他们的工作如何为其他内部和外部利益相关者创造价值。当利益相关者被问及"我目前如何为你和你的组织或系统的一部分创造价值""我如何才能为你和你的组织或系统的一部分创造更多价值"时，这样的探询将成为与个人分享的双向对话。"这是我从你和你的系统部分获得价值的方式"及"这是我从你和你的系统部分获得更多价值的方式"，这样的回复将导致双方达成一项共同创造更大价值的合作协议。这种形式的反馈更侧重于价值创造，而不是行为的输入（见第12章有关"评估"的内容）。

方法4

教练、客户和组织共同设计了一份定制的在线问卷，并为一些定性回答留出了空白处。这份问卷可以基于客户职位所需的能力/资质或评估反馈而设。例如，问卷的问题可能围绕以下几个标题：

1. 建立良好关系。

2. 交流。

3. 处理冲突和挑战性情况。

4. 处理业务的战略方面，并在客户的领域之外做出贡献。

5. 成为积极的榜样，即在组织内部面临压力和挑战时，表现冷静并赢得尊重；在组织外部为更广泛的利益相关者和社区创造价值。

问卷会提供答案，可采用5分制：（几乎）总是、经常、有时、偶尔、（几乎）从来没有。

问卷最后还会提供一些开放式问题，因为定性信息特别有用。以下是3个标准的开放式问题：

1. 你希望X多做哪些工作？

2. 你希望X少做哪些工作？

3. 你会鼓励X继续做什么？

方法5

现在，我们转向现成的问卷。这样的问卷，即使没有数千份，也有数百份，购买价格从几美元到数百美元不等。在第9章中，你将了解到一种专门用于团队教练的反馈方法。一些经过反复验证并基于多年研究的问卷要求人们接受培训以获得正确的使用方式和反馈结果。其他360度反馈法问卷则需要人们购买，但无须专门培训即可使用并获得反馈结果。关键是要有适合收集360度反馈法问卷的环境。

方法6

这里提供的另一种选择是开发一个定制的360度访谈协议，选取与客户和组织一起商定的问题，然后由教练执行，最好采用面对面形式，也可通过一对一的视频或电话访谈形式。访谈至少包括3名同事、3名直接下属、直线经理和其他业务代表，其他代表有人力资源和利益相关者（如合作方和股东）。之后，教练将整理出报告并提供给客户。这种方法最为昂贵，因为进行访谈和整理报告都需要时间。此方法还允许采用最系统化的方式实施。

方法7

此方法要求对需要使用的问题和接触的利益相关者达成一致，随后客户采访各利益相关者、记录数据并与教练一起研究。这使得教练不再是"中间人"，他们现在可以在关键关系中重新开启重要对话，并可以提高客户主动探询有价值的反馈的能力（这本身就是一项重要的领导技能）。

方法8

除了三方或四方协议，让客户团队参与确定一些教练重点不但可行而且有用。这是让更广泛的组织参与进来的另一种方法（我们在第9章有关团队教练的内容中描述了这种方法）。

有了以上这些方法，在开始使用它们之前把以下几个方面联系起来至关重要：谁将编制360度反馈法的问卷，谁将看到此问卷，问卷反馈结果是否会与直线经理共享，如果是，由谁来共享，等等。同样重要的是，无论是客户还是潜在的组织都要就如何使用这个方法达成共识。

另一个考虑因素是提供反馈的受访者是否匿名。卡恩认为提供反馈者不应该匿名，因为"匿名给反馈过程带来了一个限制和潜在的破坏性因素，最终会影响反馈寻求实现的积极变化"。他的观点是"要让反馈真正有意义，就必须将它放在一个背景下……系统化思维揭示了我们本质上是以怎样的关系存在的，而且我们所知道的及我们实际上是谁，都被定位于我们的关系背景之下"。由于反馈是关系性的，当脱离背景时，它就不那么有价值了。正如卡恩所说，如果一个客户试图找出谁说了什么，这可能是一种防御反应，但也可能是一种通过记住背景（或"重新加入"，即重新连接背景）来更好地理解反馈的尝试。还有一种情况是，已经存在的紧张关系可能会因匿名反馈而加剧，增加被反馈者在表现不佳的团队中的焦虑。持相反观点的人认为，匿名可以促进更诚实的反馈，或者确保人们觉得提供反馈是安全的。如果是这样的话，建议组织探索其文化中需要改变什么，以促进更直接的反馈。

组织、客户和教练应在一开始就同意如何将360度反馈结果纳入整体签约中。反馈结果是留给教练和客户酌情参考，还是组织发起人或人力资源将这些结果列入或加入更正式的结果中呢？

| 如何探索360度反馈法

我们发现，在报告任何反馈之前，最大的陷阱是未能首先确保提供反馈者是一个好奇的调查者，并且你们已经建立了共同探索的伙伴关系。无论你是分享员工敬业度调查数据、团队360度反馈数据，还是个人360度/720度调查数据，这一点都适用。如果没有前期的数据准备，我们无意中重现了收到期末学校报告或其他形式的外部判断时的惊讶，这自然会引起防御性的甚至轻蔑的反应。回想一下，你曾目睹一个高级团队在收到员工反馈时他们的反应是什么，有多少次他们是这样回答的：

- 我认为我们提的问题不对。
- 这是代表性样品吗？
- 至少我的部门在数据上没有那么差。
- 我们在错误的时间发出了这个。
- 我确信所有的公司在经历快速变化时都会得低分。

我们确信你还可以在上述回答后面继续添加。

为了设定正确的环境，避免数据被视为一种评判，而不是给我们提供更广泛视角的有用信息，在分享任何反馈数据之前，我们会询问被反馈者（学员、团队或组织）以下几个问题：

- 你希望从反馈中发现什么？
- 你担心从反馈中发现什么？
- 你希望反馈帮助你回答的最重要的问题是什么？

我们发现这有助于学员保持好奇心，并把数据视为回答他们自己问题的有用资源。

| 教练课程实施过程

当实施教练时，我们了解到的方法之一是彼得在20世纪80年代早期首次开发的"CLEAR教练过程模型"。这与GROW模型既有相似之处，也有不同之处。它有5个阶段：

签约（Contract）、聆听（Listen）、探索（Explore）、行动（Action）和审查（Review）

在实施系统化教练时，CLEAR教练过程模型的每个阶段都有不同且更广泛的关注点。

签约：传统上，我们会通过探询学员在今天的课程中想探索或思考什么来开始个人教练课程。这个问题建立了一种关系——学员是客户和顾客，而教练是供应商——在这种关系中，学员能够思考问题。有了系统化教练方法，我们就能以更广泛的关注点进行对话式思考；我们通常会问："在这次教练课程中，我们需要一起做什么工作？"我们也可以在课程开始时向学员、他们所领导和一起工作的人、他们为之工作的组织，以及他们所服务的更广泛的利益相关者系统探询，这次课程为何对他们具有价值。

然后，当他们开始处理从工作中带来的材料时，我们将用系统化耳朵**聆听**，以了解客户的真实情况、与他们所领导和一起工作的人、他们为之工作的组织、组织与个人之间的关系、组织及其复杂的利益相关者网络。客户的故事通常具有"黏性"，因此，教练可能被客户的故事和概念框架所吸引。教练的培训以客户为中心，主要是与客户产生共情，这意味着我们开始通过他们的眼睛观察他们的世界，并分享他们对环境和其他人的情感反应。这可以将教练关系带入戏剧三角的设定中。在此三角中，学员成为受害者，组织或其他人成为迫害者，而教练成为救助者。这种戏剧三角会增加无力感，随着时间的推移，角色会发生转变，迫害者会感到被救助者迫害等。重要的是，教练可以练习如何培养"广角共情"，不仅是为客户，而且是为客户故事中的每个人和每个系统。教练必须从多个角度聆听，不仅要聆听客户所分享的内容，还要聆听没有说过或可能被忽视的内容，以及聆听自己和客户之间的关系如何形成。

在**探索**阶段，教练的工作是从多个角度思考问题。传统上，我们可能会问学员："你还能如何理解这个？""你还能做什么？""你知道谁会处理好这件事？他们会怎么做？"这些都是拓展学员的选择和激发学员的创造力的问题，以应对他们正在探索的情况。在系统化教练中，我们也会邀请他们从系统中的其他地方探索情况。例如，我们可以鼓励他们坐在不同的椅子上，代表系统中不同的岗位或职务，或者想象那些坐在椅子上的人——他们的老板、团队、客户、投资者等——以及他们会如何回应。我们还会鼓励他们表达不同的观点，并利用他们所表现出来的知识，或者甚至要求他们扮演角色，或者汇总他们正在调查的系统的关键方面（如他们的团队、组织或更广泛的利益相关者），或者我们可以建议他们绘制一幅图片。

在帮助客户探索自身发展的过程中，我们可能会采用彼得最喜欢的策略问题：

"你唯一能做的事情是什么？明天的世界需要什么？"

这个问题不仅对学员个人有价值，而且可以在系统的所有不同层次提出，从而使个人、团队、部门、业务单位、组织、利益相关者团体、行业、国家等受益。

在传统教练的**行动**阶段，教练将被要求制订一个行动计划——探索情况并创造新的选择和可能性。这可以通过探询一些具体的问题来实现，比如，有何计划、何时行动、和谁一起行动及如何执行，这使计划变得非常具体。然而，基于彼得和尼克所做的工作，我们发现教练督导中反复出现的一种情况是，教练对他们的课程经常感到沮丧：虽然学员会对课程中获得的洞察表现出喜悦之情，并将这种喜悦变成非常明确的行动计划，但一个月后学员又会重蹈覆辙，因为他们并没有认真贯彻行动计划。在督导阶段，教练通常会说"他们显然没有履行承诺"或"他们缺乏勇气"这样的话来责备客户，而不是着眼于教练过程需要如何与众不同，以确保更好地跟进客户。在这方面，我们通过探索总结了这样一句话："如果这种变化没有从教练室开始，那么它也就不会在教练室以外的地方发生。"我们也开始意识到，尽管洞察力和良好的意愿经常发生在新皮层和语言中，但变化总会体现出来。

系统化教练侧重于帮助学员体现出自我变化，这种变化是改变他们与其他个人和团体之间关系所必需的。如果做得足够充分，学员更有可能对他们参与的更广泛的系统产生预期影响。这个阶段通常包括"快进排练"。我们中有一位教练指导了一名身材非常高大的团队领导，这位领导在带领团队的过程中遇到了困难。他从小就长得很高，并且已学会如何隐藏自己的身材，所以坐着的时候他总是把自己的身体蜷缩起来。在"排练"时，他一直在想该以何种坐姿参加会议，突然他发现了一种更舒展、更有权威的坐姿，而且不会显得独断专行。他排练了如何从这个新的坐姿开始接受挑战，随后向我们报告说发现了新的能量，"这是我第一次可以让自己变得强大和引人注目"。

在最后的**审查**阶段，重要的是反思双方达成的协议、我们为系统所有部分共同创造的价值，以及教练承诺尝试的实验。我们将在下一堂教练课程开始时审查这些内容。在最初的**CLEAR**教练过程模式中，每到审查阶段，我们就会问客户："在这次教练活动中，哪些内容对你有用？下一次还有哪些内容更有用？"如果没有意识到这一点，作为教练，我们就会把自己重新放回到供应商的角色，把学员重新放回到客户的角色，从而要求客户对我们的表现进行反馈。在许多访谈中，彼得对如何进行反馈做出如下评论："很多年来，我一直以为我是在寻求客户的反馈，其实我不是——我是在寻求安慰。客户会很乐意，并经常告诉我，这一切是多么有用，他们想要更多这样的帮助。"

系统化教练方法使用了不同寻常的问题：

- 如果你的利益相关者X和Y（通常我们会说出与我们所探询内容相关的合适的人）正坐在教练室里听教练课程，他们会对我们一起完成的工作有何评价？他们带给我们的挑战是什么？
- 生活要求我们继续解决的有关未来工作的问题是什么？

| 共同审查和评估教练活动

重要的是，审查和评估不能留到教练关系结束之时进行，因为到那时就不能了解（Inform）、改进（Improve）、整合（Integrate）（"3I审查"）教练关系和过程。之前我们已经展示了"审查"应该如何成为每一堂教练课程中不可或缺的一部分。

在第5章有关"签约"的内容中，我们展示了如何在教练计划实施一半时将多方利益相关者的审查和评估纳入签约中。我们既要确保在整个教练过程中进行"小型审查"，还要在每次培训结束后、下一次培训开始前和结束后进行全面审查。

在教练计划结束后，多方利益相关者的参与非常有价值，这可以确保：

1. 支持学员将他们的新思维方式和处世方式融入其工作和工作环境中。这将使教练留下的成果得以保持下来。

2. 个人学员可以探索如何引发他们的学习和发展的连锁反应，以最大限度地提高其"影响圈"中所有人的学习和发展。

3. 教练会重视那些运作良好的流程，以及那些困难的或可以改进的流程，以了解并增强他们的能力。

4.同样，组织中教练过程的发起人和经理也可以收获学习成果，以更新和重新设计其委托方式，并通过组织教练活动，为个人教练及其团队、客户和组织带来最佳效益（见第4章有关"收获学习成果"的内容）。

5.可能还有一些有用的组织学习需要分享，以创造更广泛的利益。

| 四级参与模型

到目前为止，我们已经探索了教练过程的线性和表面维度，包括组织层面、教练关系层面和每节课的过程。现在我们需要在纵深维度上进行探索。彼得和他的同事尼克·史密斯经过多年研究，开发了一个"四级参与模型"，如图6.2所示。我们从这里开始对这个模型进行介绍，并将在第7章继续探讨这个主题。

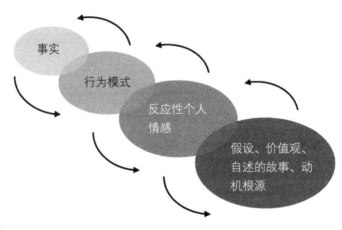

图6.2 四级参与模型

第一级参与：事实

第一级参与包括数据、我们听学员正在叙述的故事、他们希望探索的情况，以及想要解决得更好的问题。在这一级，我们不仅要认识到这些都是通过他们的眼睛、模式和视角所观察到的世界，还要对他们故事中的每个人和每个系统实施"广角共情"；我们不仅要听他们叙述故事，还要听他们如何讲述和构建故事，以及他们如何让我们成为聆听者。我们开始探询问题，以发现这种情况在多大程度上与偶然性问题有关，以及它在多大程度上可能成为学员更深层、更长远模式的特征。我们可能会问：

"你以前也遇到过类似的情况吗？你当时是怎么想的？"

"你多久发现自己会遇到这种偶然性问题？"

"你认为你做了什么可能引发了这种反应？"

这些问题可以帮助我们进入第二级参与，即对行为模式进行探索。

第二级参与：行为模式

我们的身份和个性是由我们一生中不断发展和追求的世界中的许多存在模式构成的。这些模式不仅是重复行为的模式，而且是成为我们大脑主导结构的神经元突触连接的模式。这些模式及如何应对世界的方式大多在我们的生命早期就已经确立，作为我们应对可怕经历、压倒性情绪或挑战性情况的行为模式。它们曾经是有用和必要的模式，但它们也可能成为对当前新形势做出充分和积极反应的限制。它们会介入，而我们会自动地从良好的实践模式中做出反应。在教练过程中，教练和学员会逐渐注意到这些模式，只要他们带着同情之心而不是评判的眼光。我们试图创造一些距离来观察我们的反应行为，从而有更多的选择来决定当这些模式被激活时我们该如何反应。神经科学研究表明，我们越能（在大脑中）拓宽自己的内在宽容之窗，我们就越能（在生活中）拓宽自己的外在宽容之窗，而不是更频繁地对潜在的触发情况做出反应。我们将在第7章探讨这需要教练做哪些工作。

第三级参与：反应性个人情感

如前所述，当我们陷入反应性行为模式时，这些模式通常由过去的感觉和情绪触发，反过来又会在不属于它们的当下触发情绪。在心理治疗中，我们可能会帮助受试者回到他们行为模式最早的情感触发点，但是在教练过程中，我们通常会更专注于当下，要求受试者注意他们在讲述相关故事时的感受，或者回忆他们当时的感受。对于那些行为受左半脑控制的学员来说，他们与身体的感觉和意识完全分离，教练过程在一开始可能很困难。在第7章，我们将为你提供一些工具，从而通过身体意识练习和形象化来克服这一点。当学员对自己的感受有更强的意识时，他们会变得更能监控和观察它们，然后就不太可能被它们"操纵"。有许多高级管理人员非常成功，但他们在一次或多次事件中被爆发的情绪所劫持，使自己的声誉毁于一旦。

第四级参与：假设、价值观、自述的故事、动机根源

在行为模式和情感模式的背后是斯托洛若（Stolorow）和阿特伍德（Atwood）所说的我们头脑的"组织原则"。我们通常没有意识到这些，因为它们是我们观察世界的视角、我们思考的框架，以及我们创造意义的方式。尽管这些模式通常对我们来说隐而不见，但在教练活动中，我们可以揭开它们的面纱。作为教练，我们可以询问：

"当这些事件发生时，你会告诉自己什么故事？"

"在这种情况下，你会如何描述自己？"

"你怎么知道这是真的？"

教练可以抓住学员使用的框架和模式，开始温和、继而有力地通过"重构框架"，打破这些模式（见第7章）。在第四级参与中，我们需要小心行事，因为我们正在处理一个人用来构建其身份基础的信仰体系。有时候简单的假设练习可能有助于解开这些谜团。然而，第四级参与不仅最具变革性，而且变革的持续时间也最长。在第四级参与中，我们需要帮助学员忘记和重新学习他们的假设、限制性思维定式及过时的故事，帮助他们解放自己，扩大其感知能力，通过接受自己的某些方面变得能对更多的人产生共情和同情。

案例研究：访谈

马克汗是英国天达集团（Investec）的人力资源总监。这是一家金融产品和服务提供商，而马克汗本人也是《轴心上的教练》（*Coaching on the Axis*）一书的作者。以下是对他进行访谈的部分内容：

问：你是否对组织的内部和外部教练感到满意，从1分到10分打分，你如何评估他们实施的教练活动？

马克汗：大多数教练都接受过基于咨询的培训。在天达集团，我们为组织中的个人提供教练活动。因此，我的回答是，10分制的话，一般的教练活动打2~3分，天达集团的教练活动打5分。

教练和客户可能因无意识的默契创造一个封闭的二人世界，部分原因是单一客户的工作更容易——多客户的工作令人不安、复杂、易受干扰、有风险，并在道德层面上具有挑战性——而且客户也想感受到自己对叙述和关系的控制。

如果要得到5~8分，我们需要进行宏观范式的转变——从牛顿到量子物理学，从线性思维到非线性思维——理解我们如何以复杂的方式成为一个集体。局部思维是短视的，其所造成的最坏的情况是达不到预期目标。

我们正处于这种范式转变的早期——这对于转变教练方式很有必要，需要将其应用于我们如何培训、督导和领导教练行业。

目前，大多数教练活动都侧重于能力提升、行为和态度改变，而与如何为组织创造价值没有联系。我们必须对价值创造和结果进行更多的研究。这种研究可以结合严格的定性和定量方法。

| 结论

在本章，我们探讨了教练过程的许多方面：

- 系统化组织教练过程——始于建立组织的教练政策和架构，以及选择外部或内部教练。它继而贯穿了从实施、审查、评估，一直到更新和重新设计等各个阶段。
- 教练与学员之间的关系过程——从第一次会面开始，他们将决定是否会在一起工作以及需要解决什么问题。然后在多方利益相关者的参与下，经过不断审查和升级后，二者形成强大的工作联盟和"关系容器"，直至最终的审查和评估。

- 每次教练课程的流程——遵循CLEAR教练过程模型，确保课程不仅提供洞察力和认识，还包含学习成果和可实施的新行动计划。

- 通过四级参与模型实现深入变革的过程——使教练活动从解决眼前的问题转向更深层次的行为模式，以解决引发困难行为的情感模式，最后是这些行为如何植根于基本假设、信仰体系及内部和内在化的叙述中。

至此，我们拥有了系统化教练之旅各个维度的地图。在第7章，我们将介绍一些工具和方法，我们需要将这些工具和方法带在身上，以用于整个教练旅途之中。

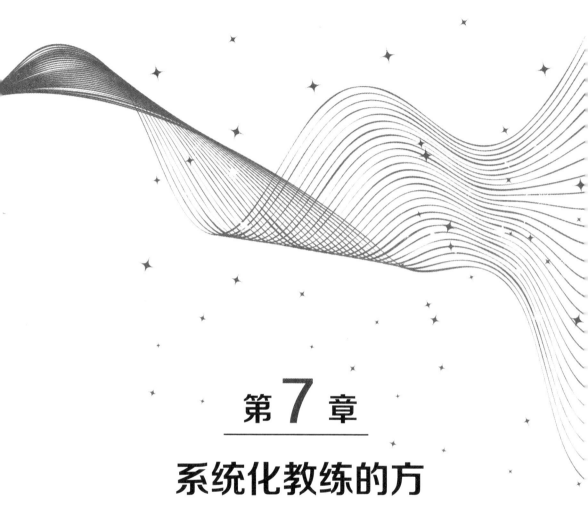

第 **7** 章

系统化教练的方
法、途径和工具

| 简介

在前几章，我们已经探索了教练之旅的各个方面：组织之旅、教练关系之旅及教练课程的过程，既包括横向上的时间贯穿，也包括纵向上的参与级别。现在你可能会问："这听起来太复杂，教练到底是干什么的？"或者"地图已经够多了！我想出去看看这片领土。如果我是你教练课上的一只苍蝇，我会看到什么？"建议你首先可以去看看彼得提供的一次性系统化教练课程的视频。

与此同时，在本章中，我们还将展示教练在教练课程中使用的一些活动、过程、工具和方法。如前几章所述，作为读者，只要你一如既往地将你的思想转移到实践与充满艰难挑战的世界里，那么你将不断加深你的学习。我们建议你想一想最近是否有这样的情况，即当你试图帮助陷入困境中的人时，你的意图是不是尽力帮助他们更系统地看待各种情境。你可能觉得写一篇关于这种情况的短文很有帮助，其中包括介绍你使用的方法，以及需要的工具。这将有助于你了解本章内容，你将带着好奇心寻找对你和客户最有帮助的方法与工具。

| 构建关系容器

为了做好工作，教练需要和学员一起构建一个足够强大的"关系容器"，为双方提供必要的心理安全和信任，让他们变得脆弱和不知所措。这样，学员就更有可能公开暴露他们的弱点和自身的未整合部分。正如我们在前面两章中所探讨的，构建这样一个容器，部分要通过明确的协议和设置边界来实现。然而，内在工作涉及如何建立必要的关系共情，以获得共情、信任和被他人理解并接受的内在感受。关系共情的建立需要教练全程陪同，集中注意力，以一种开放和好奇的心态，不加任何评判地聆听学员，不仅用他们的耳朵、他们的认知理解，还要用他们的情感和整个身体来聆听。

当教练在训练中三个一组地工作时，你可以看到关系共情何时产生，以及是否会产生。当教练和学员双方都逐渐放松了，他们的呼吸模式就变得更加同步，他们的身体动作和姿势就变得更加自然，他们的声音也就变得更加和谐了。在这之后，整个气氛将变得柔和，而开放的、好奇的探询也开始出现。

正常化

　　许多接受教练的客户都会对我们说"你一定认为我很奇怪或疯狂"或"我确信你以前从未见过像我这样的人"。当我们打开自己那些可能未被认识的部分时，我们可能发现它们经过反馈后被我们所接受。这样，我们就更容易变得脆弱，也更不用担心别人会怎么看待我们。

　　教练的一个重要角色是使这些感觉正常化，让学员确信他们没有疯狂，或者觉得确实不同寻常。重要的是要让他们知道你已经遇到了许多具有相同模式或感受的人，并在适当的时候承认你曾经经历过类似的事情。

　　另一个共同主题是"冒名顶替现象"，即社会成功人士——研究表明，女性领导者尤其如此——会感觉到自己的表现和外在形象与内在感受之间存在巨大差距。克兰西（Clance）和艾姆斯（Imes）对此做了如下描述："我多么害怕我的愚蠢会被人发现，这种恐惧一直伴随着我。"因此，这样的领导者会变得害怕："如果人们真的知道我的内心感受，他们就不再信任、尊重或追随我。"这种思维模式在女性中特别常见，他们感觉到，如果她们表现出自信，就会因此不受欢迎：

　　这种现象可能会进一步持续下去，以应对社会中对自身能力表现出信心的女性可能遭遇的负面后果。玛格丽特·米德（Margaret Mead）指出，成功或独立的女性"被视为社会中的敌对和破坏性力量"。

　　在更极端的情况下，我们的一些客户谈到他们担心自己可能会被公开揭露为"骗子"。同样，教练的工作是使这种经历正常化；告诉学员他们并不孤独，许多成功人士都有同样的恐惧，特别是那些忙于在社会上取得成功的人，他们只是没有花费太多的时间去做深入内心的工作，整合自己被遗忘的部分。

走向对话式探询：超越问题的教练过程

　　在一些教练培训和教练书籍中，有一个基本假设是，所有的干预都是探询问题。这种方法建立在以下假设之上，即客户已经有了答案，而教练通过探询问题来帮助挖掘这些答案。

在对话式教练过程中，我们相信答案和新的认知是通过教练与学员的合作式探询，结合学员生活中的日常事项或课程共同发现的。教练、学员和环境的"3C模型"提供了动态互动，在其中可以创造新的学习。教练不仅聆听学员的声音，还同学员一起，聆听生活提供的挑战和教训，认识到更广泛的系统通常比我们拥有更多的知识。

教练过程是让两个合作伙伴一起走到他们共同的未知领域的边缘，通过探索发现新的思想和新的意义，而这些知识是他们在进入教练室之前所不知道的。答案往往不在学员或教练身上，而在涉及学员生活所嵌入的更广泛的系统层面的探索中。这要求教练花最少的时间探询学员已经能回答的问题，转而请学员更多地谈论和分享他们所带来问题的背景，以及深入并拓展探询的干预措施。

这意味着教练需要在许多不同的层面上聆听学员。

第一层——教练全程陪同，集中注意力，以一种完全开放的心态专注于学员及可能出现的事情。

第二层——能够让学员知道你已经理解了他们告诉你的内容，通过准确的聆听——以开放和试探的方式向学员"回放"你所理解的内容，鼓励学员扩展他们到目前为止所说的内容，并随时纠正你已经理解的内容。

第三层——**共情聆听**，聆听不仅是认知上的，还需要我们用整个生命、情感和身体来聆听，使学员感受到我们知道如何站在他们的角度上思考。然而，如果我们只是保持情感上的共情并与客户一起共情，那我们只能通过他们的眼睛和感觉来看世界，所以重要的是继续前进以进入下一个层次。

第四层——**广角共情聆听**，我们对学员所叙述故事中的每个人和组织系统都采取一种共情的态度。我们需要充分发挥想象力，将自己放在所有其他人的位置上，以及他们会如何感受和感知这种情况。这有助于我们不去理会不在教练室里的其他人的问题或冲突，而从多个角度来看待问题，将冲突定位于彼此之间的联系。这不仅是聆听一个人的心声，而是通过他们来聆听更广泛的系统层面——团队、组织、文化和社会信仰体系。然后，教练才可以去听故事和关注教练室以外所发生的事。

第五层——**纯粹的聆听**，站在一个独立的立场，以开放的心态、思想和意愿来聆听，对出现的任何事物均持开放态度，在解决问题、提供想法或使情况变得更好时，都不会感到有任何压力。

对话不仅由教练的深度聆听而创造，它还需要主体间性和对话的存在方式。这就要求我们不要试图把学员视为我们可以调查的、客观的另一个人，而要认识到我们只能通过关系来了解他们，通过我们个人的存在方式来认识他们。

| 引入不同的世界——"由外而内"和"未来回溯"

系统化教练的一个显著特点是，它不仅建议学员关注他们的利益相关者和所属的更广泛系统的需求，而且直接和间接地将那些"由外而内"的观点带入教练室。正如我们在第5章和第6章中所探讨的，这可以通过让多个利益相关者直接参与协议签订和审查来实现。

这也可以通过戏剧性地邀请学员站出来，接受其利益相关者的观点并作为其中一员发言来实现。这是可以做到的，不仅站在一个重要人物的立场上，而且站在一个更广泛系统的立场上，如某个人所在的团队或另一个部门。

系统化教练的另一个显著特点是关注对"未来回溯"的思考和探索，而不仅仅反思过去。这已经在前面章节所介绍的一些问题中提出来了。这样的问题包括："你需要专注什么，才能为将来需要面对的事情做好准备？""你未来的利益相关者需要你现在发展什么技能？""如果两年内在教练职业上没有什么发展，你有哪些后悔的地方？"教练就像领导力一样，需要在所有三个时间视野上不断思考：（1）一切照旧；（2）为明天创新；（3）需要彻底改变的未来远见。

| 教练室里的关系

教练活动最具变革性的一个方面是教练和学员之间的关系。大量关于心理治疗和教练活动的研究表明，任何治疗或教练过程中最关键的因素是关系。在第3章介绍系统化教练的七眼模型时，我们展示了"模式5"和"模式6"的重要性，这两个模式关注的就是教练室里教练与学员之间"此时此地"的关系。

然而，这种关系绝不能仅仅是一种安全、信任和支持的环境——在这种环境中，学员感到足够安全，可以变得脆弱、可以探索自己的各个方面及他们所面临的外部环境。它还需要成为一个场所——在这里，学员的基本联系模式可以被用来进行反思和实验。除了专注于探索学员教练室之外的关系，在每堂课中至少有一次或两次将关注点放在当前的体验和动态上，这一点非常有用。

例如，如果一位学员反复说"每个人都让我失望"，并变成了一种模式，那么教练可以问："我以什么方式让你失望了？"或者"你害怕我会这样做吗？"或者，如果一位学员经常谈到他在面对别人时感到很困难，那么教练可以问："在这种关系中，你需要如何面对我？""也许你现在就可以尝试一下如何去做。"

这是一种"由外而内"的变化：从谈论各种情境到教练室里现场观察，再到寻找和尝试改变模式的新方法。

| 四级参与

在第6章中，我们介绍了"四级参与模型"。与学员一起创造变革的核心是教练探索更深层次故事和假设的能力，这些故事和假设基于人们当前看待世界的方式和行动的方式，并且会危害任何创造可持续变革捷径的尝试。

现在，我们将一起探索工具和方法，展示如何拓宽每一级参与，以及如何从一个参与级过渡到下一个参与级。

从表面数据到更深层次的叙述

学员给我们提供了他们故事的表面结构，这可以被认为是一个拼图游戏，其中有许多部分空缺。作为教练，当探询拼图的各个部分时，我们经常会迷失方向，而不是聆听空缺处在哪里并建议学员去探索空白空间。

班德勒（Bandler）和格林德（Grinder）在他们早期的著作中，展示了应如何聆听故事中被概括、删除、扭曲和假设的部分，然后邀请客户创造拼图中缺失的那部分，以发现支撑他们故事的深层结构。

概括

概括是一个人将其模型元素或片段从他们最初的经验中分离出来并开始代表

整个类别的一个过程，其中经验就是一个例子。因此，一个人可能会表达自己的感受并受到伤害，于是总结出"不要表达感受"这一规则。事务性分析将这描述为开发一个内部脚本。

有关概括的例子：

1. 主体不明确——"人们不喜欢我。"

2. 客体不明确——"太晚了。"

3. 谓语不明确——"仓促行事，我们以后会后悔的。"

通常，最好的概括干预形式是教练提出一个连接词或短语，从而成为进一步探索的"推动因素"。这里有一些与上述概括例子相关的例子。

1. "人们不喜欢我。"

比如……

"我们团队里的约翰和卡罗尔。"

我知道这是因为……

"因为他们在会议上从来不看我。"

在这里，我们帮助这个人将一个关于整个团队的一般陈述变成了关于两个团队成员的特定陈述。然后引出一个信念系统，即"不看我的人一定不喜欢我"。这就变成了一种可以解开的扭曲。

2. "太晚了。"

对于……因为现在……

3. "仓促行事，我们以后会后悔的。"

……冲在……的前面，如果不……我们以后会后悔的。

删除

删除是我们有选择地关注我们经验的某些方面而排斥其他方面的一个过程。

有关删除的例子：

1. 比较级/最高级。

例如，"卡门比我强多了"。

2. "不得不。"

例如，"我不得不坚持下去"。

3. "有必要。"

例如，"我们有必要保持统一战线"。

4. "必须。"

例如，"我必须做好准备，不能有任何薄弱环节"。

同样，一个连接词或短语的干预形式可以帮助客户从有限的信念转向开放的探索。

1. "卡门比我强多了。"

她在……方面比我强，因为她……

2. "我不得不坚持下去。"

为了……因此……

3. "我们有必要保持统一战线。"

当我们……这是为了……

4. "我必须做好准备，不能有任何薄弱环节。"

否则……

扭曲和假设

根据班德勒和格林德的观点，"语言模糊性"的第三种形式是个人使用语言来暗示事情真相，这要么是一种假设，要么是一种扭曲，要么在逻辑上无效。

有关扭曲和假设的例子：

1. **过程变事件（名词化）**。例如，"首席执行官提出的不可能完成的要求快把我逼疯了"。

2. **隐含因果**。例如，"他不回应我时，我很生气"或"这个变化过程是一场噩梦"。

3. **读心术**。例如，"我的团队成员不喜欢我"。

4. **以偏概全**。例如，"所有的信息技术人员都不懂情感"。

5. **预设**。例如，"我担心这个变革过程会像上次一样是一场大灾难"。

6. **概括规则**。例如，"在我们的组织中，你不能这样做"。

以上这些例子在认知行为领域不同程度地被提及，例如，认知思维陷阱和自动否定思维（Automatic Negative Thoughts，ANTS）。

当出现名词化并隐含因果时，教练需要帮助客户将事件转变成一个过程，然后挑战它。这最好通过温和地重构客户的陈述来实现。

1．"首席执行官提出的不可能完成的要求快把我逼疯了。"

当收到首席执行官提出的要求时，你会变得"疯狂"，你觉得这是不可能完成的。

当陈述中隐含因果关系时，客户经常把自己置于被动甚至受害者的位置上。此时，重构需要引导客户将陈述的内容重新放回选择的位置。

2．"他不回应我时，我很生气。"

当没有得到他的回应时，你会很生气。

当假设听起来像建立在读心术或以偏概全的基础上时，教练可以挑战这个信念。

3．"我的团队成员不喜欢我。"

你怎么知道那是真的？

4．"所有的信息技术人员都不懂情感。"

你经历了什么、看到了什么、听到了什么，所以让你得出了这个结论？

当陈述中隐含预设时，教练可以帮助客户解开关于过去经验的假设，这影响了他们对当前经验的反应。

5．"我担心这个变革过程会像上次一样是一场大灾难。"

上次的变革过程失败，是因为……

从那次经历中获得的主要经验是……

6．"在我们的组织中，你不能这样做。"

然而……（这是彼得最喜欢的简短重构，它可以阻止过去控制未来！）

目的不是要挑战所有的概括、删除、扭曲和假设，因为这样做很快就会把对话变成机械式分析，很可能导致精神错乱！然而，你越能意识到拼图中的空缺处在哪里，你就越能熟练地识别这些过程，你就有越多的选择来帮助另一个人更充分地重新联系他们的经历，从而增加他们的选项和选择。

| 从更深层的叙述中发现行为模式

通常，传统的教练会每次仅探究一位学员提出的问题，并帮助学员解决每个问题，但无法更深入地发现学员的行为模式，而正是这种行为模式造成了这些问题。这些问题通常是根深蒂固的个人存在和行为模式的症状所在，它们将持续出现，直至模式问题得到解决。在生活中，我们经常试图通过更换工作、居住地或生活伴侣来解决"外面"的问题。但是正如我们经常指出的，我们在一个角色、地方或关系中没有学到的东西，生活会在下一个角色、地方或关系中慷慨地给我们带来同样的教训。

我们每个人都会遇到客户提出在他们团队中某个成员表现不佳的问题，并希望探索他们是否应该接受纪律处分、解雇他们或者给予更多指导来支持他们。彼得回忆说，有一次客户告诉他，团队里一位有问题的成员被借调到组织的另一个部门。但在下一次会议上，这个客户又需要处理团队里另一个有问题的成员。彼得让他描述一个为他工作过的优秀团队成员的例子，他停顿了一下，看起来很迷茫，说道："我不确定我曾经有过这样的例子——但是他们应该是那些投入工作并且达到高质量水平的人。"彼得继续问："什么样的工作……"——客户回答："好吧，就是我不需要纠正或改变的那种工作，我会从组织的其他部门得到积极的反馈。"

彼得很快就发现，他从未向自己或他的团队阐明好的工作是什么样子的，或者他对他们的期望是什么。在这种模式下，当他的团队成员没有意识到或未能实现他没有说出口的期望时，无疑他总会感到失望和沮丧。

现在，我们将探索其他三种强有力的方法来帮助你的客户从探索特定情况转向发现他们的行为模式。

跟踪——这是一种教练花时间观察客户如何完成工作的方法，以探究他们在不同工作环境中的表现模式。朱莉·张（Julie Zhang）的案例就是一个例子（见附录中"案例研究1"），张跟踪她的客户、参加团队会议，并且提供实时反馈。她写道："通过跟踪学员，我不再仅仅依赖于李在教练对话中带来的东西。我可以实时和客户在一起重复这个过程，让他同时想到'由内而外'和'由外而内'。当客户在会议上发表重要演讲、与员工一起主持'全体会议'、主持董事会会议，以及与关键利益相关者进行现场接触时，我们也会跟踪他们。"

基于模式的反馈——在实施跟踪、执行快进排练或与学员一起回顾360度反馈练习时，教练可以专注于给出即时的基于模式的反馈。当反馈尽可能接近事件时，它总是最有帮助的。如果反馈能使学员未感觉受到批评，而是看到一种重复的行为模式，以及它如何与不同的环境联系在一起时，它也是非常有帮助的。当指导一名中层经理人员并花3小时跟踪他时，教练分享了他们的想法。他们注意到学员从身体上发生了改变，他们去见老板的样子，与他们在走廊里和同事聊天时的样子不同，与他们去直接下属办公室的样子也不同。这导致我们会对他们在不同情况下的"尊重"进行非常有用的探索。

视频录制——在前面提到的重要会议开始之前，通过"快速排练"来指导领导者可能是有用的，在那里他们可以尝试新的参与方式。这一过程可以通过先对客户进行视频录制，然后边看边进行结构化审查来进一步深化。卡根（Kagan）在1980年开发了一种人际过程回忆法（Interpersonal Process Recall，IPR）——在这种方法中，他发现如果你在拍摄后36小时或48小时内观看一段自己的视频，你的身体和情绪反应会和当时一样，但反思能力更强。他提供了一系列有用的问题，可以在这个视频回看过程中使用。这些问题包括："在你的行为和参与方式中，你注意到了什么样的模式？你注意到自己做的最有帮助的吸引方式是什么？最没有效果的是什么？"教练也可以将画面定格在引发学员明显反应的地方，并探询学员当时的感受和现在观看时的感受。我们需要注意这种驱动行为的反应性感觉，这将在下一节中讲到。

思维环境®——伊芙从她与南希·克兰（Nancy Kline）的培训中获得灵感。"思维环境"最初是为了回答这样一个问题而发展起来的："如果行动及其背后的思维一样好，那么我们如何为最高质量的思维创造条件？"这个问题的答案找到了：以"思维环境的10个组成部分"来支持客户自己的思维，但这个工作要获得最好的效果，必须有另一个人——教练或思维伙伴——也在场。因此，签约变得至关重要，虽然问题是应学员的要求提出来的，但教练使用的是克兰最近描述的"11个'先天'突破性问题"，伊芙发现这些问题对于客户识别自己的系统模

式非常有效。

| 从行为模式转向体验情感的教练干预

回应

许多传统教练总是等到客户说完一句话之后再解释他们所听到的内容。在我们的经验中，这通常会表现出教练理解学员的程度，但会减少最初讲述中固有的情感负担。彼得鼓励受他训练和指导的教练从连续性聆听转变为平行式主动聆听。在平行式主动聆听中，他们可以随着音量、速度、音色或声调的变化，重复学员叙述过程中具有特定情感负荷的词或短语，这可以通过他们的说话方式得到证明。教练可能在他们的回应中放大这种情感的冲击，这样教练就能听到他们故事中的"和声"和"旋律"。

以下是最近一次教练课程上开场时的一些台词，我们其中的一位教练将这些台词用到了回应中：

"有这么多要求**压在**我身上。"

"我觉得**筋疲力尽**。"

"我不断地**四处寻找**，以确保所有工作都已完成。"

"但是我不能**容忍**我们的工作**没有做好**。"

在这些隐喻中，我们能看到学员情感的萌芽，其中大部分建立在自我控制和钢铁般的决心的基础之上。回应并且轻微的放大不仅帮助客户感受到情感上的接纳，还帮助学员了解到她在多大程度上是因为受到需求和责任的驱动而"完成工作"的。只有当她有了具体的感受，并认可这种感受之后，她才能继续探索使这种模式得以保持下来的假设和信仰体系。（我们将在下文进一步探讨这一点。）

非语言干预

在指导教练人员如何让客户接触并表达更多的感受时，许多人会认为只要询问客户"你感觉如何"就可以了。然而，这种干预会让客户避免体会感受，而是思考他们的感受，并找到向教练表达这些感受的方式。通常，加深接触和表达情感最好通过非语言的干预来实现。举个例子：当客户吞吞吐吐地表达他们的悲伤时，教练只需通过长吁一大口气，就不仅能表现出共情，还能使客户更深入地表达他们的感受。

在与客户的非语言姿势，如手势、声调、速度和节奏相匹配以建立融洽关系的同时，教练还可以改变他们的非语言信号，使之不匹配。在前面提到的例子中，当彼得的一个客户列出压在她身上、觉得自己必须承担的所有要求时，教练对她表示同情，并且通过非语言干预与她相匹配，之后他突然改变了节奏和音量，说："所以……一旦我们将这些要求从你的肩上卸下来，你希望将它们——放在哪里？"以询问问题进行干预的力量不如彼得表现出的非语言信号的不匹配。

| 从感受到假设和心态

回到我们之前在观察行为模式时探讨过的那位客户，他总是对团队成员感到失望，一旦他意识到自己从未分享过自己的期望，并为团队成员定义"好的工作会是什么样子的"之后，他开始致力于改变这种行为模式。几个星期以来，情况有所改善，但作为教练，我（彼得）感觉到一种持续的挫败感。他告诉我，他们团队中的一些人"仍然不知道我的期望""为什么他们看不到我需要的东西，为什么还要我一直向他们解释"。跟我说话时，他眼睛看着别处，拳头握在一起，牙齿缝里发出很大的嘶嘶声，下巴也绷得紧紧的。我能感觉到一种根深蒂固的情绪模式正在重新出现，我温和地问道："你觉得我知道你在这次教练中有什么需要吗？"这一下子将我与客户带入"此时此地"的关系中，重新建立起关系联系。"哦，你不一样！"他用同样恼怒的语气说，"你是来听我说话的。"我注意到我感到有些被忽视了，我想知道这是否也是其他人的感觉。

在他解释之前，我以一种真诚关心的语气问他，在他的一生中，是什么时候感觉别人注意到了他的需求。

在长长的沉默后，他将语速放慢——我能感觉到我们俩都在流泪——说："也许自从我去寄宿学校以后就没有了。"我停顿了一下，好让我们俩都明白这一点，然后问道"你那时多大？"他缓缓地告诉我，在7岁时，他母亲如何得了重病，他如何被送到寄宿学校，而当他得知母亲的死讯时，只是被叫去"像监狱一样冰冷的教室"见他们的舍监，却不被允许参加葬礼，因为这被认为对他来说太令人不安了。

我们渐渐发现，在对这一创伤性事件的反应中，他产生了一种渴望，希望自己的感受和需求得到认可，但同时对这种事情的发生产生恐惧，而且他从未掌握语言和相关技能来告诉别人自己的期望。他觉得自己的需求不可见，因而别人也看不到。

我问他，他内心充满关爱的父母会对内心那个7岁的男孩说些什么。他逐步培养了一种能力，能够修复他内心受伤的孩子，看到并听到他的声音，注意到他什么时候吵着要被注意和回应，并且不再责怪别人没有读心术。

照亮隐藏区域

在教练活动中，重要的不仅是关注学员最关心的紧急问题，还要关注客户可能忽略或不愿意带入教练室的更深层的重要领域。邀请学员将这些领域带入教练活动中的一种方式是让他们完成以下句子之一。

1. 完成句子：

1）我最不想给你带去教练过程中的是……

2）我最不希望我的员工对我说的是……

3）我们在这里不能谈论的是……

4）我现在一知半解而一年后会让我大吃一惊的是……

5）今天不谈而一年后我可能会后悔的是……

6）如果我不怕伤害你的感情，我会告诉你的是……

2. 克服变革的惯性和阻力——卡根和莱希（Lahey）的"四栏练习"

在开设领导力团队教练大师班时，我（彼得）经常会问学员，他们在"团队发展活动"中同意的行动在随后真正实施的占有多大比例。学员分享的数字非常令人失望，从0到30%不等！这也很有人情味，因为正如一句古老的谚语所说，"通往地狱的道路通常是由善意铺就的"。探索变革阻力的一种方法建立在2009年卡根和莱希的"变革豁免"方法的基础之上，这种方法有助于个人和团队理解相互竞争的需求、假设和信念（通常是潜意识的），这些需求、假设和信念会破坏达成的有意识的协议。

我们对他们的系统化教练方法做了下面6步修改：

第1步：要求学员列出他们对变革的所有意图，并且在他们成功实施的意图上打钩，在他们努力实现的意图上打叉，然后创建4栏；

第2步：在第1栏列出他们努力实现的目标；

第3步：找出他们为每个未完成协议正在做什么或没有做什么，并把它们列入第2栏；

第4步：确定驱动这些替代行动和行为有哪些竞争性承诺，并将它们列入第3栏；

第5步：探究这些竞争性承诺背后共同的假设、信念或恐惧——例如，"我假设如果我做了X，那么Y就会发生"；

第6步：探究如何克服这些限制性信念，或者至少尝试发现它们是否仍然成立。这可以通过使用以下一些信念调查问题来完成：

- 这种信念以何种方式为你服务？
- 这种信念对你有何帮助？
- 这种信念正在发生吗？
- 这是如何发生的？
- 你在哪里感觉到它？

这些问题有助于学员探究信念如何体现，以及如何通过情感纽带将信念锚定并延续到他们的行为中。

另一种方法是让学员完成以下句子，例如：

1）我相信这是为了……

2）我第一次知道这个是在……

3）坚持这一信念的回报是……

4）如果我不再相信……

| 完成四级参与并付诸行动

从上一节可以看出，完成四级参与并不是一段直线的旅程。当我们发现能保持行为模式不变的情感和信念时，就有必要站出来帮助学员探索和发展新的行为，并且在教练室现场进行实验和排练。

主要有3种方式来鼓励这些积极的体验实验：

1. 利用教练关系。这是通过探索改变教练和学员之间关系模式的方法来实现的（见上一节及第3章有关教练模型的"模式5"）。当学员说他们觉得几乎不可能给别人提供听起来很关键的直接反馈时，我们的一名教练要求学员尝试给我们提供直接反馈，以告诉我们他们在教练过程中有何体验——他们喜欢哪些内容，以及我们作为教练如何做得更好。起初，第二次尝试有些含糊不清，但到了第三次尝试就变得有力、清晰、具体。

2. 快进排练。这是由彼得·霍金斯和尼克·史密斯开发的一种方法，教练请学员将新的行为和联系方式应用于未来可能出现的情况，并在教练课程中现场排练多次。教练不需要完全进入角色扮演，而是和学员在一起，给他们提供直接反馈，告诉他们如何处理偶遇，如何准备开场白，他们的姿势、声调、音量如何变化，如何进行眼神交流，等等。排练可以反复进行多次。伊芙回忆起一个客户，当时她正在为快进排练做准备，但进展不太顺利。她拿出了她的一个玩具——磁猴子（它代表了一系列东西，包括责任在哪里，以及某样东西是否已经被成功"移交"）——并把它当作一个道具。随着排练的进行，猴子在学员们之间来回穿梭，直到教练最终注意到学员们已经"全部明白"。这次排练创新而有趣，学员们为找到答案而"欢呼雀跃"。这位客户报告说，这是他们作为高级领导者多年工作中经历的最具变革性时刻！

3. 形象化。对于一些比较内向和敏感的学员，另一种方法是让他们闭上眼睛，想象一个他们会有不同行为的未来场景，让他们观察并大声说出自己的表现及在言行方面有何不同之处。然后，教练要求他们注意自己如何接受和做出反应，以及如何回应这种反应。同样，排练可以反复进行多次，要求学员提供反馈并在下一次排练中加以改善。

在神经语言程序设计中，这被称为"锚定"新状态。教练如何进一步增加从发现新行为到将这些新行为应用于工作中的联系，还有一种方法就是请学员在遇到"艰难"的会面或陈述后立即给他们发一封电子邮件，告诉这种会面或陈述有多么艰难。我们发现这增加了（教练缺席时）学员在活动中获得教练支持的方式。

| 着眼于积极性、目标和潜力

到目前为止，我们在本章中已经花了很多时间来探索如何抛弃旧习惯，解构一些已经不再适合的行为模式、情感反应和过时的信念。我们认为这是教练活动和人类发展过程中的一个重要阶段。然而，我们都坚信，在教练活动中，帮助客户发展和建立他们的积极优势、发现他们更充分的目的，并且开发他们更多的潜力，这同样很重要。

越来越多的证据表明，以"目标为导向"而不是着眼于短期目标和利润的组织在许多方面要成功得多。这些公司能够做到：

- **吸引并留住最优秀的员工**——员工的参与度提高了1.4倍，满足感提高了1.7倍，留在有强烈目标的公司的可能性提高了3倍。
- **建立对客户的忠诚度和信任感**——89%的客户或顾客认为目标导向型企业将提供最高质量的产品和服务。
- **增加股东回报**——在1996年至2011年间，目标导向型企业的绩效比标准普尔500指数包含的公司的平均绩效高出10倍。
- **为所有利益相关者创造共享价值**——包括投资者、客户、供应商和合作伙伴、员工、他们经营的社区和更广泛的生态系统——这反过来又会建立忠诚度、信任和持久的合作关系。
- **建立可持续发展的企业。**
- **更好地防止声誉受损，包括病毒性社交媒体的负面影响。**

当人们有了目标感，他们的生活也会更健康、更快乐、更充实。

英国罗菲公园研究所（Roffey Park Institute）对735名经理人员进行了调查，

结果显示，70%的人希望在工作中获得更大的意义。

在教练这方面，我们借鉴了三个关键部分——积极心理学、超个人心理学和普遍精神方法。

积极心理学

1998年，当马丁·塞利格曼（Martin Seligman）选择积极心理学作为他担任美国心理协会主席期间的主题时，它开始成为心理学的一个新领域。此领域的其他主要发展者是米哈伊·奇克森特米哈伊（Mihaly Csikszentmihalyi）、克里斯托弗·彼得森（Christopher Peterson），以及芭芭拉·弗雷德里克森（Barbara Fredrickson）和洛萨达（Losada）。1987年，库珀里德和斯里瓦斯特瓦（Srivastva）创立了欣赏式探询，他们率先使用欣赏的方法带来基于优势的协作型变化。

2000年，马丁·塞利格曼和奇克森特米哈伊将积极心理学定义为："对人类积极功能和多层面蓬勃发展的科学研究，包括全球层面的生物、个人、关系、制度、文化和生活。"他们关注的不是精神疾病，而是"eudaimonia"（希腊词"美好生活"），以及对美好生活和充实生活贡献最大的因素。

2011年，塞利格曼用首字母缩写词PERMA来定义繁荣或积极的个人健康和幸福，PERMA代表：积极的情绪（Postive Emotions）、参与（Engagement）、关系（Relationships）、意义和目的（Meaning and Purpose），以及成就（Accomplishments）。

- **积极的情绪**不仅是幸福和快乐，还有兴奋、满足、自豪和敬畏等。这些情绪经常被认为与积极的结果有关，如更长的寿命和更健康的社会关系。

- **参与**是指参与能够吸引和发展个人兴趣的活动。奇克森特米哈伊将真正地参与解释为流动，即一种深度毫不费力的投入状态，一种导致狂喜和清晰的强烈感觉。正在进行的任务需要更高的技能，虽然会遇到一些困难和挑战，但仍然是可能完成的。参与包括对手头任务的热情和专注，当参与的人完全被吸引、失去自我意识时，评估才是主观和最完全的。

- **关系**——无论是工作关系、家庭关系、浪漫关系还是柏拉图式关系——是激发积极情绪的关键。人类通过人际关系接受、分享和传播积极的一面。它们不仅在困难时期很重要，在快乐的时候也很重要。事实上，关系可以通过彼此积极回应而得到加强。最积极的事情通常发生在别人面前。

- **意义**也被称为目的并引发了问"为什么"这样的问题。发现并弄清楚一个明确的"为什么"会把一切都放在从工作到关系到生活其他部分的背景中。发现意义就是学习比自己更伟大的东西。尽管有潜在的挑战，但有意义的工作会驱使人们继续为理想的目标而奋斗。

- **成就**是对成功和统治权的追求，有时能帮助我们培养自尊和价值感，即使成就不会立即产生积极的情绪、意义或关系。这方面的例子包括：一个年轻的音乐家或体操运动员练习数百小时，一个运动员或体育爱好者每天花大量时间练习他们的技能，或者一个艺术家努力发展他们的技艺。

彼得的同事和朋友马尔科姆·帕莱（Malcolm Parlett）在2015年写道，心理健康是发展"整体智力"的结果。他深入探讨了整体智力的5个不同方面，他首先称之为"能力"，最近称之为"探索"。同时他认识到，作为一个整体，它们不可分割并且会同时出现。这5个方面包括：

- **相互关联**：树立角色榜样，营造深层次尊重氛围，接受差异，建立信任，反对羞辱、刻板印象，并克服对"差异性"和非建设性冲突的恐惧。

- **应对情境**：具有领域意识、承认共享"现实"的不同结构、鼓励所有权、关注当下、注意正在避免的事情、培养抗逆能力、探索数字或背景、提高"反应能力"、发现领导能力。

- **具体表达**：放慢速度和"保持清醒"、鼓励感官参与、相信感觉，将意识扩展到非语言、非人为方面，了解情境的美学品质，认知波动能量，接受"感觉数据"。

- **乐于尝试**：鼓励趣味性、巧妙的发现、不确定的生活和幽默，辨别何时是为了增强稳定性、连贯性及缺乏变化而进行的尝试，承认"熟悉边界拉伸固有地会导致羞耻或尴尬"。

- **自我认知**：分享自我体验，放慢速度并留出时间进行整合，对他人及其幻想、选择、叙述进行非评判性建模，调查价值观、习惯、成长边缘、生活主题、自我组织。

教练可以帮助学员专注于上述这些热门研究领域，充分发展他们的整体智力。

超个人心理学

超个人心理学"被称为心理学的第四种力量，是对前三种力量——行为主义、古典精神分析和人本主义心理学——的补充"（超个人心理学研究中心，2019年，在线）。这是一个极其多样和丰富的领域，根源于20世纪许多伟大的思想家，借鉴了东方和西方哲学，属于精神领域，而不一定是宗教领域。它对教练的影响相当大。2016年，惠特默和艾因齐格注意到阿萨焦利（Assagioli）对以下超意识的强调：

关于我们的未来和我们潜能的发展，关于获得更多的直觉和灵感及更高的感受（如利他主义、关心、服务），这些超意识与审视我们可能受到压抑的过去、感受或事件一样重要。

他们提供了10个关键问题来指导超个人探索，如"什么给你带来快乐？""当你退后一步看整个世界时，你看到了什么？"菲尔曼（Firman）和瓦尔朱（Vargiu）谈论了两种意义，即"我们个人存在的意义及我们所生活的世界的意义——最终是生命本身的意义"。我们将在第8章中探讨这种与生活本身的联系。

普遍精神方法

从本质上讲，系统化教练是如何以一种更广泛的普遍的精神方式看待和存在于这个世界的（这里的"精神"非指"宗教"）。对我们每一个人来说，意义和目的将意味着不同的东西，因为它是关于我们对世界和人生旅程的个人诠释。当贾沃斯基（Jaworski）将他的内心旅程描述为"统一意识"和"宇宙的相互关联"时，这反映了一种内在信仰的精神视角，也就是许多精神研究传统所描述的"存在的一体性"或"非双重意识"。这种意识带来了一种理解，即我们每个人都内属在许多系统层次中——我们的家庭、历史、社区、国家、文化、物种、人类以外的世界、我们地球的盖亚生态系统、宇宙；还有我们的团队、部门、组织、商业生态系统、地球等。我们不仅内属在这些系统层次的每一个层次中，而且它们也都内属在我们的内部。出现在教练活动中的不仅是一个人，而且是他们的组织、文化、团队、家庭及生态。在与一个人一起工作的过程中，整个生活存在于这个人之中，也存在于我们之中，同时还存在于我们主体间的关系之中。

| 结论

我们在第3章已经研究了什么是个人系统化教练，为什么要执行个人系统化教练，以及如何执行个人系统化教练。在本章，我们从深度和广度上探讨了对系统化教练都有效果的教练方法。深度的教练方法是从探询问题转移到发现学员的习惯行为模式，以及保持这些习惯不断重复的情感模式、假设和信念。广度的教练方法不仅要聆听学员的声音，还要聆听他们存在于其中，同时也存在于他们之中的众多内属系统。这些工作中的内属系统包括他们的团队、部门、组织、组织的利益相关者世界及其运行的社区。个体外部工作的内属系统包括他们的家庭、社区、文化，以及这三者的历史维度。

两套内属系统都包含在我们每个人生活和依赖的超越人类的生态世界中。在第8章中，我们将探索在每一次课程中，我们生态环境如何呈现更广泛的系统层次：是有意识和公开的，还是无意识和隐藏的？

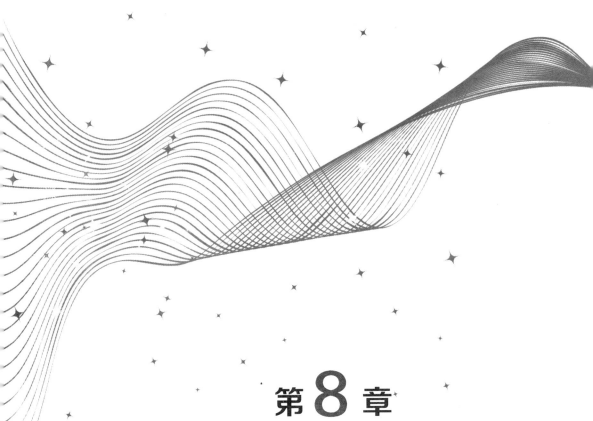

第 **8** 章

培养教练人员的
生态意识

| 简介

2019年1月，佐伊·科恩（Zoe Cohen）在一篇博客中写道："当地球气温升高3℃时，所有的教练人员都在哪里？"彼得在演讲中对此回应说，"当银行着火时，教练们在做什么？"本书第1章中提到，自2009年开始，生态危机是比2008—2009年经济危机，或者我们人类不得不面对的任何全球性事件还要大的全球性挑战。

小学生们已经证明了我们每个人都有能力做出改变。在2018年8月之后的几个月里，瑞典学生格蕾塔·桑伯格（Greta Thunberg）孤身一人举着标语牌站在瑞典议会前，发起了反对气候变化的第一次"学校罢工"。这场运动在成千上万名科学家的支持下蔓延至全球。2019年3月，来自128个国家的约140万名学生走出校园声援格蕾塔。在一篇报纸文章中，格蕾塔和其他学生认为：

这场运动必须发生，我们别无选择。今天采取行动的绝大多数气候罢工者不被允许投票。想象一下那是什么感觉。尽管我们看到了气候危机的发展，尽管我们知道了事实，但在谁来决定气候变化的问题上，我们没有发言权。那么问一下自己：如果你认为罢工有助于保护你自己的未来，你会不会继续罢工？

6个月后，即2019年9月，在联合国气候行动峰会召开之前，全球160个国家的数百万人举行示威游行。在一次大规模的抗议活动中，世界各地的成年人加入了学生的行列。受气候危机和海平面上升威胁最大的一些太平洋岛国也举行了抗议活动，抗议者要求采取紧急行动。

我们认为，生态危机无疑是每个人、组织、国家乃至整个人类面临的最大挑战。然而，当在教练会议、培训或指导活动中讨论生态危机时，我们经常会听到一些令人担忧的反应。仅举几个例子：

- "应对生态挑战不是我们的工作。"
- "作为教练，我们需要保持中立，不会制定相关议程。"
- "我们的工作是关注个人，而不是全球。"
- "我们只能关注我们有能力改变的，而不是我们没有能力改变的。"

我们同意教练应避免说教或宣传，或者以任何方式将他们的价值观和信仰强加给客户，这一点非常重要，但我们同样应该避免共同的"幻觉、错觉和共谋"。澳大利亚的领导力教练乔西·麦克莱恩鼓励教练人员"对自己的信仰保持透明。不是为了说服，而是为了诚实"。

我们认为生态维度存在于每一次教练课程中，无论是公开的还是秘密的，有意识的还是无意识的。生态维度以物理形式而存在，因为生态不是身外之物，而是存在于我们内部和我们之间——存在于我们呼吸的空气中、吃的食物中、坐的椅子上。它或隐或现地存在于每一次对话中，不仅在我们讨论的内容中，还在我们使用的语言中。人为地将人类和人类以外的世界分开，从而否认了我们活动的环境成本。作为教练，我们的工作不是将生态学引入教练关系中，因为它已经存在了。我们确实有责任揭示生态学，让它露出真容，并探索我们如何应对和承担责任；正如我们将在下一节中看到的，有关生态环境的教练情况比我们可能相信和考虑的各种情形更多。不探索生态环境不仅会为环境恶化和未来发展受限埋下隐患，而且会为我们现在的身心健康付出代价。

让我们从几堂教练课程中随便选出一两个案例，以更好地说明了这一点。在第一个案例中，我们的客户任职于一个倍受媒体关注的资源密集型行业中，其公司正在讨论增加扩张的必要性，以满足股东的全球投资回报率要求，但同时考虑到是否影响了自己的声誉。我们向这位客户询问了以下几个问题："还可以考虑哪些其他成本？""公司希望如何看待其影响？"及"什么影响可能与你的声誉有关？"客户由此看到了一些机会和潜在的联系，这对组织和生态学都很有用。

第二个案例涉及一家全球性公司，该公司定期让高管人员乘坐商务舱飞往世界各地参加会议。对于他们所信奉的价值观及想成为"思想领袖"的愿望，我们从教练角度向他们提出了询问，促使他们决定减少面对面会议的次数，而引入更多的虚拟会议，并以此作为他们为组织树立价值观的榜样。在继续阅读本章内容之前，我们想知道你对生态学和教练有什么问题。我们可能无法为你解决所有问题，但我们希望对话继续进行：

- 作为教练，你认为生态学是我们教练活动的一部分吗？
- 对于你想留给追随者的世界，你有何想法？你的客户有何想法？
- 如有可能，对于选择哪些客户与我们合作，生态学如何影响我们的决策？

- 你如何回答本章开头引用的佐伊的问题："当地球气温升高3℃时，所有的教练人员都在哪里？"

┃ 在系统化教练中展现生态维度的5种方式

生态因素存在于每一堂教练课中。我们教练人员的工作就是让它露出真容，并为生态维度打开空间，使其更充分地成为工作的一部分。生态维度既可以作为学员生命历史的一部分出现，也可以出现在当前的各种生活经历中，例如：学员对他们旅行的描述，或者对他们生活或工作环境污染的关注，对某一特定风景的记忆，或者对某一特定宠物的依恋，等等。越来越多的电视节目在讲述冰川融化或海洋中的塑料，以及对家庭、子孙后代未来的担忧，生态维度越来越成为一种对地球未来的焦虑。

我们发现了5种主要方法，教练可以用它们来打开这个重要的领域。

1. 引入生态维度

在本书里，我们展示了如何在教练活动中引入生态维度的不同方法，使生态维度出现在学员生活世界的更广泛的系统层次中。生态系统层次是一个更广泛的系统层次，我们均内属于其中，其亦内属于我们之中。至此，它成为每个人和组织中最大和最关键的利益相关者。一位同事在一次会议上说："我们必须记住，每个组织都是生态环境的全资子公司，环境可以关闭任何企业或物种！"

一个简单的方法是在化学反应式会议或签约会议的开场白中加入一些问题，例如：

"你的工作对更广泛的生态环境有什么积极和消极的贡献？"

或者：

"你与更广泛的生态环境之间有何体验？"

我们发现，这两个问题都有很多种答案，但有一个共同的感觉，即生态维度在教练桌上有一席之地，学员可以返回教练室并做进一步探索。

2. 看向窗外

通常在教练活动中，我们从窗口观看更广泛的生态环境最为直观。彼得从他的教练室可以欣赏到美丽的乡村风景，许多客户也会短暂地驻足凝视一下窗外风景，然后坐下来开始上课。有些学员会深吸一口气，就好像在更广泛的大自然中品尝美味饮料。而其他一些学员的目光可能会被茂密林地、一群飞鸟或田间小动物所吸引，并对它们进行一番评论。有的人会说："当你试图在办公桌前工作时，你一定会发现这种景色容易分散注意力。"彼得则会回答："我发现它在不断地为我的工作提供资源和营养。"

即使在伦敦金融区占据几层楼的一家大银行担任教练时，彼得也经常在窗口和客户一起停下来，关注学员的评论及他们的呼吸如何变化。

我们中的许多人将在城市环境中的教练室里接受指导，有些教练室可能没有窗户或自然光。我们的一些学员会在他们的教练室摆上植物，挂上照片，或者贴上有林地、乡村或海景的壁纸。伊芙有一块很大的彩绘鹅卵石，这是家人送给她的礼物，它像锚一样拴着她，让她想起了大海。不管教练室多么封闭，总有很多方法可以为更广泛的生态环境提供一扇窗户。

3. 打开窗户

伟大的精神分析学家卡尔·荣格讲述了一个关于病人的美丽故事，在这个故事里，尽管他做出种种努力，但在心理上仍然无法接近这位病人，而这位病人始终沉迷于她的理性主义和最好的知识。荣格发现自己希望有一些意想不到的和非理性的事情会出现，以打破她周围的知识泡沫。他写道：

> 前一天晚上，她做了一个令人印象深刻的梦，梦见有人给了她一只金色圣甲虫……当她还在给我讲这个梦的时候，我听到身后有东西轻轻地敲着窗户。我转过身来，看到一只相当大的飞虫正在拍打着窗玻璃……我立即打开窗户，伸手在空中抓住了这只昆虫。那是一只金龟子甲虫……它的黄绿色非常像金色圣甲虫。我把甲虫递给我的病人，并在一张纸上写着："这是你的圣甲虫——C.G. 荣格致。"

这一经历足以削弱病人的理性并成功地使病人开始接受治疗。在一次教练课程中，彼得也经历了一个戏剧性时刻，一只秃鹰被一只红色的风筝追逐而撞到教练室的窗户上。这个场景震惊了学员，为他开启了新的感觉和意识——既有在工作中被追逐的感觉，也有在野外被追捕的刺激，以及他是多么渴望拥有这种刺激！

当进入更广泛的生态环境的机会变少时，还有其他方法可以打开窗户。当一个人感到疲惫和资源不足时，一个有用的方法是引导可视化——请学员闭上眼睛，想象一个他们感到被养育和成长的自然环境。有的人想象的是最喜欢的度假目的地，有的人回忆起童年的一条河流或一片树林。我们鼓励学员在这种环境中体验，感受来自这个特殊地方的诸多元素的支持，包括大地的广阔、空气的清新、环境的美丽等。教练可以请学员发现这些地方是如何成为他们工作中更充分的资源的。2019年，霍尔德（Holder）提出了她用于创造性写作形式中的3个反思性问题。这些问题用于教练对话中也一样表现出色：

"这个地方给你带来了什么生机？"

"你认识身处此地的你自己吗？"

"这个地方对你了解多少？"

像这样通过"打开窗户"的方法，有的学员开始改变了上班路径，他们会走进当地的公园里"聆听树木"；有的学员计划利用周末在自然环境中进行有益恢复健康的散步、爬山和游泳；一位学员开始修复他的花园，还有一位学员自愿加入林地信托基金（Woodland Trust）。2019年，亨特（Hunter）、吉莱斯皮（Gillespie）和陈（Chen）对城市环境生活者实施的唾液生物指标研究证实了这一做法。研究表明，每天至少花20分钟在一个让我们感觉与大自然相接触的地方散步或静坐，会显著降低我们的压力荷尔蒙水平。

4. 户外教练

越来越多的教练人员在户外而不是在封闭的教练室里进行训练。很显然，这种户外指导在某些地方更容易实现，因此，签订协议时将这一方法包含在内非常重要。我们建议，如果你想包括这种可能性，你可以在第一次签约会议上就把它作为一个未来选项，并且要敏感地察觉学员对此有何反应。我们还认为，教练有必要在室内与学员建立一种足够专注和稳固的关系，这样就能在户外使工作保持在一个较少限制的环境中，教练和学员因此能够彼此并肩工作。

贾尔斯·哈钦斯（Giles Hutchins）写了大量关于适应未来型组织与领导力的文章，以及我们如何才能以自然运作的方式开展经营活动。他提供了以下关于户外个人教练的故事：

我一直在指导一家国际消费品公司的全球首席执行官兼创始人、所有者及品牌和运营（英国）总监。这家公司经历了巨大的发展，也体验了文化和员工的成长阵痛。在自然环境中及在他们办公室附近的城市环境中，我指导过这家公司的3位主要领导者（单独或一起）。基于自然环境的指导包括在田野和林地中行走，同时应用了来自自然界的关于生命系统的见解，以及组织如何经历转型时期（死亡/重生）的"自然隐喻"。自然界的季节（冬/春/夏/秋）适用于组织发展和个人领导力发展。生活的相互关系和不断变化的本质适用于组织所面临的个人和组织挑战。在这些以自然环境为基础的教练课程中，我还实施了体现和体验练习，以及冥想引导和在篝火旁深度聆听，以帮助整合学员的不同认知方式——直觉、理性、情感和身体智能。

结果是学员始终喜欢在大自然中而不是在他们的办公室附近参加教练课程，尽管这对他们来说意味着要花费一定的旅行时间。这种在自然环境中体验的洞察使他们能够对其生活的个人、组织和更广泛的社会生态系统中潜在的系统性问题有更深刻的认识。我亲眼看见学员们在有所收获时的欢欣时刻及心理阈值的变化，这在城市环境中不会发生得如此迅速和稳定。

贾尔斯的另一位学员凯瑟琳·朗（Katherine Long）——实际上她自己也是一名职业教练和督导——写道：

当你在自然环境中花时间思考你的目标时，你会感觉茅塞顿开。自然界提供了大量生动的隐喻，深刻地反映了人类的状况。每当我在大自然中提供或接受指导时，我相信深刻的变化会随之而来。这是一种回家的方式，也是一种治疗的方式。

莎拉·麦金农（Sarah McKinnon）——一位来自GP战略公司的同事——利用户外森林环境，在生态系统化思维、感知和存在方面指导和培养领导者团队。她讲述了下面的故事：

一群典型的领导者来到这里参加为期一天或更长时间的教练课程。当离开时，他们明显具有更完全的自我，并且莫名地变得更加生动鲜明，对自己的整体也有更加清醒的认知。

当带着真正的好奇心走过树林时，我们用林地的比喻来探究这些复杂的系统如何始终相互联系、进化、挑战、合作，以及为生存而战。学员们不费吹灰之力就进入了领导者对自己内属系统——工作、社会和身体健康——的认可和反思。

这群人在每天开始时就弯下腰来，然后高兴地跪在泥地里，去感觉那种存在与他们自己、群体、众多不同的人类社区，以及更广泛的生态环境之间的内在联系。

5. 自然辅助教练

许多教练人员还将指导的范围扩展到与其他哺乳动物的合作，如马（马辅助教练）、大象和狗。在这里，动物成为工作中的第三个伙伴。因为动物有发育良好的边缘共振，这种教练可以帮助学员离开他们控制语言中枢的大脑左半球新皮层交流和联系形式，并发现更多关于他们自己的交流、联系、建立信任和给出清晰信号等具体形式。

彼得的同事大卫·贾勒特（David Jarrett）写了以下有关将马用于教练活动中的例子：

马对我们的能量和意图的反应有助于我们提高自我意识，并了解我们如何应对挑战。它们就像一面镜子，让我们更好地理解我们如何在某个特定的时刻以一种非常吸引人且容易接近的方式"现身"。

通过马作为辅助教练，我们帮助人们学会真正注意到我们指令的接受者有何感受，从而理解我们到底说了什么、做了什么，或者留下了什么印象。

我们利用一匹或多匹马的反应来引导教练询问学员是否意识到自己身体的感受，例如，让学员注意自己的压力或焦虑，以及如何释放它们，从而成为一个冷静的支持型领导者。

这个课程可以释放界限、加速意识、激发新对话，比仅仅"思考"要快得多。因此我们称之为"与马共舞"。

大卫还利用他的大农场来帮助领导力发展，学习如何从大自然中进行生态系统化思考。他写道：

团队利用150英亩的自然生态系统、商业苹果园和乡村来讨论自然界里发生的挑战和困境。这些都与学员组织所遇到的挑战和困境有某种关联，有助于他们找到新的系统化方法来处理工作中的情况。例如，当树木被传染上灰死病，如何要求现在就做出决定，从而在一片茂密的野生森林中通过扑杀措施以保护未来的树木？这个问题引发了学员关于重组和裁员的争论。在这种情况下，通过将问题纳入一个与自然界关联的生态系统——如同任何业务一样——教练课程就会带来更大的好处。

学员们学会了如何关注复杂的生态系统组织（业务），欣赏其中的元素（团队）和隐藏的互动（文化和个性），以及与利益相关者的跨界关系。他们探索新的方法和行为，使他们能够与生态系统合作，更好地与组织中复杂的内属系统合作。

探索自然生态系统并就其遇到的挑战展开辩论，使学员们能够获得新的见解，并将这些见解融入他们的环境，以及积极地在业务中嵌入新的方法和行为。

贾尔斯·哈钦斯描述道：

在大自然中实施教练活动的关键是，当学员在大自然中行走或坐在篝火旁时，要为他们保持一个心理安全的空间。由于我工作的性质——生态系统领导力教练——我主动确保我们通过对话"与自然合作"（你可以说是"与自然交流"），利用不同的资源，如生命系统思维、复杂性理论、复杂适应系统、生物模拟、自然隐喻、存在、与生命系统领域的联系（亦称来源）、阈值和界限空间、深层生态学、生态心理学、组织生活系统和系统化可持续性。

本质上，安全实施的教练课程能够让我们更深入、更丰富地开展和分享内心感受。我相信这是我们获得关于自己、习惯、约束和盲点的真正关系视角的最强有力的方法。我还相信这也是让我们超越分离幻觉，从人类中心主义的机械论视角来看待自己、彼此和世界的一种强有力的方式。因此，我们从根本上解决了系统化问题。

通过基于自然的教练，学员获得了一种直接体验式的经验，即我们作为超越人类的世界的一部分，可以真实地感受到它的相互关系的本质。只有从这个角度〔1974年，成人发展心理学家克莱尔·格雷夫斯（Clare Graves）称之为"第

二层意识"，以及2014年商业专家弗雷德里克·拉卢（Frederick Laloux）称之为
"青色组织"]，我们才能确保视角得到拓展，才能超越当初给我们造成问题的
狭隘视角。

在大自然中，学员觉得自己更有能力进入脆弱的初始心理空间，在那里真正
发生深度愈合和转变。而在室内，这种心理深度空间的培养不可能如此迅速和安
全。以下是学员在结束自然辅助课程后给我反馈的一些词或短语：恢复活力、变
革性、充满同步性、深度放弃、放飞自我、深度连接、存在主义、转变世界观、
充电、揭示、振奋、重新连线。

我们的一位同事凯瑟琳·戈勒姆（Catherine Gorham）是一名教练兼督导，
她强调在与大自然合作时，教练和督导需要谨慎签约：

要注意"3C"原则——"签约（Contracting）、包容（Containing）和连接
（Connecting）"——需要在室内练习中有所调整，尤其是在隐私、情绪困扰或压
力过大的时候。

| 培养我们作为教练的生态意识

我们认为，变得具有生态意识是一个持续的过程，需要获得我们的朋友、教
练、督导和同行的持续关注和支持。这需要我们培养生态素养和生态意识。我们
不仅需要了解影响我们所有人的更广泛的生态和生态危机，还需要进行深刻的情
感自我反思。这样做的时候，我们可能会遇到各种各样的情绪，包括我们自己的
否认、拒绝、恐惧、悲伤、内疚和羞耻，这些情绪都与人类对地球——我们与如
此多其他有知觉生物共同分享的星球——的所作所为有关，以及与地球的苦难将
如何日益影响我们所有人有关。

什么是生态学？什么是生态学观点或认识论？

"生态"一词来自希腊语"oikos"，意思是家庭，代表整个地球家庭。卡
普拉和路易西将生态学定义为"对地球家庭成员——植物、动物和微生物——及
其自然环境——生物和非生物——之间关系的科学研究"。

生态学本身不是研究植物、动物和微生物，而是研究它们之间及其生态系

统的多向关系。如果科学启蒙的主导隐喻是机器，那么生态学的主导隐喻则是网络。

生态学的首位创始人之一是英国动物学家查尔斯·埃尔顿（Charles Elton），他在1927年写了《动物生态学》（*Animal Ecology*），描述了有关食物链和食物循环的各种网络，这些网络提供了许多不同物种的相互依存关系。他还引入了"生态位"概念——他把生态位描述为一种动物在一个群落中所扮演的角色，即它吃什么和被什么吃掉。从那以后，这个术语有了更大、更复杂的含义。

正是生态学为我们提供了内属系统的概念，我们曾在第3章中简要地讨论了这个概念，在那里我们讨论了个人生态位，其内属于社会文化生态位中，内属于本地区域和文化生态位中，而这些生态位反过来又内属于生物群落中。生物群落是影响其中各种生物生态系统的主要气候生态系统。生态学家描述了我们星球上的"八大生物群落"：热带、温带、针叶林、热带稀树草原、温带草原、灌木丛、苔原和沙漠。这些生物群内属于所有陆地生物的生物圈，盖亚理论家们认为生物圈与岩石圈（地球的岩石）、水圈（地球的海洋）和大气层（地球的空气）密切相互作用，形成"盖亚"，即地球内、地球上和地球周围的生态系统。他们认为盖亚是一个复杂的、进化的、有生命的有机体系统。

生态学是一个快速发展的跨学科研究领域，像许多强有力的概念和新范式一样，它拥有许多分支，但不是所有的分支都发展得很顺利，或者彼此之间都有交流。为了理解生态学在教练中的作用，我们只需要理解其中的几个概念：可持续生态学、深层生态学和生态素养。

可持续生态学的出现源于这样一种认识，即在地球历史上首次有一个物种——现代人——将我们星球上所有生命的生存置于危险之中。在这个被称为"人类世"的新时代，我们正在目睹第六次物种大灭绝，这是由大规模人口扩张、森林砍伐、农业发展、大气污染、地球生物资源被掠夺、人为气候变化和其他相互关联的过程造成的。"自20世纪70年代以来，脊椎动物的数量平均下降了60%"，森林砍伐率持续增长。可持续生态学认识到，人类的可持续发展与创造可持续生态系统是无法分开的。许多人认为，我们第一次创造了一个相互依存的全球生态位，现在需要发现如何维持一个相互依存的可持续地球。

深层生态学是1987年阿恩·内斯（Arne Naess）发明的一个术语，用于与"浅层生态学"相区分，后者研究的是我们的生态系统，就好像它们与我们自己是分离的一样，表现出一种以人为中心的关注，而关注的焦点是大自然如何能最好地为人类的利益而持续发展下去。

深层生态学不会将人类——或其他任何东西——与自然环境相分开。它将世界看作各种现象交织而成的网络，而不是孤立物体的集合。在这个网络中，各种现象从根本上相互联系和相互依存。深层生态学承认所有生物的内在价值，认为人类只是生命网络中的一个特殊环节。

深层生态学认为，现代人从可持续生态的破坏者成为生态健康的积极贡献者，实现这个轨迹逆转的唯一途径是意识上的根本转变：不再把大自然视为处于人类之外，把环境视为处于人类周围，而转而认识到自然和环境也是人类的一部分，而人类是更广泛的生态系统不可分割的一部分。

韦尔斯和麦克莱恩指出，"在过去的300年里，西方世界被一种范式所统治，这种范式的形成源于……18世纪的启蒙运动"，而这个启蒙运动与艾萨克·牛顿（Isaac Newton）爵士密切相关。他们观察到，作为一个笃信宗教的人，牛顿的"世界观被《圣经》深深地支配着"，这意味着"当人类被安置在地球上时，他被置于所有其他生物之上，他的角色是支配地球上的一切"。《旧约全书》和《新约全书》中所包含的"人"与动物王国和其他生物的分离继续弥漫在所有现代西方生活中。正如奈斯在1987年所写：

如果"自我"被拓宽和深化，以至于对大自然的保护被认为是对我们自己的保护，那么关怀就会自然地流动……就像我们不需要道德来让我们呼吸一样……如果你广义上的"自我"拥抱另一个存在，你不需要用道德劝诫来表示关怀。

生态素养不仅是对我们所内属的生态环境及人类与环境之间的关系有更多的认识——它也是一种元认知——从我们的视角来看，这是一种根本性改变。我们相信人类自然地逐渐成熟：从身体上的融合，到以自我为中心，到以社会为中心，到自我创作，再到全球范围内以人为中心，最后到以生态为中心。作为教练，我们迫切需要帮助更多人沿着这条道路发展，以达到以生态为中心的思维和存在方式。这迫切需要各种不同的"帮助型"职业"挺身而出"，成为解决方案中更有影响力的一部分，而不是成为导致我们需要被教练的问题的一部分，也不应过分强调个人主义、成长及人类和非人类世界之间的二元对立。

深层生态学主张的生态素养，不仅是概念上的，而且是情感上和具体的，它使我们克服了以下危险对立：自我和他人、我的部落和敌人、我的物种和其他我可以利用的物种、人类和低等生物、人类和自然。"他们"都是"我们"，"自我关心"现在需要拥抱整个世界。

生态意识模型

这个模型（见图8.1）由彼得·霍金斯和朱迪·赖德在2020年开发，最初为心理治疗师而设计，但是我们把它改编成了教练和学员的地图，以帮助我们进行深刻的情感自我反思和改变工作。如果我们要帮助他人发展生态意识的话，这个模型必不可少。

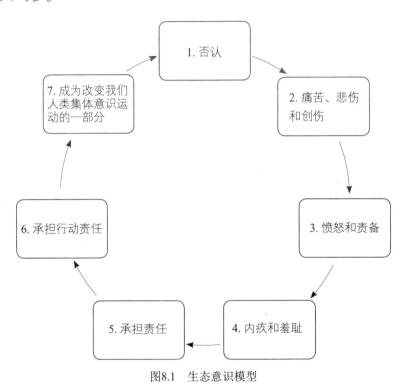

图8.1　生态意识模型

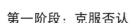

第一阶段：克服否认

面对全球生态危机的第一个障碍是我们个人和集体的故意视而不见。

乔西·麦克莱恩指出，"人类大家庭永远处于否认的状态，无法或不愿意实施我们知道必须采取的行动"。

卡普拉和路易西谈到"永久增长的幻觉"，并认为：

政治家和经济学家对无限经济增长的痴迷，必须被视为我们全球多层面危机的根本原因之一——如果不是最根本原因的话……在一个资源有限的星球上，这样一项事业的荒谬性是显而易见的。

"地球生态超载日"——在这一天，我们从大自然中获取的能量已经超过了地球一年所能更新的能量——从1999年9月29日移到了2019年7月29日。因此，为了理解生态学在我们工作中的作用，我们在教练中需要拿着"变焦镜头"——双光眼镜和单视觉镜头已经不够了。

温特罗伯（Weintrobe）和她的合作者对以下3种否认进行了区分。

1. **否定主义**。"包括由商业和意识形态利益资助的关于气候变化的错误信息运动。"它着眼于抛出怀疑和困惑，破坏对科学证据甚至对专家本身的信任。

2. **拒绝**。他们认为这类似于库布勒-罗斯（Kubler-Ross）的悲伤和哀悼阶段的第一阶段，即拒绝相信一个人已经死亡并接受损失。这是一个心理过程，保护我们免受尚未准备好面对的冲击或创伤。

3. **否认**。即我们自相矛盾地既承认正在发生的事情，又与这种认知相分离。"看到了它，但只用一只眼睛。"我们同时既知道又不知道，温特罗伯认为这是最普遍和最危险的否认形式。"这是因为越是通过使现实变得无足轻重或者扭曲来系统性地回避现实，就越是无意识地建立起焦虑，越是需要用进一步的否认来辩护。"查理·考克斯（Charly Cox）是英国教练，也是"气候变化教练"的创始人，该组织将行为改变的原则引入我们面临的环境问题中。他们使用教练工具将人们从"知而不做"的无能为力转变为应对气候变化的力所能及。

当我们努力进行各种形式的否定（包括拒绝和否认），通过媒体报道的一些自相矛盾的情况（及某些情况下的否定主义）找到自己的方式，并被我们所认识的人不断重复时，我们会发现我们不得不面对我们及人类对世界所做事情而产生的罪恶感和羞耻感。在这个阶段，我们很容易陷入分裂的辩护中，要么将所有的罪恶感投射到某些行业、政治家或国家身上，要么自己承担更多的罪恶感和责任。前一个反应过程让我们从受害者的角度感到愤怒——"都是他们"，后一个反应过程让我们产生被压垮的感觉——"都是我"。这是可识别的两种生存反应："战斗"和"冻结"。这两种反应在我们的客户中经常出现。我们将在第三阶段"愤怒和责备"和第四阶段"内疚和羞耻"中探索这两个对立面。为了限制这些扁桃体生存驱动的反应，我们需要获得空间和支持来体验悲伤和损失，记录正在发生之事的创伤，并解决面对于未来的恐惧。

第二阶段：当我们意识到对地球家园所做的一切时，解决痛苦、悲伤和创伤

个人渐渐地开始意识到我们作为人类对地球家园造成的悲伤。电影制作人、电视制作人和开明的作家、记者和艺术家正在通过开发精心设计的"闹钟"来帮助我们从沉睡和否认中醒来。像英国广播公司"蓝色星球"这样的节目帮助我们了解到，过度使用塑料并把它们随意丢弃将给海洋生物带来巨大的痛苦，海洋生物不得不在庞大的塑料垃圾中生存、陷入其中并消化这些垃圾。这些节目还展示了微型塑料如何进入食物链，影响到所有形式的鱼类和两栖动物，以及吃鱼的鸟类和人类。

我们再次强调，一些科学家将我们当前的时代描述为"第六次灭绝危机"，或者"人类世"——第一次由人类引起的灭绝危机，而不是气候和地质原因。

意识到我们作为现代人对地球造成的巨大破坏，并克服对我们造成的破坏程度的普遍否认，需要经历震惊、愤怒、悲伤、内疚、沮丧、失望和绝望的循环，然后我们才能真正融入这个超越人类的更广泛的生态世界。

这个过程越来越多地出现在教练室，有时是有意识的，但更多时候是无意识的。一些客户会讨论他们直接或间接目睹森林被砍伐、许多鸟类消失、空气污染、海洋中漂浮的废物时有多沮丧。有的学员担心他们公司的所作所为，以及供应链如何依赖地球上的不可再生资源；有的学员则担心他们的碳足迹会因为他们巨大的旅行里程数字而增加；还有一些学员会没有理由地悲伤，例如，为他们的孩子或孙子的健康忧虑，或者担心他们孩子的哮喘是由于学校离受污染的道路太

近，甚至焦虑于养育孩子是否正确或安全。

对我们星球未来的各种担忧是普遍的，都可以用一个词"生态焦虑"来概括。卡斯特罗（Castelloe）指出，这是"一种最新出现的心理疾病，困扰着越来越多担心环境危机的人"。佐伊·科恩认为，与其说这是一种可诊断的疾病，不如说是一种生态焦虑：

当我们与面临的现实联系在一起时，在经历损失和悲伤之后，正确而适当的波动状态不可避免——我们独自或一起努力克服它，并在我们授权行动时继续努力克服它。

第三阶段：愤怒和责备

有些人绕过悲伤的阶段，又回到"否认"的状态，因为悲伤太难承受，他们缺乏支持，无法表达自己的悲伤，也没有人能够听到他们的悲伤。其他人则从气候威胁和生态破坏的现实中觉醒，直接向他们认为对这场日益严重的灾难负有比自己更大责任的那些人表示责备和愤怒。对有的人来说，他们责备的是本国或外国的政治家；对有的人来说，他们责备的是碳燃料行业；对有的人来说，他们责备的是整个资本主义消费至上的文化。愤怒可以是一种健康的反应，最后导致深思熟虑的行动主义。愤怒也可以是一种回避反应的情绪机制，它让一个人将自己的责任投射到远处的其他人身上，最后导致我们进入了责备游戏和戏剧三角之中。在这种情况下，我们会把自己当成遭受外部迫害的受害者，有意识或无意识地等待被拯救。

第四阶段：内疚和羞耻

在此阶段，教练的工作是发展我们补偿自身破坏性的能力，以及承担自己因与生态破坏力量共谋以追求自身利益而负的责任。这涉及如何克服我们适当的羞耻感。朱迪·赖德在2009年指出，罪恶感需要我们去确立——我是否应该承担部分责任，我是否应该承认我的适当的罪恶感？当我们开始为自己作为人类对当地和地球生态系统造成的生态破坏承担一部分责任时，我们会有一种羞耻感；当我们开始为我们的消费选择、旅行、使用碳基能源，以及合谋对正在发生的事情给环境带来的影响视而不见时，我们会有一种羞耻感。我们作为人类（包括教练和学员）同样具有破坏性，而羞耻是一种有效提醒我们停止这些行为并鼓励我们修复所造成的任何伤害的感觉。如果我们无动于衷，也不采取补救措施，那么羞耻感就会变得难以忍受。正如我们之前看到的那样，远离羞耻感很可能会让我们再次否定。前面提到的生态意识模型显示了内疚和羞耻如何融入对生态危机做出适当反应的过程中。这些感觉可以加深我们对自己破坏生态的那部分责任的认识，并导致更加彻底地承担责任，这正好是此过程的下一个阶段。

第五阶段：承担责任

教练可以发挥关键作用，帮助我们不再对所消费产品的来源及其原材料、生产和运输的生态成本视而不见，不再试图合理化我们空中旅行的碳足迹，也不再试图合理化我们汽车或中央供暖系统的污染，而是正视我们自己的责任。只有睁大眼睛看到我们在集体破坏性中的角色时，我们才能做出反应，才能发展能力。只有到那时，我们才能制订一个适当的行动方案，从集体负罪感中承担起不多也不少的个人份额。

第六阶段：承担行动责任——在工作中找到更大的目标感

洞察力和承担责任都很重要，但光有二者还不够。"知道却不采取行动，就是不知道"，因为正如贝特森（Bateson）教导我们的那样，真正的学习不是从接受事实开始，而是从我们所做的不同选择开始。作为教练，我们需要避免没完没了的握手，避免陷入诸如"这不是很糟糕吗""如果……"或"那么你能做些什么来产生积极影响呢？"等这样问题的循环。我们每个人能采取的大多数步骤都很重要，但对我们大多数"特权西方人"来说，还远远不够。因此，这些行动只是一个起点，我们应该警惕它们成为各个行业"漂绿"其产品的个人等价物，从而带来一种虚假的自满，使我们重新回到盲目自大与恣意否认之中。

这一阶段也是为了帮助我们所有的客户在他们的生活中找到更大的目标感，就像询问彼得最喜欢的策略问题，"我能做什么，明天的世界需要什么？"我们知道，如果人们在工作中有更高的目标感，那么他们也就更有责任感、更成功、更有成就感，他们领导的组织也是如此。霍尔比切（Holbeche）和斯普林格特（Springett）对735名领导者进行的研究发现，70%的人在他们的工作生活中寻找更大的意义。该意义包括"与他人联系，有个人目标感，对真正重要的是和人类是什么有更深刻的理解……以及有社区意识"。

第七阶段：成为改变我们人类集体意识运动的一部分

我们不能仅为自己的行为负责。危机的解决无法依靠一个人采取一次行动就万事大吉。本书前面的章节已经指出，我们人类是不可分割地交织在一起并且相互依存的。在这一点上，我们就像佛教中所说的菩萨，他们认识到个体启蒙本身并不是目的，而是一种祝福，这种祝福使我们有必要回归，并使其他人也能打开他们的意识，解放他们的心态，成为改变人类意识的一部分。"你如何用你所学到的东西去帮助别人"，这个简单的问题对于这个阶段会很有帮助。

同样重要的是，作为教练，我们不能去评判、说教、宣传或让客户接受我们的生态学立场或信仰。首先，我们需要确保既不否认也不把生态危机归咎于他人；我们已经超越了悲伤和束手无策；我们一直睁大眼睛看着生态危机的现实。至关重要的是，我们已经在自己的生态意识循环中充分工作——在我们自己的失望、绝望、愤怒、悲伤、内疚中工作，这样我们就可以真正聆听和打开客户的深层生态感受与反应，而不会变得被动、主观或最小化我们内部和外部的东西。我们需要用"生态耳朵"聆听客户内部和周围的生态场，聆听他们的情感反应，以使他们能够在生态意识循环中不断移动，并在每个阶段和循环中实现更全面的拥抱生命的反应。

| 结论

在本章中，我们已经描述了如何识别每一次教练中出现的生态学，无论是否被意识到。生态学离我们并不远，生态危机也不是未来的事情；它就在此时此地。随着气候危机变得越来越严重，其后果也越来越明显，其影响将在每个组织中显现，这是每个管理者和领导者都需要解决的问题。作为教练，我们可以站在一旁收拾残局，或者像本章中引用的那些教练一样，让它成为我们工作的中心。正如本章所展示的，生态系统实际上可以成为我们思考、感知和系统化的最好老师。

回到本章开头佐伊·科恩的挑战："当地球气温升高3℃时，所有的教练人员都在哪里？"如果你未来的孙子在30年或40年后问你这个问题，你希望如何回答？你想告诉他们在你的教练生涯中，你做了哪些改变？那么，这意味着什么呢？意味着在我们自己的发展和今天作为教练的工作中，我们需要开始有所作为了。

我们建议你为自己选择一个生态发展的领域及一个你可以从我们描述的各种实践中获得的简单想法，并把这个实践引入你的工作中。我们不能再浪费时间了。

第 9 章

系统化小组教练、系统化团队教练及与更广泛系统的合作

| 简介

到目前为止，我们已经探讨了个人教练如何通过将系统和生态的方法引入教练过程中，让利益相关者和学员的更广泛的世界参与进来，从而在个人发展之外提供价值。在本章，我们将探索如何通过将系统化方法引入小组和团队教练，以及更广泛的领导力和组织发展来创造更多价值。

彼得经常问与他一起工作的团队，他们如何将内部会议的时间缩短一半，并将这些会议创造的价值翻倍。为了探究本章内容，我们可能会从一个类似的扩展目标开始：

你的组织或者你为其提供某种形式教练的组织如何将花在教练上的时间和金钱减半，而将教练对个人、小组、团队间工作、组织及其所有利益相关者的影响加倍？

让我们明确一点：我们并不主张任何组织将教练投资减半。毕竟，组织原本可以向更多的员工提供教练！相反，我们请你做的是，对我们做何种教练、在哪里做及如何做这些教练进行彻底的反思，以产生更大的影响和价值。我们请你应对挑战，并写下你将"停止做""开始做"和"继续做"的内容，前提是你是组织的教练经理，并且希望将投资减半而将影响翻倍。

停止＿＿＿＿＿＿＿＿＿＿＿＿＿＿＿＿＿＿＿＿＿＿＿＿＿＿＿＿

开始＿＿＿＿＿＿＿＿＿＿＿＿＿＿＿＿＿＿＿＿＿＿＿＿＿＿＿＿

继续＿＿＿＿＿＿＿＿＿＿＿＿＿＿＿＿＿＿＿＿＿＿＿＿＿＿＿＿

至此，我们已经提出，通过在签约和教练实践中更充分地关注学员的利益相关者的需求，教练有许多方法可以增加其影响和连锁反应。在本章，我们还将展示如何通过不同形式的团队教练，既能接触到更多的学员，又能激发同行间的学习和教练。然后，我们将继续探索如何通过将个人、小组、团队间、团队的团队、组织教练和领导力发展联系起来，以支持多个系统层面的变革。

| 系统化团队教练

无论是在字面上还是在实践中，团队教练和小组教练之间都有很多混淆之处。团队教练是在团队背景下对个人的教练，团队成员轮流成为焦点客户，而其他团队成员成为该个人教练资源的一部分。除了反思性学习之外，团队成员不需要有共同的目标或任务，并且成员很可能有不同的个人发展需求和重点。

在这一节中，我们将首先探讨团队教练如何更加系统化，更少侧重于个人。然后，我们介绍了团队教练在多个层面上提供学习成果和价值的许多变体和发展，并提供了基于项目的行动学习的例子，由经验丰富的个人和团队教练作为全球领导力发展计划的一部分给予支持，该计划在多个层面上为更广泛的系统带来价值。

无论采用哪种团队教练方式，都有可能从根本上增加受益于教练的人数，并拓宽在教练环境中学习和发展的可能途径。团队教练有许多种类，但并不是所有种类都使用广泛的发展模式，也不是所有种类的运作方式都具有系统化。

我们将团队教练分为5种类型：

1. 小组式个人教练

在小组式教练中，小组教练给每个小组成员一定的时间去探索他们所关心的问题。教练人员引导讲述者如何对提出的问题或挑战进行探索，其他成员很少投入，小组互动也很少，但小组成员确实从观察其他成员的教练过程中学到了一些东西。在对督导小组的分类中，布里吉德·普罗克特（Brigid Proctor）称这种类型为"权威小组"。

2. 参与式小组教练

与第一种类型一样，教练给每个小组成员一定的时间来讲述一个关心或感兴趣的问题，但会邀请小组的其他成员更多地参与反馈、分享他们的类似经验，对可能的选项进行头脑风暴式的探索。这样的环境可能很适合行动学习小集体和巴林特（Balint）小组，普罗克特称之为"参与式团队"。

虽然1和2这两种教练类型都拓宽了学习输入，但我们不认为它们是系统化小组教练，而接下来的3种类型——它们可以结合起来使用——都带来了系统化因素。

3. 系统化镜像教练

系统化镜像的方法将团队作为一个回声室，每个团队成员在这个回声室聆听所讲述的情境时，都会对他们所听到的动态产生不同的感受。通常，个人会认同所讲述"故事"中的不同角色，并对不同的系统化立场产生共鸣。这提供了一个"广角共情"的活跃实验室，通过这个实验室，在案例中起作用的系统化动态可以在小组教练室中获得不同的感觉和记录。有时，所讲述的动态会在小组中产生一个类似过程，小组开始产生冲突，而这种冲突正在所讲述的组织中酝酿。这种方法建立在对类似过程的理解之上——类似过程的概念最初由精神分析学家哈罗德·瑟尔斯（Harold Searles）在其1955年的著作中提出，并在督导过程中以及与督导小组的合作中发展了这一概念。

这种方法可以通过学员请求不同的小组成员——如他们的老板、团队成员、客户、投资者等——从不同的系统化立场听取他们的意见来得到加强，并从这个角度反馈其所听所感。

4. 系统化参与教练

除了将小组用作在所讲述案例中记录更广泛的系统化动态的反射容器之外，这个小组还可以在探索案例中得到许多技术方面积极和具体的使用。其中最有用的技术有：

1）在小组教练室里塑造外部系统

塑造是雅各布·莫雷诺（Jacob Moreno）在1889—1974年心理剧和社会剧发展中使用的一种开创性方法。

社会剧是一种处理团队间关系和集体意识形态的深层行动方法。社会剧的真正主题是群体。

我们进一步发展了这种方法在个人、小组和团队教练中的应用，不仅探索了学员团队或组织中的角色，还探索了其中的系统化动态。彼得和普雷斯威尔（Presswell）解释了这个过程：

它使用教练室里的人作为系统中实体（个人、小组、原则、目标等）的代表，并根据"真实感觉"将他们放置于空间中。实际上，只有两个因素在起作用：每个代表与其他代表的距离，以及他们面对的方向——无论是朝着同一点，还是彼此相对。然后要求每个代表报告他们在塑造角色时所经历的思想和感觉，而指导者可能会对系统的整体表现进行评论。

在最基本的层面上，让团队成员从他们的座位上站起来，（直率地）从不同的角度看待问题，这将充满活力和新鲜感。但是，将一个问题分解成几个组成部分，然后从系统的角度来看待这些问题，会带来额外的价值。采用新的视角后，实体之间的关系（不仅仅是实体本身）就会变得明显。当整个系统呈现在教练室里时，调整任一部分将如何影响其他部分就会变得显而易见，这样，以前看不到的暗示和可能性就能显现出来。

2）系统化排列

系统化排列是由贝尔特·黑林格（Bert Hellinger）在20世纪70年代根据他与德国第二次世界大战的犯罪者和受害者及其后代的研究发展出来的。在小组教练、教练督导和团队教练中已经形成了系统化排列，以帮助团队探索他们自己的动态和集体模式。惠廷顿将他们在系统化教练中的使用视为"强化客户并让他们从故事中解脱出来"的一部分。

黑林格的工作有许多理论来源，但他采取现象学的方法，避开理论，倾向于观察和承认当下经历的事情。

关注点是在更广泛的系统背景下探索自身问题的个人，这可能会持续一段时间，还可能包括更广泛的利益相关者和一些抽象元素，如组织的目的、价值、收入、绩效等。学员在空间上象征性地放置教练团队的其他成员（根据他们面对的位置及他们的站姿、坐姿、跪姿等），以代表他们工作系统的一部分。但是，也可以在没有足够空间的地方使用对象。人们可以使用定制的训练工具、日常用品、石头，或者绘制一幅图片。惠廷顿则使用隐喻来描述所涉及系统的多样性：

关于系统的一个有用的思考方法是想象春天的一朵白色蓬松的云。这是一个吸引人的图像，隐藏于云中的是各种各样的运动、互动和相互依赖。它的存在岌岌可危，易受气温、空气流动和人类干预所引起变化的影响。任何部分的微小变化都会影响到其他部分。

5. 系统化实验教练

在这里，团队教练过程利用了学员行为模式与他们为探索带来的情境之间所存在的相似之处，以及这些行为和反应的模式如何在学员与团队的交往中表现出来。我们大多数人都在自己的叙述自我（我们告诉自己和他人关于我们是谁，以及我们是怎样的人的故事），以及体验自我（我们是如何时时刻刻直接体验自己的，以及别人是如何在当下体验我们的）之间存在差异。卡内曼和西尔格展示了我们的叙述自我和经验自我是如何与我们大脑的不同部分相联系的。针对学员报告的他们在工作中的表现、他们自己的感受，以及他们在教练小组中的感受，小组教练可以请学员对这些感受之间的相似和不同之处进行反思和反馈。这里有一个例子：

学员："我总是忍住不说我想说的话。"

教练："你在这个小组中表现如何？"

学员："嗯，我一直在想我能说些什么来回应别人的处境，但是我觉得别人会说得更好。"

教练："在你的小组会议上也会发生这种情况吗？"

学员："是的，我不愿意挑战我的同事。"

正如我们在其他地方所展示的，洞察力和良好的意图不足以创造持续的变化，所以小组教练或小组成员也可以邀请个人尝试改变他们在教练小组中的行为模式。当变革和学习发生在有经验的教练室里时，它们都更有力量，通过使用这种方法，我们可以关注学员在这个团队中"此时此地"能改变什么，从而使变革回到工作中来。在这里举一个简短的例子：

教练："你想在这里挑战谁，但他阻止了你？"

学员："我不想挑任何人的毛病。"

教练："这听起来像是一直阻止你说话的原因。"

学员："没错！今天早些时候，我想质疑约翰。"

约翰："我很高兴你对我提出质疑。"

学员："你给人的印象是非常有自信的，但我怀疑这是否会导致你的团队成员没有进步。"

约翰：“谢谢你，很高兴知道我可能会失去团队对我的支持。”

教练（对学员）：“你觉得这样说怎么样？”

当学员都来自同一个团队时，也可以对他们进行小组教练。凯斯·德弗里斯（Kets de Vries）在其2006年的著作中提供了一个在完整的领导团队中使用小组教练的优秀案例。在这个例子中，团队的同事们还相互帮助制订教练日程——探索团队需要每个成员如何发展才能使团队更加有效。尽管团队背景下的小组教练可以成为团队教练的有益前奏或组成部分，但它与团队教练有着根本的不同，因为在团队教练中，主要客户是整个团队，而不是单个团队成员。

| 小组教练的不同方法

行动学习小集体类似于对一个小集体中的成员——人数通常在4~7个人之间——进行团队教练，轮流带来当前的挑战，由这个小集体中的其他成员和指导者（如果有的话）进行教练。在小组教练中，往往更强调个人；而在行动学习小集体中，更多地关注所面临的挑战。但并非总是如此，在这两种情况下，重点都是支持个人尽最大努力应对工作挑战。虽然所有的成员都可以从提交的个案中获得经验，但也不需要有共同的目的或任务。

行动学习可以理解为一种小组教练的形式。行动学习小集体的指导者需要接受如何指导团队的培训，并使团队成员能够使用指导方法与他们的同事一起工作。彼得·霍金斯在其2012年的著作中，有一个关于行动学习的概述：“在过去的60年里，行动学习已经发展出一系列的协议，小集体的指导者可以引入这些协议来支持学习小集体的获取和使用。这些协议包括：

- 共享广播时间的原则——每个人都有相同的时间提出问题，并有平等的声音帮助他人解决问题；
- 积极聆听；
- 避免给出建议和急于解决问题；
- 通过询问来打开正在探索的问题；
- 头脑风暴式分享类似经验（但不是解决方案）；

- 帮助问题提出者找到一种新方式来应对他们致力于尝试解决的问题；
- 在下一次会议上回顾在工作中尝试实施该行动时发生的事情。"

另一种在英国和美国的医疗服务中使用的体验式团队学习形式是"反思性实践团队"，这一过程借鉴了1966年巴林特的研究成果，以及他对医生反思性实践的发展。2016年，桑顿（Thornton）将这些描述为"轮流关注于某个特定成员在任何给定的时刻提出他们的学习问题，以寻求团队的帮助"。它们不同于行动学习小集体，因为并不期望每个成员都出席每一次会议，而且在成员论流发言时，提出问题的人与小组其他成员之间很少互动。评估也是有限的，整个教练过程只需"仔细聆听"。在彼得2012年的著作中，来自爱尔兰的外部教练玛丽·霍兰（Mary Holland）用一个小案例说明，她是如何利用这种方法帮助欧盟委员会在领导者之间培养教练文化的。

教练实习小组

在1976年至1995年间，彼得致力于研究学习团队和行动学习小集体，他起初感兴趣的是一种领导力发展形式，这种形式结合了这些学习模式的好处、领导者学习教练技巧，以及与同事、员工和利益相关者更有效的接触。为此，他开发出一种新方法，称为"教练实践小组"。与行动学习小集体一样，教练实践由来自组织不同部门的4~7个人组成。在这些小组中创造角色和人员的最佳组合非常重要，不仅因为这已被证明能提供更有效的团队学习和运作，还因为这限制了小组成员提供建议或试图解决彼此问题的可能性，因为他们不太可能了解背景或具备必要的技能。在彼得2012年的著作中，有一个例子是在安永（Ernst and Young）英国的领导力发展项目中使用了这种方法。

| 系统化团队教练

团队教练是目前发展最快的教练形式。《2016年里德勒报告》发现，58%的组织已经使用团队教练，28%的组织正考虑在未来1至3年引入团队教练，这意味着只有15%的组织没有打算在可预见的未来引入团队教练。系统化团队教练是一个动态模型，它汇集了过去35年中最好的教练实践，以及过去60年中最好的团队和组织发展，创造了一种将整个团队作为一个活跃系统并与其更广泛的组织和利益相关者生态系统进行合作的方式。

我们应该认识到，即使只是一对一教练，迟早我们会发现自己与团队、组织和更广泛的系统之间有间接地合作。这是因为个人教练不仅把自己带到教练活动中，还把他们所领导和工作的团队动态、他们所在的组织文化，以及他们所居住的更广泛的生态系统都带到了教练活动中。

系统化团队教练是一个"团队教练与整个团队一起工作的过程，无论他们在一起还是分开。其目标是改善他们的协同合作、集体绩效、利益相关者参与度、集体学习，并增加他们与所有利益相关者共同创造的价值"。

在这个定义中，系统化团队教练与传统的团队教练（第一级），以及将团队作为一个有限系统的团队教练（第二级）有很大不同。

第一级：传统的团队教练——将团队视为由团队中的个人所创建，关注于个人之间的相互关系以及个人对团队的期望。共识与和谐受到高度重视。个人和人际关系是焦点，而且对所有团队成员进行的单独教练和团队教练之间可能存在混淆。

第二级：将团队作为一个系统来教练——将团队视为一个活跃的系统，而不仅是其各个部分的总和。高效的会议、富有成效的对话与合作受到高度重视。团队动力是焦点。这种形式的团队教练经常发生在休息日和团队会议中。

第三级：系统化团队教练——将团队视为创造价值的存在，团队与所有利益相关者一起并为他们创造价值。它关注于团队为谁服务，以及利益相关者对团队的未来需求。"未来回溯"和"由外而内"的参与非常重要。团队与其更广泛的系统化环境之间的动态是新的焦点。

正是为了建立这种系统化团队教练方法，彼得在2011年写了第一版《领导力团队教练》（*Leadership Team Coaching*），并且设定了现在广泛使用的"系统化团队教练的五大科目模型"。

| 彼得·霍金斯的团队效能五大科目模型

此模型（见图9.1）是系统化团队教练的核心，它认为团队需要掌握所有五大科目才会有效。系统化团队教练人员和团队领导者必须能够在每个学科内部，以及这些学科之间的联系上对团队进行指导。

1. **委托**：我们是否清楚利益相关者对我们的要求？这些利益相关者可能是董事会、投资者、客户、组织工作所在的社区——因此委托有很多来源，你必须对你没有注意到的利益相关者非常小心。例如，当英国石油公司意识到美国东海岸的渔民是一个重要的利益相关者时，已经为时已晚。这是一个有关"第13个仙女"的例子，她代表着我们忽略的利益相关者，如果我们不邀请这些利益相关者参加聚会，他们就会回来纠缠我们。委托是关于如何理解我们的集体目标，我们"为什么"作为一个团队存在，我们的"存在理由"是什么，这是由我们合作的利益相关者决定的。

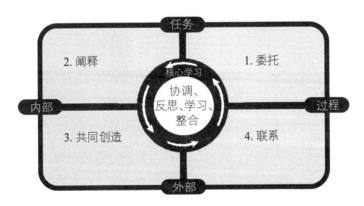

图9.1 团队效能五大科目模型

2. **阐释**：从你的利益相关者那里得到明确的委托还不够。一个伟大的团队会创造出自己的集体事业感，并提出这样的问题——我们在这里是为了共同实现什么目标，这个目标是我们无法单独实现的。"我们团队的关键绩效指标是什么？"它们不是我们个人的关键绩效指标，而是我们的集体目标和职责。我们如何不仅发挥职能作用，而且对整体做出贡献？阐释就是关于我们作为一个团队需要做"什么"。

3. **共同创造**：我们"如何"以一种有生产力的方式一起工作？我们如何召开会议？不仅是交换预先准备好的想法，而是一起产生新的想法，而这些想法在我们进入教练室之前是没有的。

4. **联系**：伟大的团队不仅是那些有良好内部会议和良好关系的团队。他们创造的真正价值在于如何与所有利益相关者（客户、供应商、投资者、赞助者、社区和更广泛的环境）进行外部接触和合作。重要的是，每个团队成员能够代表整个团队，而不仅是他们的职能。

5. **核心学习**：如果一个团队在最初四个科目取得了成效，那么它在今天的游戏中会变得越来越成功。

然而，在这个呈指数级变化的世界里，每个团队都需要不断地提高自己的能力，以应对未来不断增加的挑战和复杂性。团队需要专注于个人和集体的学习。团队成员需要关心的是，我们怎样才能用更少的资源完成更多、更高质量的事情，以及团队如何变得更加敏捷和更有弹性？团队需要抽出时间来思考和反思自己的发展，探询如何提高集体能力。此外，团队如何成为所有成员学习和发展的源泉？

将利益相关者的声音引入教练室

我们已经探索了个人教练如何与学员合作并关注其利益相关者的不同方法。这些方法对于团队教练同样至关重要。在团队教练中，我们不需要将团队视为我们的客户，而是我们的合作伙伴，团队和教练都要关注团队为谁服务，以及这些利益相关者需要什么。

经过40年对许多不同团队的指导后，彼得已经不再只专注于创造"高绩效团队"，而是与团队合作，帮助"他们如何与所有利益相关者一起合作并为其不断地共同创造价值"。基于团队内部正在发生的事情，这远离了一个固定的最终目标或终点，并提供了一个动态的、相关的和不断变化的焦点，即团队与他们的利益相关者共同创造价值。

这意味着团队教练必须关注于"未来回溯"和"由外而内"，并将未来的声音和众多利益相关者的声音引入教练室。彼得区分了让利益相关者参与团队教练的3个层次：

1. 引入从众多利益相关者收集的数据。

2. 引入利益相关者的声音，站在利益相关者的立场上，以他们的身份说话。

3. 引入团队和利益相关者之间的实时关系，并实时指导这种关系。

这些需求的组合可用于与发起人和"看门人"签订团队教练的初始协议，也可用于以后与整个团队的协议签订和整个教练过程，以及重新评估所取得的进展。

在第5章和第6章中，我们描述了IDDD协作循环的探询、对话、发现和设计的过程。在团队教练中，在与整个团队签订完整协议之前，这个模型是一个必要的开始阶段。不过，在本章，我们最好称之为"共同探询、对话、共同发现和共同设计"，见图9.2。

在团队和团队教练中，将协议视为分阶段完成工作的持续和关键的因素，这一点尤为重要。虽然如前所述，最初的参与及由此引发的探询过程在开始可能会涉及许多人，但在探询过程完成后，更全面的协议需要整个团队的参与。在整个签约过程中，将多方利益相关者的意见纳入教练过程的规划和执行至关重要。

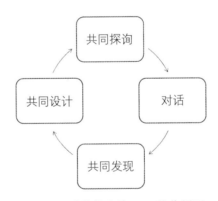

图9.2　团队教练中的IDDD协作循环

探询阶段：初始协议

对于最初的探询过程，在提出团队教练请求后，签约可能包括探询一些具体的问题以获得相关信息。如果团队教练随后决定继续探询，那么探询将继续与利益相关者进行，包括团队成员。

我们可能会探询以下一些问题：

- 现在寻求团队发展的原因是什么？为何要提出团队教练的请求？

- 这个小组或团队以前尝试过哪些方法？哪些方法有效？哪些方法可以采用不同的方式实施，以获得更好的效果？

- 教练干预是谁的主意？团队成员是否参与了这一决策？如果没有，谁将获得他们的支持？如何获得？

- 这个小组或团队的利益相关者是谁？在他们的世界里发生了什么，他们要求这个团队去做什么？团队或利益相关者公开谈论了什么内容，哪些内容他们不谈论？

- 对团队和小组教练有何理解？

- 我们如何知道教练干预对团队、领导层/管理层/董事会、团队成员、客户和其他团队利益相关者是否成功？我们可以使用哪些措施？

在这一阶段，如果组织想要向前发展，在进入下一探询阶段之前，还必须涵盖更多传统的协议主题。这包括关于保密的讨论——根据公司自己的规则和程序，公司对你有什么要求？这可以接受吗？如何进行汇报，向谁汇报，由谁汇报？我们将如何接触相关的个人和材料？重要的是要同意业务条款，包括延期或撤销的安排。此外，还要就将要采取的方法和可能发生的事件达成一致。

探询阶段的下一部分对于更好地了解团队背景至关重要，主要有：

收集关于团队、其绩效、功能和动态的相关数据和印象；团队成员及其关系，以及集体团队与其委托者和利益相关者之间的关系。

这可能涉及诸多因素，包括与团队成员的半结构化对话会议，以及与团队主要利益相关者的对话式访谈。

团队教练探询过程通常还包括某种形式的问卷，其目的是从每个团队成员和一系列外部利益相关者那里获取观点。我们可以利用多种360度反馈问卷，例如：

1. **高效团队问卷**。团队和利益相关者可以提供和接收有关五大科目集体表现的反馈。

2. **团队连接360**。可以收集和分析来自所有团队成员和广泛利益相关者的反馈。

3. **团队诊断调查**。基于作者认为对有效团队至关重要的6个条件。（见附录中

的相关案例研究）。

这些反馈工具提供的数据都包括团队如何看待自己、利益相关者如何看待团队，以及这两个群体对团队的期望。系统化团队教练和团队可以共同探索并利用这一点来共同设计团队教练之旅。问卷还可以用来评估和重新设计6个月、9个月或1年后的团队教练。

我们也可以使用心理测量分析工具来帮助团队理解其多样性。

彼得·霍金斯在与团队分享反馈之前问了3个问题，以确保一开始就引入了协作探询的意识：

- 你希望从反馈中找到什么？

- 你害怕发现什么？

- 你希望反馈帮助你回答哪些问题？

在分享和探究反馈数据时，应允许所有成员成为积极的探询者，以发现团队当前的认知和效率、需要什么，以及团队发展需要什么。为了确保利益相关者的声音无处不在，我们使用类似于下面的问题，并让团队成员根据他们听到的内容产生他们自己的想法，然后邀请他们扮演各种利益相关者的角色，将挑战反馈给他们的同事。

如果……团队教练对我们个人来说是成功的。

如果……团队教练对我们团队来说是成功的。

如果……团队教练对我们的组织（董事会、管理团队等）是成功的。

如果……团队教练对我们的客户/顾客是成功的。

如果……团队教练对我们更广泛的利益相关者是成功的。

……

我们还将要求学员考虑如何继续让利益相关者参与进来。这可以通过定期与他们联系，邀请他们参加部分会议，以及分享一些反馈数据和正在进行的工作来完成。

整个团队协议探询阶段

这使我们进入了下一个部分"签约阶段"。第一步是签约，即我们将与整个团队合作，我们将如何最有效地工作和合作。这包括我们如何聆听和关注彼此，以及我们如何有效地解决各种挑战。重要的是，要将此作为一个集体对话和发现会议来执行，以确保所有成员都参与进来。因此，话题可能包括手机的使用，确保每个成员都有平等的发言时间，以及确定保密对于团队的意义。它还包括考虑我们如何将利益相关者的声音引入会议室，以及我们何时及如何向更广泛的组织反馈。它将考虑我们如何保持外部焦点，并包括对我们所认同的道德准则的讨论。

签约的第二个要素更具体地涉及我们的系统化工作方式。当我们与整个团队会面时，我们会就团队教练过程的结果，以及我们用于实现这些结果的计划（包括实施方案）进行合作。我们还需要对利益相关者的持续参与，以及他们是否加入持续评估达成一致。

教练联系——教练关系、团队教练团队、团队间教练、教练关键合作伙伴

在第2章中，我们引用了一位首席执行官的话，"我有很多教练人员来指导我的员工，也有很多顾问来为我所在组织的各个部门提供咨询，但我面临的所有挑战都在于如何将他们彼此联系在一起"。而且在第2章中，我们还展示了由于数字化、机器人化、人工智能和外包，大多数大型全球组织在未来5至10年将减少员工数量，但他们都认为他们必须与更大、更复杂的利益相关者群体合作。因此，领导和教练的挑战是将焦点从个人和组织内部转移到外部的联系和伙伴关系。与其去指导那些谈论"关系的个人"，还不如让他们需要做出改变，这样我们就可以花更多的时间来指导教练室里双方的实际关系。这意味着教练能够关注至少4个客户：关系中的两个或更多的人、本身作为一个系统的关系、他们都为之工作的组织，以及组织的利益相关者。

教练如何满足组织发展和转变

彼得曾将系统化团队教练描述为"教练和组织发展的共同产物"，但现在他

认为，系统化团队教练和组织转变正在催生一种新的团队教练水平，超越了前面提到的3种，这在彼得2017年的著作中有所描述：

第四级：生态系统化团队教练认为团队与其不断变化的生态系统在动态关系中共同进化并共同创造共享价值。生态系统化教练侧重于团队和其他相关团队之间的相互作用（团队间教练），组织的战略创建，包括其更广泛的利益相关者（教练策略制定过程），在组织内部和跨企业网络（教练网络）发展团队文化，或使人们和组织一起追求共同目标的伙伴关系（教练伙伴关系）。

彼得在2017年的著作中，探索了需要生态系统化团队教练方法的新机遇和挑战的爆发。这些包括我们如何将系统化团队教练应用于初创企业、创新和敏捷团队、现有业务中的边缘团队、不同部门内和跨部门组织之间的教练网络和伙伴关系，以及我们如何建立一个"团队的团队"的方法，帮助各团队之间开展协作，使它们成为超过各部分总和的团队，而不是孤立的高绩效团队。完成这些事情的例子也可以在彼得2018年的著作中找到。

| 将个人、团队和团队教练与领导力发展相结合

在亨利商学院的研究报告《未来领导力探索及当今领导力发展必要变革》（*Tomorrow's Leadership and the Necessary Revolution in Today's Leadership Development*）中，彼得写道，领导力发展中将太多的注意力仍然集中于创造20世纪的个人主义英雄领导者，而不是21世纪的合作型领导者。在过去的40年里，个人教练极大地帮助领导力发展从教授领导模式转变为个人将这些模式应用于自己的工作挑战。它有助于从过度关注智商转向关注情商或领导力的情感方面。为了推动领导力发展的下一次革命，教练需要帮助领导者开发"众商"（WeQ）——集体和协作智慧——并将个人、团队和团队教练融入领导力发展计划中，这些计划的基础是不仅向学员，而且向其领导力的当前和未来利益相关者提供价值。以下案例研究来自一家美国公司的全球项目，汇集了我们的同事大卫·马修·普赖尔（David Matthew Prior）所写的许多素材。

组织的客户环境

客户是一家领先的美国跨国消费品公司。我向参加行动学习项目（Action Learning Project，ALP）的12个人的团队提供一对一和团队教练。其重点是将改善撒哈拉以南非洲农村的医疗保健，作为领导力发展项目的核心要素。

高层领导提名了高潜力领导者，项目包括四个为期两周的单元，在一年时间内完成，包括由美国一所商学院提供的领导力、战略和设计思维课程。第一单元在美国举行，第二单元在非洲和印度举行，第三单元在中国举行，第四单元（"最终陈述周"）在纽约举行。团队成员来自不同的居住国或原籍国（澳大利亚、中国、印度、墨西哥、俄罗斯、斯洛伐克、美国），职业（客户开发、财务、人力资源、信息技术、营销和供应链管理）也不尽相同，呈现出全球多样性。这个团队由一名内部教练进行指导，我作为外部教练对其负责。在行动学习模块的现场实践期间，我与团队一起在美国、非洲和中国旅行。

起步于纽约：教练基础

除了团队教练之外，每位成员还接受了4次一对一教练，并应要求接受了临时情境教练。其中有一个初始教练课程，听取每个团队成员的360度反馈数据及各种心理测量报告，以确定发展型领导力教练的目标。第一单元中的团队活动侧重于阐释价值观、建立团队规范和通过非正式聚餐进行同伴社会化。在完成第一单元之后，我要求每个团队成员的直接经理就个人的领导力发展需求提供意见。

在非洲农村的道路上：激活利益相关者的投入

在第二单元，我实施了一个团队诊断调查，基于以下6个条件：真正的团队、令人信服的目的、合适的成员、健全的结构、支持性环境和专家指导。符合条件的团队表明这个项目设计得很好，选择了合适的成员。在支持性组织环境中，团队的自我评估较低，因此我向团队探询他们将如何从项目发起人那里获得利益相关者持续的意见。团队很快开始规划内部发起人的利益相关者战略。

外部利益相关者战略被纳入现场实践计划中：团队已经对撒哈拉以南非洲农村的消费者进行了家访，在一家非洲研究咨询公司的支持下与他们开展了重点团队活动，包括对当地中小学进行团队访问，会见儿童，了解卫生保健教育方案，访问当地经销商和贸易组织，与国家卫生部部长举行会议，并与在非洲有共同商业和社会利益的其他跨国公司进行会面。在第二单元中，执行教练同每个团队成员都进行了非正式的途中谈话，以分享他们各自经理的反馈和意见。

相聚在中国：团队内部动态

在与内部教练讨论后，第三单元中的团队教练工作包括冲突管理策略，使用了托马斯·基尔曼（Thomas Kilmann）冲突模式工具。团队通过此工具审查各自的冲突风格，以评估协作和自信的水平。每名学员都在教练室的不同地方表明他们的冲突风格，使他们对冲突风格的模式有一个系统化团队内部观点。团队还利用彼得·霍金斯的"红牌绿牌行为"获取同事反馈：两张绿牌用来表示你想感谢同事的行为；一张红牌用于表示你希望同事放弃的行为。一些领导者表示反对，他们认为这项任务对于他们的水平来说太过幼稚，并认为关键绩效指标比应用反思性学习实践更重要。幸运的是，其他团队成员通过模拟反思性准备并坚持到底，顺利完成了这项工作。这促使整个团队正式或非正式地找到了自己的方式来完成反馈任务，这也是第二单元中"同事开发"的一个亮点。

协同合作：促进相互依存

在这整个一年时间里，我们都安排有虚拟的个人教练课程，每两个月举行一次虚拟团队会议，以了解行动学习项目的进展、责任和可交付成果。我参加了大多数团队电话会议，并对观察到的团队会议提供有效性和学习成果方面的反馈，这些反馈确定了在会议期间加强相互依存性的协作需求。成员们从提供信息转向提供咨询、协调、联合决策，最后转向集体工作。这提供了向更高水平的集体参与、激励和产出的转型。

回到纽约：成果与学习

到了第四单元，在行动学习团队和项目结束时，我们向主要利益相关者（组织执行领导）正式介绍了调查结果及提议的解决方案。在此之前，我与团队一起进行了行动前评估（Before-Action-Review，BAR），并在完成行动后评估（After-Action-Review，AAR）后做了最终陈述，以收获团队领导力学习成果。

每位学员都完成了一份教练发展计划，包括初始目标、所获成果、个人学习和后续步骤。学员将与他们的经理分享这个计划，并由经理对计划的进展情况进行评估。此项目得到了管理层的认可并获得了成功。

惠及多个利益相关者群体的项目成果

- 卫生保健综合解决方案是多层面的，并在真正重要的方面尊重了非洲农村居民：日常生活、水电供应、土地依恋、连通性、健康与美丽、传统与教会的重要性、经济福利及创业精神。
- 行动学习团队制订了一项在撒哈拉以南非洲地区负担得起、可获得及可扩展的计划。
- 团队的战略包括个人联络点及与多个利益相关者团队的战略社会化，满足了组织对跨国家、部门、地方办事处、分销商和客户团队的整个系统集成的需求。
- 执行领导层获得了关于其全球人才库领导能力的更多知识和不同视角。
- 团队成员在他们的个人发展计划中报告的学习成果包括：发展了全球思维模式；提高影响力和谈判技巧；培养了领导能力；学会了如何将领导团队从前面转移到从侧面和后面领导；通过同事内部反馈循环创造领导力发展价值；通过放慢语速和少说话来提升聆听能力；养成在行动前记录并反思的领导习惯。

教练团队学习的重点：

- 在组织利益相关者之间校准外部教练参与的合适人数和一致性。
- 提高教练有效性、进展和学习成果的持续评估标准。
- 如何发展内部和外部教练伙伴关系，以最佳方式服务于组织利益、目标和价值创造。
- 意识到在整个项目中如果没有我自己的教练督导，将会给学习机会和流程带来损失。这一点现在对我来说更加明显，因为我正在和一名教练督导一起工作，并且正在参加教练督导认证。
- 意识到当今和未来的成功团队需要敏捷、横向的团队合作，共同承担领导责任，以激发交叉学习和协作。

结论

教练活动如果想"在个人之外传递价值"，那么它必须成为基于企业及其利益相关者未来需求并经过深思熟虑的教练策略中的一部分（见第4章）。它不仅需要将利益相关者的声音引入教练室，还需要探索直接指导个人客户和其他重要人员之间联系的方法。正如我们在本章中所展示的，它需要阐明何时使用个人教练、小组教练、团队教练、系统化团队教练，以及使用更广泛的生态系统方法。

与此同时，我们看到教练技能被重新内包（见第1章），教练越来越多地由经理和团队领导作为"一切照旧"的一部分来执行；我们看到教练融入了集体事业的其他方面。它已成为大多数领导力与管理能力发展计划的关键部分。而且，它还成为组织发展和文化变革干预的一个关键方面，有时已被纳入收购和合并过程。

对于教练来说，这是激动人心的时刻，因为它超越了保密的一对一关系，延伸到组织和企业中更广泛、更复杂的部分。但这需要教练人员积极进取，需要督导者训练有素，经验丰富，需要教练培训拓宽课程。

正如鲍勃·迪伦（Bob Dylan）在歌曲中所唱的，时代的确在改变。

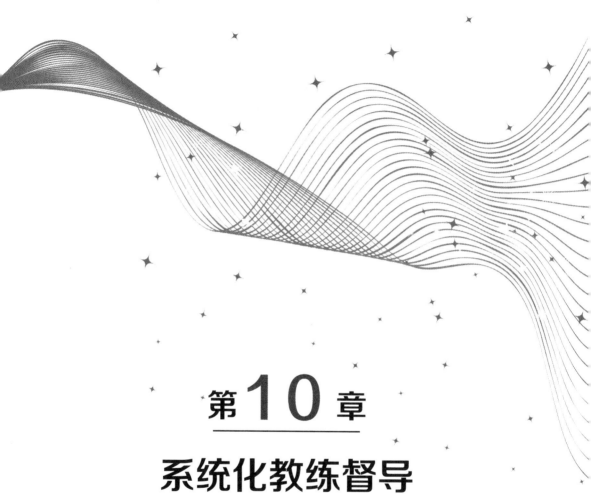

第 **10** 章

系统化教练督导

| 简介

在本章，我们想探讨系统化教练督导如何使教练督导得以增强。

为了支持我们对这些问题的讨论，让我们一起从对话式探询开始。请完成下列句子：

1. 我关于督导的一个问题是……

2. 我认为督导的目的是……

3. 我的客户（个人、团队和组织）会认为督导的目的是……

4. 我从教练督导中受益匪浅，改变我实践的一个例子是……

5. 我的客户从教练督导中受益匪浅，他们在这方面的一个例子是……

6. 更广泛的利益相关者从教练督导中受益匪浅，在这方面的一个例子是……

7. 我通过以下方式确保督导学习融入我的实践中……

何为教练督导？

回顾文献，在2019年特纳和帕尔默（Palmer）认为督导有以下6个共同主题：

1）为我们提供全新视角。

2）关注我们所做工作的质量并确保安全实施。

3）关注我们如何在个人和职业上发展自己。

4）要求我们培养高度的自我意识，并努力完善自我（因为我们是"工具"）。

5）涉及许多方利益相关者及相互连接关系（包括系统化工作），而不仅是教练和督导之间创造了什么。

6）需要我们重新寻找教练、导师、领导者和督导者。

以上主题再次强调了结合质量、发展和资源配置功能的"督导三方模式"。

我们认为，作为系统化教练，督导在我们的实践中起着至关重要的作用。

督导不仅由督导者来执行，而且由督导者、被督导者及挑战与教训——这些挑战与教训更多且更经常地来自工作和生活中——组成的三角关系来执行。督导可能会陷入让被督导者成为客户的陷阱中，而最终导致督导者有效地对教练人员进行了教练。督导者需要把与学员一起做的工作，以及学员带来的和通过学员带来的工作作为首要关注点。

教练督导的发展

2014年，我们对教练督导的发展和传播进行了国际研究，以了解自彼得和施文克（Schwenk）在2006年首次研究教练督导以来发生了哪些变化。督导部分有428份回复，显示从2006年到2014年，在英国定期接受督导的人数有所增加，从44%上升至92%。欧洲其他国家整体得分也很高，接近81%。对于美国和加拿大，只有不到一半的人表示他们接受过督导，这表明教练督导的发展状况与2006年的英国大致相同。研究发现其他国家和地区的督导参与度较低。所有的研究都提出了警告：例如，参加督导的教练人员倾向于属于专业团队，因此更有可能说他们从事的活动对某些人来说有会员资格的要求。

督导的目的

阅读到这里，请停下来问你自己："督导为谁服务？"

我们列出了以下督导服务的对象：

1）被督导者/教练及其正在进行的学习和发展。

2）继续学习和发展的督导者。

3）被督导者教练任务的质量。

4）被督导者当前的个人、小组和团队客户。

5）被督导者的组织客户。

6）被督导者未来的个人和组织客户，他们通过反思和发展不断开发自己的能力。

7）个人客户的利益相关者，他们的团队、同事和组织，客户的家庭、社区及更广泛的生态等。

8）组织客户的利益相关者——客户、供应商、投资者、员工等。

9）被督导者可能属于的组织及其利益相关者。

10）教练职业，其本身必须在所有层次上通过反思实践而不断学习。

这并不是一份详尽的清单，尽管听起来可能会让人筋疲力尽！那么，我们如何通过合作确保为所有这些受益者服务呢？

| 使工作成为首要关注点

我们已在本书里表明，系统化教练要求我们必须认识到，作为教练，我们只是合作的任何系统中的一部分，这个系统是一个关系系统的二元结构，包括由教练、学员和他们一起合作完成的工作所形成的各种教练情境。我们很难意识到这个由我们共同参与并创造的系统动态，这也是督导都是必不可少的原因之一。

因此，不管是在对教练的培训中，还是在教练的整个实践过程中都需要有督导环节。我们对此的看法不断得到我们自己的教练督导经历及督导合作经验的支持。

我们还展示了教练需要在一个复杂的内属系统网络中工作，在这个网络中有不同的利益相关者，有时会出现冲突的需求。我们发现，在督导实践中，教练经常提出的问题不是关于个人教练关系，而是关于他们如何恰当地管理与教练主办组织、人力资源购买者的关系，或者如何完成多方利益相关者的签约和审查会议（见第5章）。特纳和克拉特巴克2019年的研究表明，在管理和商业领域工作的督导者不得不认为，接受督导的案例中有一半以上（51%）与他们同客户的原始协议有某种联系。

以下是从我们在督导过程中经常遇到的众多案例中选取的一般场景。这些场景都是真实发生的事情，为保密起见，我们已经改变了其中的一些要素。

场景1：教练需要支持客户完成被描述为"绩效指导"的特定结果——基于从各利益相关者收到的"对客户感到不满意"的反馈。在教练计划结束之前，客户会被降职或"解雇"。

场景2：教练计划已经开始，而且进展似乎很顺利。此时电话铃声响起，作为教练发起人的人力资源部门来电！他们会问进展如何、你在做什么、客户在谈话中的参与度如何。当你提到保密时，他们似乎很生气！

场景3：教练担心客户，因为他们看起来压力很大，不吃不睡，无法放松。这会影响他们的工作表现和工作之外的关系。教练承诺保守秘密。

场景4：客户觉得他们除了一天工作16小时以外别无选择，或者只能辞掉高薪但要求很高的工作。企业文化是这样的："要想取得更大的成绩必须付出更多的努力。"为了获得更多平衡——如与他们的家人和朋友见面——客户认为他们的选择要么是"留下"，要么是"辞职"。听到客户的承诺后，被督导者也在努力寻找替代方案。

正如前面的一些例子所示，一旦我们拓宽视野，专注于将价值从个人传递给更广泛的利益相关者，道德考量就会变得更加复杂和多层次。我们将在第11章中专门讨论这个问题，并将特别关注于道德，但在本章中，我们将展示教练督导本身不仅必须建立在系统化基础上，而且要注意在一个包括教练、督导者、更广泛的系统，以及教练职业的系统中如何发展管理复杂情况和冲突需求的能力。

2011年，彼得基于以下四大支柱定义了系统化教练督导：

- **从系统化角度获取信息。**
- **服务于系统学习和发展的各个部分。**
- **关注客户的系统化环境。**
- **作为系统化领域的一部分，包括教练和督导并对其进行反思。**

因此，我们看到，系统化教练督导与系统化教练均建立于相同的原则之上。系统化教练督导的核心是认识到我们看不到任何系统——无论是个人客户、团队，还是他们所属的组织等——都没有以某种方式成为我们所看到和理解的系统的一部分。其次，我们也看不到我们所属的整个系统，只能看到它在我们的视野中出现的样子。

理解这一点至关重要。许多教练不理解这一点，在找我们进行督导时就会受到影响，他们会认为自己在教练工作中"无须议程"。这是不可能的。我们都有一个议程，这不仅是在作为领导者、教练和督导者的谈话中，我们会问哪些问题及选择哪些关注点。我们当前和历史的背景（包括家庭、社区组织文化、生态）均内属于我们之中，并形成了我们在这个世界上的看法和行为。我们（彼得和我）曾谈论我（伊芙）书架上的一套乌克兰的"俄罗斯套娃"，还谈及它们的历史如何与我的家族历史联系在一起，其中的背景包括逃离迫害并移民到一个新的国度。如果最小的套娃代表个人，那么每个较大的套娃代表我们所内属的系统层次。更难理解的是，较大的套娃也嵌入和内属于较小的套娃中。我们的家庭、社区组织文化、生态都内属于我们体内，从而形成了我们在这个世界上的样子。

因此，督导有助于我们认识到：我们对客户、教练关系及其背景的看法是由社会构建的，并通过我们自己看待世界的方式进行过滤，这是我们与众不同的独特"镜子"。教练督导的七眼模型（见图10.1），最初于1985年被开发出来，然后为帮助型职业及教练督导行业的督导者做了进一步发展，并作为其他模型的一部分，如全频谱模型，这是一个关注这些系统过程的系统化教练督导模型。它通过描述三个重叠的系统来做到这一点，即教练系统、督导系统，以及两者都存在的更广泛的系统。

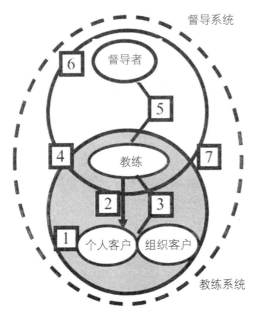

1. 个人客户情况，组织客户情况
2. 教练干预
3. 教练关系
4. 教练
5. 督导关系和平行过程
6. 督导
7. 更广泛的环境

图10.1　教练督导的七眼模型

为了完成教练督导的七眼模型中的前四种模式，我们建议你想一想在过去一年中发现的具有挑战性的客户情况，以及你认为可以从客户情况中学到更多东西的地方。你只需要花几分钟想想客户。请闭上眼睛想象他们，或者听他们的声音可能会有所帮助。注意你身体里产生的任何感觉。

在**模式1**中，督导者帮助教练描述发生在教练过程中的事情，以便对这些客户情况进行探索，并梳理出他们故事中发生的现象，包括教练的反应。因此，在考虑客户的同时，想象一下重放一个会议中几分钟的视频或音频。问问你自己，客户看起来或听起来像什么，他们如何走进教练室，他们的眼睛在看什么？作为

"墙上的苍蝇"，你会看到、听到或注意到什么？当把客户带进教练室时，我们也试图这样做——不做任何判断，所以我们将客户剥离回不做任何解释时所看到、所听到或所感觉到的情况。这可以帮助我们找到当时没有注意到的要素。

现在我们转向**模式2**，在这个模式中，督导者帮助教练反思他们当时使用的干预措施，以及他们过去或现在正在考虑的其他干预措施。你做了何种干预？为何选择这种干预？还有其他选择吗？在这里，我们帮助教练退后一步，注意我们的限制性假设，并拓宽可能的应对方式。如果没有后果，被督导者能做的最疯狂的事情是什么？这可能会释放黏性，并帮助教练在他们的反应中更加自然和更有创造性。

在**模式3**中，我们请你从教练过程中的角色后退一步，并以俯视的视角思考你和客户正在共同创作的舞蹈，以及舞蹈如何塑造舞者，就像舞者们正在共同创作舞蹈一样。谁在领舞，谁在模仿？这是什么类型的舞蹈？你们步调一致还是不一致？节奏是什么，你的感觉像是合作还是有人在导演？这样做可以帮助教练和督导者了解教练和客户关系中不知不觉发生了什么，但这也可能与更广泛系统中的其他地方发生的事情相类似。

模式4鼓励教练将注意力转向自己。在这种关系中，你如何以不同的方式表现，你内心被重新激发了什么，你通过什么样的过滤器来看到、听到和回应这个客户？或许，他们的外表、说话方式、手势会让你想起某个人吗？通常，客户会让我们感觉到他们无法表达的情况。重要的是，我们不要错过让客户表达的机会，即使我们这么做的时候带着谨慎和好奇。另一种选择是，客户停留在一种不表达的模式中，"我们无法表达的东西，我们可能注定要复制"。

这给你带来了什么？什么新信息浮出水面了？这在将来会有什么用呢？

模式5是关于督导者和教练之间的关系。我们的注意力从"彼时彼地"的情况转移到督导上，以系统地思考督导关系系统，它如何发展和演变，以及它如何受到所带来问题的动态影响。这能告诉我们在系统的其他地方发生了什么吗？

在**模式6**中，督导者将自己视为督导系统的一部分。在这里，我们尝试性地提供任何思考，不是作为解释或判断，而是作为可探究领域中的数据。在这种模式下，我们可以获得有用的系统视角，帮助我们理解"此时此地"的经历。例如，在集体督导的情况下，各成员以救援的姿态来回应一个案例，想要营救教练，而教练想要营救客户。显而易见，这与组织避免直接反馈的运作方式类似，认为这样可以保护员工。

在**模式7**中，督导工作拓宽了视角，并考虑了客户、教练者和督导者均内属于其中的系统层面（见图10.2）。它既考虑了这些角色如何在工作中出现，也考虑了工作如何为他们创造价值。它从相同的三个角度来做到这一点：客户、教练和督导者。

客户的模式7.1包括他们的家庭、团队、职能、组织、利益相关者、行业文化和工作地点。模式7.2和模式7.3包括教练政策、组织框架和背景，其中包括如何签订教练关系的过程。模式7.4还包括他们工作的组织、他们在职业生涯中所处的位置、他们参加的任何培训方案以及他们所属的专业机构。同样，模式7.5为督导关系，而模式7.6包括督导者的组织、培训、专业机构和任何认证程序。

这些都是督导的直接背景，但是正如我们在本书的其他地方所展示的，在更大的系统和生态系统层面上，除了直接的利益相关者之外，还有许多因素可以影响教练和督导活动，并受其影响。这些可以理解为一个同心圆，就像土星环，有的接近教练和督导者并从那里扩大，见图10.3。

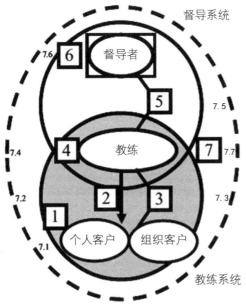

督导系统　　7.1 个人和组织客户的利益相关者
　　　　　　7.2 形成教练干预的培训和环境
　　　　　　7.3 教练关系的背景和利益相关者
　　　　　　7.4 教练的利益相关者
　　　　　　7.5 督导关系的背景和利益相关者
　　　　　　7.6 督导者的利益相关者
　　　　　　7.7 更广泛的环境

图10.2　模式7的七个视角

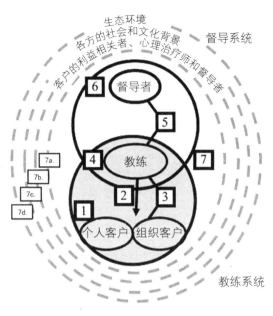

7a. 直接背景
7b. 督导者服务的所有利益相关者
7c. 各方的社会和文化背景
7d. 生态环境

图10.3　更广泛的七眼模型

　　第一环（7a）是教练和督导环境的直接背景，即教练和督导活动发生的组织背景。

　　在第二环（7b）中，我们找到了影响工作和受工作影响的不同利益相关者：客户的家庭、同事和社区；教练或被督导者的其他客户、他们的家人、同事、培训、实践社区、职业和他们未来的客户。督导者也是如此。当然，我们在这里要反思一下"第13个仙女"（见第9章）。

　　第三环（7c）是所有三方（教练、客户和督导者）的社会和文化背景，以及他们之间形成跨文化关系的文化和社会差异。

　　正如我们在第8章中所展示的那样，第四环（7d）是所有各方共享的"超越人类"的生态世界。对生态系统健康意识的需求正变得越来越重要，并且在未来几年中可能还会变得更加重要。随着我们周围的环境愈加退化、动荡和充满危机，我们正在失去的东西会越来越多，我们的哀悼也会越来越多。

　　督导者需要聆听和关注这些更广泛的系统层面如何在工作中有意识或无意识地呈现出来。

当客户、被督导者和督导者更明显地呈现并且处于紧迫之中时，督导者需要确保这些事项被包括在内，而不是被遗忘或忽略。

我们实践中的例子阐明了七眼模型中的一些"环"：

- **第二环（7b）**：我们中的一名教练和一位客户一起工作，这个客户是他们所在行业在欧洲的领导者。其公司正在尽一切努力阻止客户及其团队离开，因为公司的利润取决于客户推出一个数十亿欧元的计划。客户陈述的是他们对工作时间的不满，除了周末，他们从未见过自己的孩子。他们别无选择，只能在计划实施前离开。这个教练帮助他们退后一步，让他们考虑一下他们的家庭、职业和同事等。事实上，正如你可能已经猜到的，有一些替代方案可以最大限度地减少对利益相关者工作的影响，同时允许客户在一周内回家几次，以便在晚上陪陪他们的孩子。

- **第三环（7c）**：我们中的一名教练曾和一位来自不同文化背景的男性教练一起工作。在这位教练的文化背景中，教练被视为权威人士，而男性被视为主导性别，可以在工作和家庭方面做出重要决定。因此，当这位教练与女性客户一起工作时，这给他带来了挑战，尤其是他需要记得鼓励她们做自己想做的事情，而不是屈从于别人的建议。

- **第四环（7d）**：我们中的一名教练曾督导过亚洲大城市的一些校长。几位校长正与家长们进行斗争，因为有的家长希望他们的孩子有更多的户外运动，而其他家长则担心孩子的健康会受到严重污染的影响，因此孩子们白天不能出去活动。与此同时，校长们还建议教练乘飞机去学校与各个高级团队一起工作，但这会增加旅行带来的污染。在督导过程中，客户开始担心他自己的孩子，因为孩子位于市中心的学校太靠近主干道，会受到噪声的干扰，而且他还因为自己没有在社区做更多的事情而感到内疚。

我们的澳大利亚同事塔米·特纳（Tammy Turner）提供了以下案例简介：

我曾负责督导一家全球性教练咨询公司，该公司为一家大型组织提供个人和团队教练服务，由于其运营环境不断变化，公司成为新闻焦点。和澳大利亚的许多行业一样，这个客户所在的行业目前正在接受皇家委员会的调查并进行相应的

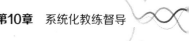

重组。在专业团体督导期间，教练们带来了他们对参与度、学员、学员的同事或团队成员的反思，以及由于对他们提供的服务提出各种要求而产生的压力。

考虑到案例中的具体挑战，督导课程扩大了反思范围，将因调查而产生的任务、媒体关注和公众作为生态系统中的要素纳入其中，这为"一切照旧"的变化，以及他们作为大雇主的社会期望如何对客户结果产生影响增加了视角。我们可以探索的其他视角是，股东和董事会的期望，或者员工与所需变革的相互作用如何？还是咨询公司或客户对教练"成功"的期望？督导的偏见或对案例的理解如何影响教练在课程中关注的内容？这里有无限的可能性，为教练提供了更准确的系统化视角。

将这些不太明显的要素纳入其中，为教练提供了更广泛的视角来观察更广阔的景观。据报告反馈，他们能够更容易保持客观，特别是在个人课程中，客户要将他们从不知所措的感觉中解救出来的压力比他们通常会经历的还要大。作为一个教练团队，他们彼此脆弱的能力为他们自己创造了更大的团队凝聚力，这反过来也对他们的客户产生了类似的影响。

| 系统化教练督导签约

实施系统化教练督导的关键基础之一是系统化签约，我们将在这里探讨督导者、被督导者和同行被督导者的作用，因为签约始终是一个相互协作的过程。

作为督导者签约

无论被督导者是个人还是团队，我们在签约时都要牢记"四大支柱"（见第169页），并以合作共创的关系为核心。我们意识到，被督导者在督导和系统化工作方面的经验水平大相径庭。因此，我们将探询他们的督导目标是什么，同时我们也将利用这些支柱来进一步探讨他们的想法。

这样做的目的是确保我们不会将督导视为一对一的活动，因为被督导者的需求高于一切，这不利于关注其利益相关者及其系统背景。我们还需要明白自己作为系统中一部分的角色。例如，我们可以在沟通时包含以下4个问题：

1）"请告诉我你的情况，以及你寻求督导的原因是什么？"

2）"请告诉我你的工作是为谁及为什么服务。这些利益相关者目前看重什么，他们需要你在未来发展和提升什么？"

3）"我们需要一起做什么工作，这将如何为你、你的实践、你当前和未来的客户，以及其他利益相关者创造价值？换句话说，我们如何才能创造一个未来的连锁反应，以及一个持续受益的遗产？"

4）"在接下来的1至5年里，你认为自己在实践中会面临哪些挑战？你希望这种督导能帮助你应对这些挑战吗？"

评估的作用很重要，它在流程开始时建立，并且作为初始协议的一部分（另见第5章和第12章）。为了系统地做到这一点，我们将包括以下问题：

- "我们如何知道我们的工作满足了经商讨的（系统化）需求？我们如何确保做到这一点？"
- "我们何时及如何评估？"
- "我们如何确保利益相关者在我们工作的结果中有发言权？"

根据我们作为督导者的经验和最近的研究，缺乏对签约的关注往往是督导所面临的基本问题和挑战。如表10.1所示，有关签约过程中遇到的最大挑战的主题表明，对于教练和督导者来说，"对任务理解一致"都是最大的挑战，同时当出现问题时，问题就会被交给督导者解决。

表10.1　签约过程中遇到的最大挑战

序号	教练（147名）	督导者（97名）
1	教练和学员对教练任务理解一致（62.7%）	对督导任务理解一致（71%）
2	签约的质量和清晰度（48.6%）	督导者与被督导者之间的关系（49.5%）
3	三方签约的挑战，以及教练和学员之间的关系（46.5%）	被督导者的承诺，以及签约的质量和清晰度（29.9%）

因此，在选取系统化问题时——如前面提到的那些问题——我们为被督导者提供了一个模型，让他们知道自己在与个人和组织客户签约时可能会用到的问题。

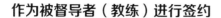

作为被督导者（教练）进行签约

作为教练，我们都在系统内工作，不管我们是作为管理的、组织的、业务的、职业的、福利的，还是个人的教练（等）来实施教练活动。当选择并与督导者一起工作时，有一些问题可能有助于确定督导者是否使用系统化方法进行督导：

1）你的督导方法是什么？

2）你认为督导为谁服务？

3）我们如何为我、我的实践、我现在和未来的客户，以及其他利益相关者创造价值？

4）我们如何通过评估来确保满足我所在机构的利益相关者的需求，并确保他们有发言权？

除了这些问题外，我们还希望督导协议涵盖以下一系列领域：

1）对工作结果的要求——我们工作的总体结果是什么，这些结果如何满足许多受影响系统的需求？我们将如何及何时使用评估来确保工作满足这些需求？

2）实际操作——我们会面的频率、费用商定和付款条件、协议撤销等。

3）界限——任何角色之间的保密性、道德准则（我们都是同一组织的成员吗？）。

4）工作联盟——我们需要做什么才能最好地合作，我们的共同期望是什么，我们将如何建立信任，我们的学习风格、我们对挑战或支持的渴望、我们的希望和恐惧是什么？

5）督导流程——督导者使用什么模型和方法（如果有）？督导者如何对照督导的定义来描述自己的角色？他们是否遵循专业机构的道德和行为准则？他们的数据保护政策是什么？

6）系统化工作——他们认为督导的目的是什么？他们如何关注系统？

同行督导中的签约

同行督导可能是获得和提供支持的一种极好方式，但它也可能带来特殊的挑战，尤其是在签约、无意识偏见、共谋、权力差异等方面。在描述他们所属的同行督导链时，马蒂勒（Matile）等人谈到了他们长期以来确立的督导原则。这些原则包括：

- 成员之间平等（无领导/主席）。
- 视同于"付费"督导，包括重新安排、准备、反馈和签约。
- 作为督导者和被督导者，关注发展机会，为客户带来价值。

| 组织在教练创造价值督导中的作用

雇用外部教练的组织会越来越多地询问这些教练是否在接受督导。然而，对许多人来说，这只是一个给选项打钩的问题。施文克和彼得的研究提供了更细致入微的方法来调查教练督导，以考察督导的影响。在此基础上，我们现在建议向未来的教练提出以下问题：

- 你去找谁督导，多久去一次？
- 你通常会将哪些问题提交给督导者？
- 你能描述一下你如何把一个问题交给督导者，以及它如何改变了你后来所做的事情？
- 你如何利用督导来解决你在教练工作中出现的道德问题？
- 你认为督导对你正在进行的实践和你的利益相关者有什么不同？

| 对团队教练或团队领导者的系统化团队教练进行督导

彼得·霍金斯开发了一种督导团队教练的特别方法。

此模型提供了一个规则和框架，可确保平衡团队所需的最低必要数据量，以便能够在探索动态的多个层面（个人、人际关系、团队、组织、更广泛系统、团队与团队教练发起人的教练关系）之前，发现团队、团队教练关系和教练中需要改变的内容。

在这个"七步过程"中，督导者首先探询督导需要取得什么样的结果（第1步"签约"），然后仅给一分钟的时间提供背景数据（第2步"背景"）。这确保了对数据的聆听不会主导课程。然后，教练用一幅图片来探索团队，为每个团队成员、他们之间的空间、联系和分离，以及作为团队教练的他们自己绘制图片

（第3步）。然后，他们被邀请退后一步，通过不同的隐喻视角来看集体图片，以便超越局部和关系链而看到整个系统（第4步）。接下来，他们选取团队的利益相关者，再次显示与团队的联系和分离（第5步）。之后，他们可以被邀请参加团队与他们自己作为教练之间的以角色扮演形式展开的对话，讨论未来需要做什么，并从更广泛的系统需求的角度发言（第6步）。最后，他们承诺下一步要做什么。

自2011年以来，我们频频发现这种模式对督导团队领导很有用，因为督导中最常见的问题之一是："我如何管理和发展自己的团队？"在这一点上，教练变成了由学员执行的团队教练督导。

| 被督导者工作组合概述

在督导过程中，我们经常需要一个接一个地观察与客户的工作，而有些客户从来没有被关注过。通常那些没有带入督导的客户包含了重要的学习内容。有时候作为督导者，我们会问："你会避免把什么客户带入督导？"或者"你将来可能会后悔没有探索过哪些客户的工作？"此外，通过这种对个人客户的连续关注，我们可能会忽略贯穿于被督导者工作的模式和主题：例如，他们被哪种类型的客户（个人或团队）所吸引？他们是否被某些行业或组织类型所吸引？他们正在经历的挑战中有哪些主题？他们是被选来在他们的工作中扮演特定的角色吗？（例如，从事务性分析中选取"父母、成人和孩子"），这对他们的实践意味着什么？

伊芙开发了一个模型来更全面地检查我们的教练实践和工作组合，而不是通过获取单个要素、案例和讨论点来确保每个客户都获得一些督导重点。伊芙的被督导者将这个模型命名为"光环与号角"。这是一个强大的团队模型，也是我们在实践中进行个人自我反思的一种有用方式，有助于客户了解他们的利益相关者和他们自己的团队。它对那些有内向偏好的人很有效，并鼓励那些有外向偏好的人发展他们的反思能力并参与到日志中。

"光环和号角"这个词指的是已经写好的关于选拔和招聘面试的效果。它建议我们对候选人做出快速判断（可能是由于无意识的偏见和反共情），然后寻找支持我们最初观点的信息。这些快速判断可以与外表、声音、他们让我们想起的人等联系起来。不出所料，研究表明面试时的表现并不是员工绩效的良好预测因素。

被督导者注意到，作为教练从业者，我们可能倾向于在我们遇到的人身上放置隐喻性的号角和光环。督导者认为教练需要从那些被视为有"号角"的客户上获得能力和经验的延展，即使我们可能觉得在与那些带有"光环"的客户合作时，我们做得更好。因此，用另一个隐喻来说，我们陷入了进退两难的困境。通过从整体上不断观察和理解我们的实践将有助于我们走出困境。

练习

1）考虑客户名单——在一个7列表格（没有任何描述可以完全定义这一表格）的第1列记下你客户的名字或首字母。（见表10.2，可根据需要进行调整）

2）用一个句子来总结你对每个客户的感觉：你身体上会有什么感觉，会想到什么图片？这可能是抽象的，或者他们让你想起一种动物、神奇生物、历史人物等，并将这些添加到第6列。

3）注意会出现什么：坐下来好好想一想这个表格。客户之间是否有任何分组，是否有任何主题，你是否正在经历任何事情？

4）花点时间考虑一下你可能会认为哪些客户拥有"光环"或"号角"。如果你不确定，也可以指出。组织会以同样的方式看待这个人吗？现在完成第2列。

5）在第7列中记下任何新出现的主题。

6）从"光环和号角"要素中提取主题和任何附加数据，考虑这对你、你的客户组合和他们的客户意味着什么。在督导团队中这样做时，你将这些主题和数据与团队分享，或者在单独工作时与你的督导者分享。

7）是否有客户让你觉得自己更像父母、成人或孩子，或者你如何看待你的客户（团队成员）？你与每个客户的关系如何平衡，这是最佳平衡吗？完成第3列和第4列。请注意你或你的客户是否最终加入了戏剧三角——如果是这样，请在第5列做一个备注。

表10.2　"光环和号角"模型

1. 客户（缩写）	2. 简要描述的图——我的身体感觉、图片、隐喻、神奇生物、历史人物、我们跳的舞等	3. 光环或号角或不确定（组织会以同样的方式看待他们吗?）	4. 父母、成人还是孩子：我如何看待他们，以及我如何看待自己在此关系中的角色		5. 父母、成人或孩子：在与客户/团队成员的课程/团队领导中，我作为教练/团队领导这三种角色如何平衡（例如，父母：70%、成人：5%、孩子：25%）		6. 戏剧三角：客户或我是否曾加入"三角"，成为救助者、迫害者或受害者（和我们/其他人一起）		7. 新出现的主题
			我	他们	实际%	期望%	我	他们	

8）进一步的问题：你觉得是否有更容易或更难的特定类型的客户？你喜欢在哪些特定的部门或组织中工作？这带来了什么？想一想是什么让你成为一个好客户（个人或组织）？是什么造就了有效的关系？当你考虑这些问题时，你注意到了什么？这对你的实践和你作为教练、导师、督导者、顾问或引导者的有效性意味着什么？

9）在第7栏中添加任何新出现的主题。

10）如果客户有共同的声音，他们会对我们说什么？同样，这对我们的实践和我们作为教练、督导或促进者的有效性意味着什么？

11）做这个练习时，你的学习优势是什么？如果有，这对我们的签约和"化学反应式"课程，以及未来的教练课程有何影响？

12）请与你的督导团队或个人督导者分享你的想法。

娜塔莎（Natasha）是一名执行教练和培训师，她与许多行业的高级团队和个人一起工作，并与领导者一起使用这种方法。

我曾经指导一位团队领导者（在一家新公司中任职不久），他觉得自己没能让团队一起工作并产生真正的影响。他确定了哪一类成员会危及团队成功，以及哪一类成员通常会很配合、很有能力，但很容易受到更有影响力成员的影响。这种情况在最近的一个息工日达到顶点，当时团队中有一个较强势的成员气愤地告诉他：作为经理，团队成员对他不尊重。

我和他一起使用"光环和号角"模型，并要求他从一开始就考虑如何对团队成员进行分类。他在心理上将一些人标记为"难以对付"或"与我不像"，并意识到他只关注他们符合这一标记的行为，而没有看到与这些"号角"一类行为相矛盾的其他行为。同样，那些被他视为"最像我"的人也是通过"光环"镜头来看待的。他意识到，从团队的角度来看，他给了这些"光环"成员更多的时间和赞扬。在督导过程中，他考虑了如何重新设定这些关系的框架，使其不会对某些团队成员产生偏见。他开始与整个团队进行一对一的交流，并询问一位他信任的同事，让他反馈他是否平等对待团队成员。团队合作变得越来越多，而且团队成员比以前更加积极主动。

| 结论

2019年，彼得、伊芙两个人一起与乔纳森·帕斯莫尔（Jonathan Passmore）合作，为亨利商学院的教练中心写下了《亨利教练督导宣言》（*Henley Coaching Supervision Manifesto*）。它显示教练管理取得了很大的进步，但也显示需要进一步发展的教练管理遇到了一些新挑战。这包括需要更多的研究来探索教练所创造的影响和价值——不仅要研究教练的利益，还要研究他们工作所服务的众多利益相关者的利益。这篇文章还强调了专业教练协会之间需要加强合作，以确定什么是督导以及它有哪些好处，教练培训组织应如何教导见习教练使用督导，并确保实现督导的最大好处。

教练督导的核心要素之一是关注我们如何管理教练工作中的竞争性系统化需求。作为教练，我们不仅需要不断扩展我们的能力，以应对系统化教练的复杂性和竞争需求，而且要提高我们的道德成熟度，以应对由此带来的道德复杂性。为此，我们现在要进入第11章内容的学习。

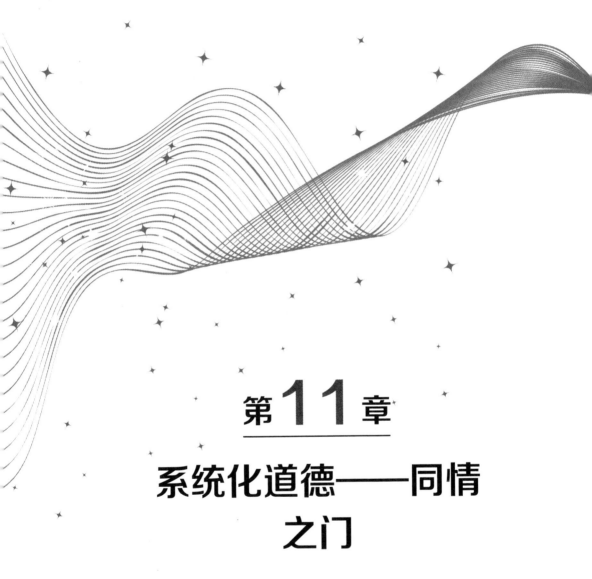

第11章

系统化道德——同情之门

简介

通过我们的督导和研究，我们明白道德可能是教练和督导者担心的一个领域。道德可以引出对与错、好与坏的概念，这些二元选择让我们害怕"站在分歧的错误一边"。让我们先改写一下索尔仁尼琴（Solzhenitsyn）的名言：

要是有邪恶的人在某个地方阴险地做坏事就好了，这样我们只需将他们与我们剩下的人分开并将他们消灭掉就可以了。但是善恶的分界线贯穿了每个人的内心。谁愿意毁掉自己的一片心？

上面的名言用于教练的世界：

要是有不道德的教练为了私利滥用他们的特权和权力就好了，这样我们只需要将他们和其他的道德教练分开就可以了。但是道德和不道德行为之间的分界线贯穿了每一位教练和每一种教练情况。

在本章，我们将尝试解决以下3个主要问题：

1. 作为教练，我们如何让个人客户和组织客户在道德方面变得更加成熟，并帮助他们应对道德挑战？

2. 作为教练、导师、督导者、顾问和领导者，我们应如何管理自己的道德问题？

3. 作为第10章的主题，督导如何帮助我们提高道德成熟度和管理这些问题的能力？

作为学习本章内容的开始，我们希望你参与我们的调查，完成下面这些句子。我们为你留下了空白处来记录你的想法和感受：

1. 道德可以定义为＿＿＿＿＿＿＿＿＿＿＿＿＿＿＿＿＿＿＿＿＿＿＿

2. 道德行为是＿＿＿＿＿＿＿＿＿＿＿＿＿＿＿＿＿＿＿＿＿＿＿＿＿

3. 教练、导师、顾问、督导者或领导者（等）的工作为了服务于＿＿＿＿＿＿

4. 我负责他们的＿＿＿＿＿＿＿＿＿＿＿＿＿＿＿＿＿＿＿＿＿＿＿＿＿

5. 我对他们负责任是通过＿＿＿＿＿＿＿＿＿＿＿＿＿＿＿＿＿＿＿＿＿

6. 我职业中的道德行为，其特点是＿＿＿＿＿＿＿＿＿＿＿＿＿＿＿＿＿

7. 我职业中的不道德行为，其特点是＿＿＿＿＿＿＿＿＿＿＿＿＿＿＿＿

8. 我曾参与的一个复杂的道德问题是_____

现在，我们将讨论我们多年来对系统化教练道德实施调查的一些结果，你可以比较一下你的答案和我们的答案，并希望你能达成比任何一个答案都更全面的理解。

| 道德的本质和我们的道德责任

在2012年关于督导者的博士研究中，伊丽莎白·达特纳尔（Elizabeth Dartnall）提出了以下问题："在督导中，你不得不面对哪些道德困境，你如何解决这些困境？"两名受访者表示，他们没有遇到过道德困境，其中一人解释说，这是因为被督导者没有参与不道德的行为。访谈记录显示，许多督导者将道德问题等同于不道德行为的出现。我们认为这是对道德的一种简化主义和非系统化的误解。

我们很多人都看过电影《真爱至上》（*Loue Actually*），并知道它的核心理念"爱无处不在"。也许你的观点和我们一样，那就是"道德无处不在"——它存在于每一次谈话中，它是我们社会结构的一部分，是人类的一部分，是日常选择的一部分。我们一直在做决定，它们并不总是关于"困境"——这只是一个方面。

道德决策受我们的背景影响，并从我们的构成中汲取如此多的要素，不仅有"国籍或种族，还有……国家和地区等地理文化，以及种族、阶级、性取向、性别和组织等社会文化"。因此，在本章中，我们认为道德在行动中展示了我们的道德价值观，是我们日常生活及我们如何与他人相处的基础。

其他人认为道德是关于如何做出正确的选择。起初，这似乎是一个更广泛的理解并高度相关。然而，这可能暗示了一种简单的方法（如前文提到的对错与好坏），它无助于我们在做出许多选择时所面临的复杂性。伊芙曾在大学里上过一门道德学课程，研究了几个世纪以来持不同观点的哲学家们的许多道德方法。她得出的结论是，道德的确定性并不存在于绝对意义上，道德标准随着时间和不同文化群体而变化。

许多主导性专业机构给我们提供了有关道德、行为和实践等方面的准则；然而，专业机构认为这些准则只是一种督导，因为它们不可能涵盖我们每天遇到的复杂的道德问题。它们很少包括禁令（如2019年国际教练联合会的著作第21段关于"避免与客户发生任何性关系或浪漫关系"）。马利克（Malik）指出，我们每个人都有责任绘制自己的"道德地图"，我们可以选择将其视为"一个非常令人不安的，或者非常令人兴奋的愿景"。

阅读到这里，我们一直强调的是个人道德，而不是系统化道德。我们认为利益相关者争论的是教练道德的核心。教练或导师应如何帮助客户处理他们的多方利益相关者的观点，这是否可以从一种情况的竞争需求中就可以看出？

霍奇斯（Hodges）和施泰因霍尔茨（Steinholtz）认为，人类的道德与生俱来，并认为我们"通常通过与他人合作，利用我们的努力和大脑的综合力量来取得更多的成就"，而且我们还拥有"道德基因"。

博克斯（Boaks）和莱文（Levine）认为：

虽然领导力要求追随者能够在激励下作为团队成员努力实现共同的团队目标，但领导力的道德模式确保追随者不会被操纵或欺骗而以这种方式行动，并且通常不会被阻止行使自主权。

他们还从多方利益相关者的角度来考虑这个问题，讨论行动对非团队成员和受决策影响的环境部分有何影响。彼得·霍金斯考虑得更远，他认为领导力仅在有领导者、追随者和共同目标的情况下才存在，所有这3个要素都需要用于构建所做事情的道德适宜性。

这表明在作为教练等角色中，我们必须能够支持客户去探索他们所面临的情况，这样他们就能理解并平衡他们与生俱来的有关环境需求的正确观念。这方面的一个例子可以在奈杰尔（Nigel）的案例研究中看到，该案例研究由伊芙负责督导，强调签约是系统化道德的一个关键组成部分。督导者应如何帮助教练、导师或顾问处理多个视角，并考虑到任何可能出现的模式或主题呢？

奈杰尔的案例研究

在这个案例中，全球教练奈杰尔与一个在不同国家运作的全球医疗保健系统合作。他与一位个人客户签订了协议并设置了严格的界限，因为从以前的经验中，他了解到他的协议并不严谨。在上一次督导中，由于潜在的危及生命的健康和安全问题，围绕着是否要打破保密协议，他遭遇了一个具有挑战性的局面。在这个合作中，奈杰尔记住了"第13个仙女"的概念，并在签约期间观察了广泛的利益相关者。奈杰尔提出了这样的问题："在这次讨论中，我们应该考虑谁？""我们是否漏掉了谁？"然后，他和客户一起考虑"我们需要完成哪些工作？"，以及"从……的角度看，成功的结果是什么样的？"通过这些思考，教练把各种利益相关者都"带到了教练室里"；在本案例中，利益相关者包括患者、患者家属、未来几代医生和未来几代患者。这种系统化方法，同时还强调了教练的作用，引导客户探索她对其组织、职业和患者的义务。最后，她决定离开这个组织，因为她对通过这种方式交付的产品质量感到担忧，也因为她无法调和自己的价值观和组织的质量标准。这使她能够离开组织到其他地方，为替代组织中的利益相关者提供价值，并消除她将不道德的问题留给他人处理的负罪感。在反思是否"现在就签约"时，奈杰尔描述了他如何"在过去认为签约是一件可以避免的事情，而现在认为这是一个持续的过程"。他认为以往教练既没有在签约方面经过训练，也没有对它进行充分讨论。

奈杰尔的案例研究还可能触及另一个因素：合法性如何？如果你违反了所在国家的法律怎么办？道德解决方案会更清晰吗？2018年帕斯莫尔和特纳的全球督导者研究和帕斯莫尔等人2017年的欧洲教练和组织客户调查强调了从业者如何处理道德问题的不一致性。在违法情况下，这的确如此。"结果表明，对于是否应该报告这种情况缺乏一致意见，即便（在某些国家）违法行为涉及强制报告此类事项或涉及严重犯罪。"

系统化道德

在组织中与高管、领导者、经理或团队一起工作的教练会面临复杂的道德问题。如第3章所述，教练需要为至少两个客户服务——学员和组织。从专业上讲——无论是在商业、公共还是在"盈利"行业——他们不仅需要在个人心理的道德标准范围内运作，还需要在组织的商业道德范围内运作，而在许多情况下，这两个客户的利益可能会发生冲突。我们认为，对于系统化道德而言，平衡这两个客户的需求很有必要，但还不够，因为个人和组织客户都可能会建议你以牺牲更广泛利益相关者的需求作为代价，而为他们的本地利益服务。

教练的许多道德准则都关注于如何保护学员免于被教练利用，这一点很重要，但只是系统化道德的一个层面。作为教练，我们可能会陷入服务于系统中某个部分的利益（即"局部最优化"），而牺牲此部分所内属的更广泛系统层次的利益。在这里，我们提出了系统化道德的5个层次，并为每个层次提供了一些例证。

1. **自我利益**——高于他人利益。

1）利用自己的职业地位与学员发展浪漫关系或性关系。

2）鼓励学员参加你开办的或有经济利益的公开培训研习班。

3）关注学员是否喜欢你，以便他们给你的反馈评级打高分，这样你就可以接受其他任务。

2. **双向共谋**——将学员的自身利益置于工作目的之上。

1）学员经常会提出他们应如何管理与其他同事关系的问题，这可能会微妙地变成"帮助我赢得与另一个'糟糕之人'的争斗或竞争"。

2）我们还写过一个典型的学员道德困境。学员的教练活动由组织支付，以培养他们成为未来的领导者，而学员希望教练帮助他们在另一个组织的面试中获得成功，并请求教练对此保密，因为他们还没有告诉现在的雇主。

3. **支持部落主义和组织的局部最优化。**

有一名学员，他管理一家大型金融机构的地区分支机构，他要求我们中的一位教练帮助他组建一支表现出色的团队，这听起来非常合理。他接着说："我希望我的团队成为街区里最好的团队，真正能脱颖而出。"

4. **组织利用**——作为一名教练，你被要求支持组织的利益，而不是更广泛的利益相关者的利益。

1）我们中的一位教练被一家国际烟草组织邀请去督导一个团队，这个团队的任务是在第三世界国家发展香烟销售，因为那里的政府对香烟的销售和营销限制较少。

2）一位接受督导的教练在一家矿业公司工作，那里的一名地区经理希望这位教练帮助处理当地社区对他们的抗议，因为这家公司对当地道路和空气质量产生了影响。

5. **以人为本**——在这种情况下，教练可能面临的情况是，人类的利益被赋予特权，而牺牲了更广泛的"超越人类"的生态世界的健康。

上述第4层次中矿业公司的例子，如果探索得更深一点，那家公司对当地林地生态造成了破坏，并且对当地河流和湖泊的生态也产生了巨大的影响。

这些例子都可能导致不道德的行为。我们需要对环境影响保持警惕，对我们可能没有探询或注意的东西保持警觉。在教练过程中，我们可能过于关注眼前、短期和局部的影响，以至于忽视长期的影响，或者听不到更广泛的利益相关者的声音，包括"超越人类"的生态世界。

| 什么是道德成熟度，以及它如何表现

我们认为，除了提高教练的系统性工作能力之外，帮助他们发展道德成熟度也是督导的一个关键作用。美国汉诺威保险公司的首席执行官比尔·奥布莱恩（Bill O'Brien）写道：

在我作为首席执行官领导文化变革的经历中，我发现有必要不断地推动改善我所在组织的道德氛围和组织内员工的个人道德成熟度。当一个人落后于另一个人时，社区开始变得功能失调。

约尔丹诺（Iordanou）和霍利（Hawley）强烈认为，道德的关键不在于解决问题，而在于激发"能让道德问题浮出水面的那种对话和条件"。卡罗尔

（Carroll）和肖（Shaw）认为道德成熟度涉及"进步、发展和成长"3个要素。

正如巴奇罗娃（Bachkirova）指出的：

在教练实践中有所作为的是教练（或其他从业者），而不是特定技术或方法的应用。因此，教练人员必须意识到自己的发展阶段，以便反思自己在教练过程中的角色和教练关系的动态。

为了提高道德成熟度，我们需要关注自我成长，发展自我意识。卡罗尔和肖将道德成熟度定义为：

具有反思的、理性的、情感的和直觉的能力来决定行动的对错或好坏，具有执行这些决定的弹性和勇气，对（公开或私下）做出的道德决定负责，能够接受所做的决定，并将新知识融入我们的道德品质和未来行动中。

本书开头讨论了教练在帮助我们避免商业和组织灾难中的作用，彼得回忆起2009年的一次演讲，当时他问道："当银行在2008—2009年的金融危机中焦头烂额时，教练们在做什么？"十多年后，道德的复杂性和要求增加了。人类活动对环境造成的灾难性影响日益严重。数字化和各种类型的人工智能已经将道德复杂性提高到一个新领域［例如，可参见"心灵深处的道德与社会"小组（Deep Mind Ethic＆Society），2019年］。我们生活在一个更加公众化的世界，社交媒体激增，这给我们的客户及其利益相关者带来了更大的风险，任何道德上有问题的决定或行为都可能很快被公众所获知，并且存在名誉和商业损失的风险。在瑞秋（Rachel）的案例研究中，一名教练把这样的问题带到我们的一名督导者面前。

瑞秋的案例研究

执行教练瑞秋和她的客户卡拉（Carla）一起面对这种情况，卡拉是安全领域的专家，如果她"恰当地"做好自己的工作，她的想法可能会拯救生命。组织提升卡拉担任一个责任重大的职务，但她觉得在整个组织中表达自己的关切和潜在解决方案的机会有限。她的顶头上司已经换了两次了。她不知道如何改变整个组织做法的安全性，部分原因是迄今为止还没有人失去生命，而且以前的任职者表示一切都在安全的范围内。

> 从"由外而内"和"未来回溯"的角度考虑，瑞秋避免了共谋，要么卡拉批评组织，要么她成为受害者。瑞秋努力争取与卡拉的新任老板进行一次三方会谈，并在此之前与卡拉进行一次教练课程，为会议进行排练和准备。这有助于卡拉专注于自己的使命，并将其与组织的使命联系起来，重新连接两者。三方会议创造了一个共同的、积极的结果，并最终为组织带来了安全改进。

支持我们培养道德成熟度的是我们的反思能力，而我们对督导的使用及我们的自我督导能力（见第10章）将在这方面发挥重要作用。约翰·赫伦（John Heron）指出，所有的人类都可以轻易地、有规律地陷入"幻觉、错觉和共谋"。同样，巴奇罗娃警告自欺欺人的危险，这是我们可能面临的成熟障碍之一。通过对6位非常有经验的督导者进行研究，她发现许多人在教练中经历了各种形式的自我欺骗。这包括"没有注意到道德困境……忘记组织客户……以及共谋，尤其是与强大或著名的客户串通一气"。除了内部原因，如对自我个人形象的恐惧或依恋（如想成为一名"完美的教练"），还有外部原因，如"在标准和责任方面缺乏明确性，没有建立允许客户表示其问题的机制，协议竞争激烈"等。

彼得提到了这一点，他将教练过程的一个局限性描述为"教练自身的个人能力和成熟度"，并提出了一个有助于讨论系统化道德的督导发展模式。他借鉴了鲁克（Rooke）和托伯特（Torbert）在2005年提出的"领导者成熟度发展七阶段"的研究成果，提出教练成熟度发展七阶段（见表11.1），这些阶段特别显示了领导者如何在严峻的压力或挑战下行动，其中道德就是一个例子。他们发现领导成熟度低和公司绩效低于平均水平之间的相关性：

他们在实施组织策略方面的效率明显低于30%的被测者。此外，在样本中，只有最后15%的经理（个人主义者、战略家和炼金术士）表现出持续的创新能力和成功转变组织的能力。

看过这个模型后，作为督导者或教练，你认为在这个尺度上处于什么位置？

如果我们要支持客户或被督导者更广泛、更深入地思考问题，培养他们的道德成熟度，我们还需要踏上自我发展的征程。如果我们仍然受制于成为"专家"的行动逻辑，那么我们支持他人的成长，比如，发展他们的系统化思维（战略家）是否可行？在2011年出版的著作中，彼得通过一个案例讲述了督导者如何处理教练的道德困境：教练活动本是为了支持被选中学员的领导力发展过程，但客户希望教练帮助她准备一个新组织的面试，而她目前的雇主尚不知情（见表11.1第5列）。

表11.1 教练成熟度发展七阶段（依据托伯特2004年之后的研究成果）

行动逻辑	动机驱动因素	优势	样本人数占比（%）	面对困境时的道德立场
机会主义者	生存驱动	发现机会	5	最关注于留住客户，也许在客户的新组织亦会继续关注下去
外交官	避免公开冲突，批准驱动	良好的支持胶作用，有凝聚力	12	不想冒犯学员或他们的组织
专家	方法驱动	良好的个人贡献者和知识提供者	38	愿意遵守"道德准则"
成功者	目标驱动	注重结果	30	努力服务于双方利益，创造双赢
个人主义者	意识驱动	能发现模式和方式以及事物之间的联系	10	会考虑教练与督导者之间的关系，以及学员与组织需求之间出现脱节时遇到的困扰
战略家	目标驱动	在教练和督导方面有效创造变革性和系统化变化	4	还将关注如何帮助学员面对困境
炼金术士	无驱动	帮助个人、团队和组织转变他们的范式和文化	1	帮助学员超越自我

| 道德反思和学习的实用工具与方法

在本节中，我们将借用四个要素：

1. 道德案例研究的使用；

2. 通过各种机构使用行为守则和其他道德材料；

3. 道德决策框架的使用；

4. 考虑我们自己的文化、背景和自我反思，以及这如何影响我们的道德意识和成熟度。

案例研究

使用包含道德困境的案例研究是探索道德的最常见方式之一。如果要在培训计划中考量道德因素，这是最有可能的方法，会议也是如此。这样做的好处是使讨论具有互动性，但缺点是可能会受到可用情景选择的限制，特别是它们的系统化性质，以及培训计划之外相对有限的可用性和讨论。我们将苏珊（Susan）的案例加入本书内容，正是因为它说明了道德考量必须"全面"。

> **苏珊的案例研究**
>
> 苏珊发现了一个复杂的签约案例，她在一次包括新学员及其直线经理和人力资源的四方会谈中感到不自在。从表面上看，教练活动是对学员的支持性干预，它将帮助学员迅速提升自己，获得比董事会低一级的最新职位。学员的老板是一名董事，谈到经理需要最少的信息即可自己做出决定，"只是例行公事"。然而，苏珊观察到了一个不协调之处，那就是这名董事要求学员通过他决定的所有"考察项目"，这让学员很不高兴。
>
> 苏珊对这个问题非常关心，并与这名董事谈论了她观察到的不协调之处。她没有和董事对质，而是问她对自己所说的和所期望的潜在不协调之处有何看法，以及是否值得"考虑你向员工传达的信息"。结果，这名董事督导也决定参加教练活动，最后她自己也对自己的职位感到不愉快，由于她的经理——首席执行官的挑战，她差点就要辞职了。事实上，她留了下来，很快就成为首席执行官，公司也变得越来越强大。她把这归因于教

练的干预，正是教练发现了潜在的系统化道德挑战。

通过签约，苏珊找到了一个不愉快的主题，这个主题不仅威胁着客户和他的老板，也威胁着将要失去两名优秀员工的客户和股东。

以下是一些需要进一步考虑的案例研究，前两个案例摘自"系统化教练督导"那一章。

- **场景1**：教练需要支持客户完成被描述为"绩效指导"的特定结果——基于从各利益相关者收到的"对客户感到不满意"的反馈。在教练计划结束之前，客户会被降职或"解雇"。

- **场景2**：教练计划已经开始，而且进展似乎很顺利。此时电话铃声响起，作为教练发起人的人力资源部门来电！他们会问进展如何，你在做什么，客户在谈话中的参与度如何。当你提到保密时，他们似乎很生气！

- **场景3**：电话铃响了（又一次——真是忙碌的一天！）这次是警察。他们需要你对某个特定客户的督导提供说明。"他们说你督导的客户对另一个人提出指控，这可能导致起诉。"这些说明将成为调查的一部分。

- **场景4**：你需要督导一家公司的客户，你对这家公司所在的行业有很强的基于价值观的信念（取决于你的个人立场，这可能是一家烟草、赌博、饮料或煤矿公司等）。该公司热衷于根据品牌认知的变化制定战略，并支持其领导者提出的创新解决方案。你接受这份工作吗？

讨论：对于上述任何一种情况，都没有正确或错误的答案。然而，无论我们如何应对，我们回顾并吸取教训的能力对于道德成熟度至关重要。对于提出的一些问题，我们在多大程度上达成了一致？例如，我们是否与公司商定了一个时间期限，如果教练达到或未达到，会有什么后果？我们是否讨论过保密问题？如果是，我们对直接联系我们的经理或人力资源总监说了什么？我们将披露什么？在一个对我们来说具有挑战性的行业中，与某人合作会有什么好处——是发展我们自己和潜在客户的思维吗？另请参见下面关于使用工具的部分。

专业机构

近年来，专业机构大大增加了它们在道德方面的活动，这在一定程度上可能是对已经开展的道德研究结果的回应，其中包括专业机构的参与。案例有许多：

- 在专业机构的认证过程中，通常需要案例研究，自2016年年初以来，国际教练联合会（ICF）要求会员在教练获得认证之前完成线上道德课程。

- 2019年，国际教练联合会发布了一份关于教练投诉的年度报告。其他专业机构，如教练学国际协会（AC）和欧洲导师与教练协会（EMCC）也有投诉程序。

- 自2017年以来，有一个道德工作组一直在探索道德准则在AC和AOCS两个机构联合领导的教练督导中有何作用；工作组成员包括来自其他机构的代表，如EMCC、APECS和ICF。由此产生了一个原创研究项目，该项目涉及对两个案例研究进行广泛讨论，旨在创建一个互动指南，帮助在道德实践标准方面"提高标准"，并支持更大的道德成熟度和决策。

- EMCC在2017年为完成《EMCC国际挑衅报告》（EMCC International Provocation Report）发起了自己的道德调查。其中包括来自现实生活中的案例。2019年，该协会寻求25名教练参与到其所称的"专注于教练道德困境的开创性研究"中。

道德决策模型

这样的工具有许多。主要专业机构都有道德行为和实践守则，如南非教练协会的COMENSA道德守则包括一个道德工具包链接，旨在帮助参与者将他们的行动与其核心价值观和信仰联系起来。前面提到的（AC和AOCS）道德工作组研究项目将为教练督导发布一份互动指南。

我们认为卡罗尔和肖在2013年为道德活动的考量提供了一个极好的框架。他们描述了道德成熟度的6个组成部分，指出"这些组成部分在所涉及的任务和时间方面是不平等的。在任何给定的场合下，实际情况和利益相关者对某些组成部分的要求都比其他组成部分高"。

1.**创造道德敏感性与正念**——创造我们对道德的"直觉"，利用我们的信仰、价值观和自我意识，积极聆听并向所有利益相关者展示"广角共情"。

2. **道德决策过程**——最大化选择：自由意志、义务和责任，有意识的道德识别和决策；无意识对道德决策的影响：我们在这里的决定使我们可以看到更大的景象，理解我们的选择来自哪里（有意识和无意识的影响），在特定环境下权衡合适性时，对各种可能性持开放态度，包括关注组织的规则和国家的法律。

3. **实施道德决策**：做正确事情的意图，以及理解并利用"知道和做"之间的空间。

4. **道德责任和道德防卫**：当我们试图理解所做的事情时，我们可能会面临来自我们自身防卫能力的挑战，我们轻微改变事实、合理化、逃避责任的能力。这就引出了问题：什么是"真相"？这是谁的真相？

5. **道德可持续性与和平**：我们需要能够按照自己的决定生活，卡罗尔和肖认为，自我同情和自我宽恕至关重要，不是让自己摆脱困境，而是接受自己的脆弱和局限。至关重要的是，我们要继续反思，并利用这种反思来推动我们吸取过去的教训。督导将在这里发挥作用。

6. **从经验中学习并将新的收获融入道德品质**：卡罗尔和肖警告说，学习不是自动的。我们需要考虑如何重新审视我们的道德体验，因此我们需要从"信息到知识，从智慧到行动"，将新学到的实用知识"嵌入自己的道德品质"中。

2018年，帕斯莫尔和特纳开发了一个类似的模型，专门用于教练和教练督导，他们称之为"APPEAR道德决策模型"（见图11.1）。它基于2010年达菲（Duffy）和帕斯莫尔最初描述的模型。这个6个阶段的模型旨在通过为教练和教练从业者提供一个实用的可视化工具来帮助教练人员，为他们提供一个循序渐进的方法，包括：

1. **意识**——通过理解职业准则和我们自己的背景与偏见，培养我们对道德问题的敏感性；

2. **实践**——参与将我们的实践从记录发展到督导的行动之中；警惕对我们实践有影响的所有因素，包括组织的规章和协议的要求；

3. **可能性**——在面临困境等道德决策时，考虑一系列选项；

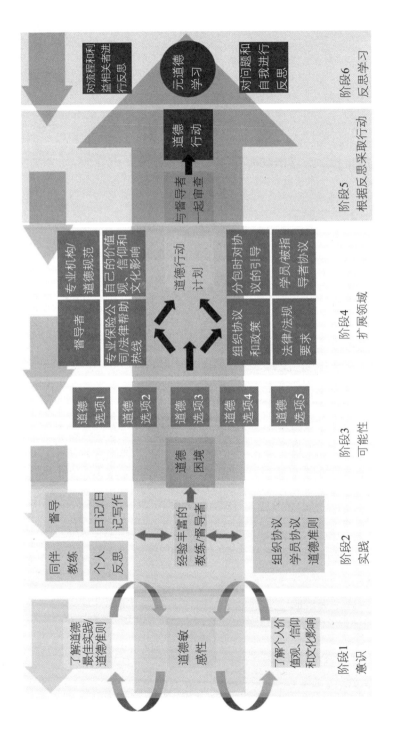

图11.1 APPEAR道德决策型的6个阶段

4. **扩展领域**——考虑所有可能的支持和信息来源，包括法律和法规要求，并利用从业者可以获得专业赔偿保险的法律支持；

5. **根据反思采取行动**——在这里，我们根据已经做出的决定采取行动，但我们首先要反思，如通过督导进行审查；

6. **反思学习**——最后我们需要反思过程、问题，以及我们自己。我们希望有新的见解来发展我们的道德成熟度。

| 发展我们的系统化道德成熟度

为了发展系统化道德成熟度，我们需要培养几个关键的能力，以抵消人类对个人存在、本地、部落和以人为本的优待倾向。在这里，我们概述了4种我们认为有用的能力和学科。

1. 文化意识

道德成熟度要求我们进一步意识到我们固有的偏见，以及我们因家庭出身、成长生活的社区和文化而持有的假设。2019年，赖德等人提到了赖德在培训督导者时使用的一项练习，以帮助他们获得"暗示性假设"。我们想把这个练习推荐给你——一个例子就是写下你在回答这个问题时想到的第一件事："我假设时间是……"或"挑战是……"——我们自己尝试过，还同客户和被督导者一起尝试过。通过这个练习，我们明白我们的答案正是我们通过透镜观察世界的一个例子。组织对时间也有一些假设，比如：员工可以按照自己的节奏工作，没有压力，或者时间有限，我们需要长时间工作才能有效。我们对领导力作用的观点，也可能如此。

我们吸收的假设和信念将会影响我们的个人哲学，从而影响我们如何看待世界。在2019年，杰克逊（Jackson）和巴奇罗娃建议讨论我们的哲学，然后讨论它如何在我们所做事情的"目的"（Purpose）中表现出来，以及我们如何选择在"过程"（Process）中将其付诸"实践"（Practice）（即"3P"）。阿吉里斯（Argyris）和舍恩（Schön）在1974年展示了在我们"信奉的理论"和我们"行动的理论"（或所做事情）之间经常存在的差距。

2. 不仅要聆听教练室里有什么，还要聆听教练室里没有什么

作为教练，我们接受各种训练是为了深入聆听学员，了解他们的问题、感受和关注点。作为系统化教练，我们必须做到这一点，同时通过聆听学员个人而聆听他们的世界，既包括他们带入教练课程中的东西，也包括他们看不见、听不到或讲述不到的东西。

3. 广角共情

这是彼得发展出来的一种实践，即对学员所讲述故事中的每一个个人、团队和系统表示共情和同情，而不仅是对学员表示共情和同情。

4. 铭记未来

彼得曾在一个会议平台上与一位美国土著部落长老交谈。这位长老谈到，当我们做决定时，我们铭记着我们之前的七代人和之后的七代人，以及所有与我们分享这一时刻的一切生物，这时候，真正的领导力开始出现。那一刻，彼得意识到我们西方人对领导力和教练的看法是多么狭隘和有限！我们越来越多地引入未来的声音，询问我们在两年时间里可能会后悔今天的教练有哪些问题没有解决；引入我们子孙后代的隐喻声音；以及从"未来回溯"的角度来看，询问这一选择将会如何出现。

| 结论

让我们回到本章开始时请你补充完整的句子。我们再次请你回到这些问题上来，以探索你的原始答案是否通过阅读本章内容而发生了改变，如果是，它们又是如何改变的。

在本章中，我们展示了道德困境如何成为教练和教练督导工作的核心要素。我们可以看到教练和督导者的角色并不是试图解决道德问题，而是利用道德挑战作为一个机会，来探索在这种情况下相互竞争的系统化需求。借此，教练和教练督导可以帮助教练和学员发展他们的道德敏感性、道德成熟度，以及系统化思维、感知和存在。

我们的核心道德价值观之一是，教练应该为学员之外的众多利益相关者提供价值，将他们的声音和需求带入教练室对于实施具有更高道德成熟度的教练活动至关重要。我们不仅需要在签约阶段（正如第5章所展示）、在整个教练过程中（正如第6章所展示），以及在督导过程中通过我们做出的道德选择（正如第10章所展示的）引入他们的声音和需求，而且需要在我们评估教练结果和价值创造的方式中引入他们的声音和需求。现在，让我们转入第12章内容的学习，探讨如何对系统化教练进行评估。

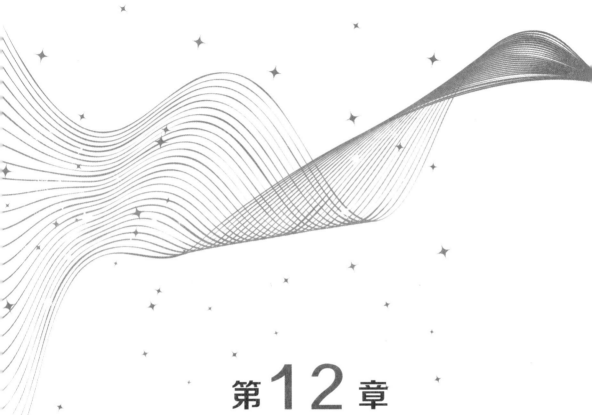

第12章

系统化教练评估——
创造超越个人的价值

| 简介

我们同意已故美国司法部长、参议员罗伯特·肯尼迪（Robert Kennedy）（1968年）的观点，即国民生产总值仅衡量经济活动，而不能衡量一切使生活有价值的东西，如我们孩子的健康、教育质量、诗歌之美及关系强度。

在本书里，我们试图展示一个全面的系统化教练方法。有人可能会说："考虑利益相关者，让他们参与协议签订、目标设定和进度评估，这固然很好，但你怎么知道这真的能创造价值？"你可能也想到了这个问题。以琼斯（Jones）和昂德希尔（Underhill）为代表的其他作者事实上也提到了这一点，他们指出"关于评估教练结果最合适的标准，文献中几乎无一致意见"。

我们意识到无法回避这个问题，同时也认识到衡量价值创造实在令人担忧并且过程复杂，对于教练的整个投资回报率（ROI），我们将在本章的最后再来探讨这个众说纷纭的领域。

我们一直以来一致赞同以下观点：

没有什么伟大的领导者或伟大的管理者，只有能够持续地为所有利益相关者创造更大附加值的领导者和管理者。

那么同样的原则也可以应用到教练实践中：

没有什么伟大的教练，只有不断与所有利益相关者一起共同创造更大附加值的教练。

这意味着，作为教练或任何教练系统的倡导者，无论是系统化教练还是任何其他类型的教练，我们都需要有方法来看待、思考和评估它所创造的附加值。请注意，我们说的是评估，而不仅是测量。测量已经被经验主义、唯物主义科学所"捕获"，并成为其必要条件，在这种科学中，科学主义"宗教"的极端信徒认为，如果它不能被一个没有自己信仰的客观科学家以完全可重复的方式测量，那么所有其他可能的因素或影响均将被冻结，它也就不再真实可信。我们讽刺这一点是为了表明，使用科学经验主义的术语来测量，这种方法不能应用于系统化教练。经验主义（empiricism）已经建立了自己的帝国（empire）（请注意"经验主义"和"帝国"这两个词之间的相似之处！），不仅是在经验法则下"捕获"

所有的物理科学，而且试图殖民所有的社会科学。我们真诚地希望教练永远不要在所有外力都被冻结的实验室条件下工作，并且永远不要追求循规蹈矩的重复性。琼斯和昂德希尔对此做了反映，他们写道："在所有教练中应用一套标准化的结果评估规则不一定能抓住个人教练课程的重点。"

然而，这并不意味着我们放弃了所有的希望，而不去评估什么能带来变化，什么能为学员（或被督导者）、他们的团队、组织和更广泛的利益相关者系统创造有益的结果。我们必须以严格的、定性和定量的方式来做到这一点，以认识到每一种教练关系均独一无二，有多种变量都在起作用。但是经验主义帝国会反击说，这在科学上不正确！是的，我们也会这么回答，但它仍然有效，而且仍然有用，并且帮助我们开发更多的创造价值的教练活动。

那么，让我们问你——你如何评价你作为教练或学员所从事的教练工作，或者你所督导或管理的教练工作？你如何评估教练给那些直接处于教练关系之外的人带来的价值？你收集了哪些定性和定量数据来督导你的评估和评价？你让谁参与评估，在什么阶段执行评估，多久执行一次，以及采用什么形式（口头、书面、问卷等）执行评估？

| 教练价值链

大量关于教练的文献集中于教练过程的输入：教练做什么，教练活动如何建立，初始目标和协议，教练干预和工具。而在学习教练过程的输出上，花费的时间要少得多——新的知识、行为、资质、学员的能力等（见第13章"系统化教练培训"，阅读更多关于通过教练过程获得的三种能力之间的区别）。即使对教练活动的输出进行研究和严格评估，也不意味着我们创造了超越个人的价值，或者相比"为已经享有高度特权的人提供昂贵的个人发展"，我们提供了更多的价值（见第1章）。我们必须走得更远，要询问自己："学员的这些新知识会转化为他们在工作场所中的新行为、新联系方式和新行动吗？"有些人认为，在教练活动的输出应用于工作场所之前，它往往会产生延迟效应，即输出被个人内部化和整合。这可能是真的，并且当然应该被考虑在内，但是需要通过意识来平衡，即任何我们不是从认知的短期记忆转移到具体和重复实践中的内容都很容易丢失。我们两人都曾任职于英国国民健康服务（NHS）国家教练登记处，该登记处拥有严格的三阶段选拔过程。其中一个关键问题是"你如何评价你的教练实践的有效性？"在这一探索中，长期利益问题是核心。

即使输出转化为结果，我们仍然要询问这样一个问题："这些新的行为、联系方式和后续行动是否为团队、组织和更广泛的利益相关者创造了更多附加值？"

这导致产生了以下教练价值链模型，见图12.1。

这种线性模型的问题在于，它意味着线性因果思维，并在因果关系的方向上畅通无阻。事实上，这是一个循环过程，复杂的影响向四面八方流动。举一个简单的例子：一节课的输出和结果可以反馈并追溯到下一节课的教练输入和过程（或者本应该这样做！）。这个过程不是机械的，所以评估也不是机械的。

输入	输出	结果	价值创造
• 客户 • 教练 • 教练干预 • 教练关系 • 协议	• 洞察力 • 新行为 • 感觉变化 • 心态转变 • 行动计划 • 更低的反应度 • 更强的韧性	• 更清晰的沟通 • 更有效的对话 • 更有成效的会议 • 更清晰的委托和编排 • 更集中的时间 • 为自己和团队增加生产时间	• 利益相关者更高的参与度 • 利益相关者更高的评价 • 员工保留率提高 • 增加倡导者客户 • 增加收入、利润或创收

图12.1 教练价值链模型

此模型借鉴并基于柯克帕特里克（Kirkpatrick）当时在组织培训评估方面所做的开创性工作之上，即柯克帕特里克提出了"4层次影响模型"：

1. **反应**——参与者对培训的想法和感受（反馈表和满意度）。

2. **学习**——知识或技能的增长，以及态度的改变。在培训期间，此评估以知识演示或测试的形式进行。

3. **行为**——将知识、技能或态度从课堂转移到工作中（因培训计划而改变工作行为）。他们认为，这种评估最好在培训后3至6个月内实施，因为此时学员正在执行工作。他们实施这种评估过程的主要方法是通过观察。

4. **结果**——由于参加培训项目而产生的最终结果（可以是金钱、绩效等）。

我们在培训项目后收到的许多问卷都源于柯克帕特里克的"4层次影响模型"。然而，有的问题并没有在这个模型中得到解决，例如，许多可能影响上述任一阶段的变量，以及一对一教练中独特的个人关系。

这个模型与菲利普斯等人在2012年提出的"5级目标模型"亦有相似和不同之处。"5级目标模型"致力于评估以下5个目标：（1）反应目标；（2）学习目标；（3）应用目标；（4）影响目标；（5）投资回报率目标。我们理解他们的目标1、2和3类似于我们所说的"输出"，他们的目标4即"结果"，而目标5是"价值创造"。正如前面章节中所述，我们认为目标不会在教练过程刚一开始就全部形成，许多目标是在教练和组织发展的过程中出现的。不同于柯克帕特里克和菲利普斯，我们的方法强调为各方和所有利益相关者创造价值。下文我们将进一步探讨这一点。

| 价值创造

在20世纪90年代，为了研究"未来企业"，英国皇家艺术、制造业和商业促进会在1995年发起了一项非常创新的调查活动。这一活动涉及来自众多行业各种组织成员的贡献。在调查报告中，他们认为许多商业企业过于关注向股东提供短期价值，而没有充分关注向其他利益相关者提供价值。这项调查有意义的成果是制作了一份年度报告范本，企业可以用它来报告它们有何收获，以及它们为以下利益相关者创造了什么价值：

- 投资者（公共部门的纳税人和"盈利"部门的出资者）；
- 顾客（或客户）；
- 供应商和伙伴组织；
- 员工（包括承包商）；
- 企业运营所在的社区。

彼得在他担任主席的公司及他担任顾问的众多组织中，一直致力于研究并开发了这个利益相关者模型。在21世纪初的一次会议上，伊芙亲自体验了这个模型的应用，当时彼得正在督导英国广播公司的管理团队，伊芙是那里的高级经理。当时的新任总干事格雷格·戴克（Greg Dyke）首次将英国广播公司的100位高层领导者聚集在一起。伊芙回忆说，不仅不同部门的成员用一张桌子分开，而且每张桌子都配了一把空椅子，我们还以为有人迟到了（和往常一样）。半小时后，格雷格说，最重要的人现在正在进入会议室，然后几位社会大众成员走进来，坐在每张桌子的空椅子上——他们在那里代表客户和股东（因为每个家庭都要支付使用英国广播公司服务的许可费）。引入外部人员是一个简单但意义重大的变革性举措。只有这样，我们才能一起展望未来。

彼得增加了另一个重要的利益相关者群体——尽管这个群体经常缺少人类的声音来代表它，那就是现在正受到如此多威胁的更广泛的超越人类的生态世界。过去，公司履行社区和社会责任的方法包括拿出利润中的一部分为"有价值的事业"进行慈善捐赠；现在，发布道德规范和价值声明已经不够了。所有组织，无论来自哪个部门，都需要定期说明它们从这六大利益相关者群体中的每一个小群体获得的价值贡献，以及它们为这六大群体（包括人类小群体和非人类小群体）创造的附加价值，同时考虑它们如何给予这六大群体长期不断的回馈（这些回馈超过索取或所获得的东西！）。从这项工作中，彼得开发了"基本利益相关者图"（见图12.2），它可以作为个人和团队教练的基础，也可以作为与更广泛的组织合作的基础。

你会注意到有团乌云漂浮在这个模型的一旁，叫作"第13个仙女"，也就是我们没有注意到的利益相关者，根据格林童话《睡美人》中的情节，第13个仙女带来了诅咒，因为她没有被邀请参加派对。

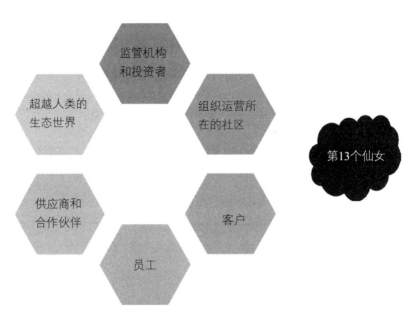

图12.2　基本利益相关者图

迈克尔·波特（Michael Porter）——过去50年里在战略领域极具影响力的思想领袖——和他的同事马克·克雷默（Mark Kramer）写了一篇开创性的论文，论述了企业需要从狭隘地关注创造"股东价值"转向积极地关注创造"共享价值"。他们认为，当前的经济和全球危机部分源于企业目标和社会进步之间的脱节：

企业……仍然受困于过去几十年出现的过时的价值创造方法。他们继续狭隘地看待价值创造，在泡沫中优化短期财务表现，同时忽略最重要的客户需求，忽视决定他们长期成功的更广泛的影响。

他们继而主张：

解决办法在于倡导共享价值的原则，即通过解决社会的需求和挑战，为社会创造经济价值。企业必须将自身的成功与社会的进步联系起来……这不在企业业务的边缘，而就在它的核心。我们相信它能引起企业思维的下一次重大转变。

上述模型得到了拥护者埃尔金顿（Elkington）等人的进一步发展，他们先后提出了"三重底线"衡量法、发展"B计划"企业——认为企业应关注人类、地球和利润，还包括企业应长期关注绩效衡量指标，以及关注组织的可持续发展和更广泛的生态系统等观点。

卡普拉和路易西在2016年的著作中谈到"永久增长的幻觉"时，也提到了与非人类世界的联系。他们认为：

> 政治家和经济学家对无限经济增长的痴迷，必须被视为全球多层面危机的根本原因之一——如果不是最根本原因的话……所有国家经济的目标都是实现无限增长，在一个资源有限的星球上，这样一项事业的荒谬性是显而易见的。

核算接收价值和附加价值

这种对所创造的接收价值和附加价值进行核算的方法，可用于我们为之工作或与之合作的任何组织，也可用于我们督导的个人和团队。在表12.1中，我们提供了一个基本框架，可以根据特定的客户和客户系统进行调整和构建。我们还可以创建第三个空白列，接受督导的团队或个人可以在这里写下他们可以做些什么，从而既减少他们使用的资源，又增加他们为所有利益相关者（包括第13个仙女）创造的附加价值。

表12.1　附加值网格

利益相关者群体	接收	增加
投资者、纳税人和出资者		
顾客和客户 供应商和合作伙伴组织 员工和承包商 组织运营所在的社区 超越人类的生态世界 其他（包括第13位仙女）		

┃ 评估整个价值链

德穆塞（De Meuse）等人在2009年对教练研究进行了最彻底的元分析。尽管他们发现在学术期刊上关于教练的论文出现了巨大的增长，同时英格利希（English）发现在1994—1999年及2000—2004年，这类论文增长了300%，不过有关教练成果研究的论文数量很少。大多数研究都基于回顾性研究，对教练的看法和取得的进步主要从教练人员那里收集相关数据。仅有少数关于高管教练的统计研究使用了教练前和教练后评分，而且从学员以外来源收集的数据也非常少。这些其他来源的数据包括来自学员直线经理或教练的评分。不出所料，在收集了多种观点的情况下，对自己通过教练取得的进步，他们的评价要高于其他人。然而，在对6项符合非常严格标准的研究进行调查后，他们得出以下结论：

高管培训通常会导致学员的技能或绩效评分有中到大幅度的提高。

德穆塞等人在2009年还调查了10项回顾性研究，并应用了柯克帕特里克1977年的培训干预评估模型，用到了这个模型中4个层次的3个：（1）对教练过程的反应，（2）教练过程的效果（在个人层面上对技能或绩效的变化或提高进行评估），（3）教练过程在组织层面上的影响。

在所有被调查的研究中，75%到95%的学员对他们参加的教练活动有良好的评价，并且几乎所有的研究都表明学员在个人绩效方面有所提高。其中最有趣的是帕克-威尔金斯（Parker-Wilkins）2006年的研究，学员称教练活动帮助他们提高了3个方面的能力：（1）领导力行为，占学员人数的82%；（2）组建团队，占41%；（3）培养员工，占36%。只有少数研究回顾了教练活动在组织层面上的影响。他们都报告了积极的好处，但关注的是不同的影响：塔尔布姆（Talboom）关注的是教练活动对下属缺勤率的影响；安德森（Anderson）考虑了生产率和员工满意度；"符合标准的教练"调查着眼于对领导力、管理团队和业务交付的影响。有趣的是，在最近的这项研究中，报告个人工作生活平衡得到改善的受访者（67%）和报告业务可交付成果得以改善的受访者（33%），前者是后者的两倍。

德穆塞等人的结论是，尽管有大量证据表明教练活动确实能提高个人效率，但很少有人报告说它对组织改进产生了积极影响。

2014年，英国阿什里奇商学院（Ashridge Business School）的埃里克·德哈恩（Erik de Haan）等人领导了一项规模最大的教练评估研究，该研究着眼于"教练活动中的积极因素"。它涉及评估教练活动中每一对教练与学员（"教练—学员"对）的输入和输出收益。共有来自34个国家的1 895对"客户—教练"对参与调查，其中学员和教练都答完一份单独的任务问卷，共计完成3 882项调查。

2015年4月，德哈恩等人对教练文献进行了调查，发现一篇"有关探讨教练关系中的变量影响教练有效性的九项研究"。通过研究，他们认为，对于定量研究人员而言，他们的未来出路是"如果帮助型对话的普遍有效性假设在心理治疗中得到令人信服的证明，那么它对于高管教练过程同样有效"。因此，他们"比较了各种条件，以确定教练或学员对教练过程各方面成果的影响程度"。作者总结道：

经过研究发现，客户（学员）对教练结果的看法，与教练和客户对他们之间关系的评价强度，以及客户的自我效能具有显著相关性，但不受客户或教练的个性（甚至人格匹配）的影响。客户的自我效能对教练结果所产生的影响，会受到客户和教练之间关系的调节，而影响的大小表明了这种关系的强度——尤其是从客户的角度看，客户和教练之间关系是教练结果的关键因素。

| 研究和评估模型

2005年，利德汉姆（Leedham）借鉴了柯克帕特里克的模型来评估组织中的培训干预，并提出了一个金字塔模型来对高管教练进行研究。该模型显示了底层教练投入、内部个人利益、外部个人利益之间的联系，以及这些输入和利益与业务成果之间的联系。

2012年，彼得基于利德汉姆2005年的教练研究模型——该模型侧重于个人教练，在其中加入了团队教练、创建更广泛的教练文化及其对团队绩效和组织文化的影响，以及从业务成果到为利益相关者创造价值的影响（见图12.3）。

带着遗憾和后知后觉的智慧，他现在意识到他射出的"箭"太少了，所有的箭应该两端都有箭头，并能射向四面八方。

在彼得2012年的著作中，他认为"需要对以下方面进行更广泛的研究：

1）教练文化如何发展教练技能、属性及教练过程，以及它们相互之间的发展。

2）教练文化如何在所要求的方向上发展组织文化。

3）团队教练如何影响更高的团队绩效和业务成果，以及对组织文化有什么影响。

4）个人教练对团队绩效的影响。

5）个人、团队和组织绩效如何影响更广泛的利益相关者群体共享价值的创造。"

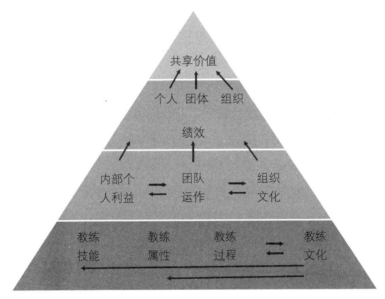

图12.3　附加值网格

| 贯穿于整个价值链中的评估和评价

如果现在回到教练价值链，我们可以列出教练过程中从输入、输出到结果和价值创造需要评估的各个阶段，见表12.2。

我们认为，所有这4个阶段都要有定性和定量的评估方法，然后发展评估它们之间联系的机制。

表12.2　彼得·霍金斯教练研究模型（2012年）

输入	输出	结果	价值创造
• 结构化教练和客户反馈	• 已完成的行动计划 • 学员可展示的体验学习 • 不断出现的新习惯	• 教练开始前及结束后的360度/720度反馈评价 • 团队会议措施 • 向上评估支持 • 增加自己和团队的生产时间	• 利益相关者更高的参与度 • 利益相关者更高的评价 • 参数分析 • 提高最佳员工保留率 • 增加倡导者客户 • 增加收入利润和创收

输入

我们合作过的大多数组织——要么向他们提供教练策略或结构咨询，要么作为督导者或外部教练与他们一起合作——都建立了正式的流程，以便从教练和学员那里收集教练过程中的所有标准化反馈。这些流程收集了对教练最有帮助和最无帮助的反馈，对教练分配和教练服务的集体学习都有帮助。

输出

前面提到的一些反馈流程还包括一个"输出"的部分，要求学员和教练对工作中获得和应用了哪些新知识进行评论。重要的是区分洞察学习和应用体验学习，前者是关于如何做到有所不同，后者是关于如何将创建的新行为和参与方法重新用于工作之中。

因此，这个复杂的评估流程必须包括的一个问题是，在教练过程中是什么促进了这些重要的行动。

需要跟踪的最重要的输出之一是教练过程中个人学习如何影响团队和组织学习。很少有教练关注个人学习在工作中的传播和扩大，也不会在教练过程中询问："你如何帮助他人从你这里学到和发展的东西中受益？"伊芙回忆起以前的工作经历：内部和外部教练一起聚集在英国广播公司，讨论他们通过实施阿什里奇商学院领导力发展项目（其中也包括教学模块），在教练和行动学习要素中发现了哪些新兴主题，并将这些主题反馈给董事会。

许多组织已经采用了这种方法，并将之称为"收获学习"。它分为4个阶段：

1）定期召集内部和外部教练团队，听取组织面临的挑战，安排论坛讨论组织的战略问题，以及业务、组织、文化、领导者和人才发展计划。

2）与"督导三人组"（教练、督导者和观察员）中的所有教练人员就关键的教练关系一起合作，并执行保密管理。观察员将按照给定的格式记录下所发现的一些新兴主题，例如：

- 组织发展方向的清晰性和一致性，以及这个发展方向对领导者和管理人员的要求；

- 组织文化，包括5个层次：人为现象、行为模式、心态、情感和动机根源；

- 整个组织的连接和断开；

- 与利益相关者的连接和断开；

- 如何看待教练过程。

每个人在每个角色上都有30分钟，并且可用一些时间向督导者反馈他们的督导情况，从而提供额外的发展性学习。

3）"督导三人组"需要从三次督导课程收集的主题中发现新出现的模式。我们有时会提供关于系统化模式识别的简短输入和讲义。这些模式将被输入一个"通告区"，并张贴在不同主题的活动挂图板上。然后按各个主题板划分团队，并对新出现的主题进行聚类，找出连接它们的模式，最后反馈给整个团队。他们需要确定使组织实现其战略和发展目标的关键模式。

4）将上述启动和阻止模式结合在一起，并促进高级管理人员和教练之间就这些新兴关键主题展开对话。这可以在同一个活动中进行，也可以在高级领导团队和一个具有代表性的内部和外部教练团队之间的会议中进行。在探讨了新兴主题之后，对话可以集中在教练如何更有效地为组织的下一阶段发展做出贡献。

此过程需要有一名顾问的协助，要求他不仅是经验丰富的教练和训练有素的督导者，还必须了解组织战略、文化变革、系统动态和组织发展。最重要的是，这位培训导师需要在高级管理人员的语言和教练对话的语言之间自由进行转换。

对于处在发展早期的教练社区来说，这种收获学习成果的完整过程听起来可能相当令人生畏，但是这个过程更简单的形式可以作为教练社区年度评估的一部分。在彼得2012年的著作中，有一个关于爱尔兰最大的电力公司——电力供应委员会（Electricity Supply Board，ESB）的案例，对这一过程进行了研究。

结果

对这些新行为和参与方式的结果进行评估，其流程更少。一些组织在教练活动实施前后对个人进行360度或720度反馈（见第6章），以评估学员的利益相关者如何体验教练活动带来的变化。在教练活动结束后立即进行第二次反馈非常重要，因为正如斯彭斯（Spence）等人在2019年所言，教练活动有很多好处，这些好处只会在教练活动结束后6个月或更长时间才出现，因为新的行为需要一定的时间来嵌入和关注。在签约过程中，伊芙与组织和个人客户都会谈到这种"改变企业记忆的延迟"。

评估教练结果的一个更简单的方法是在员工评估过程中建立向上的评估。即在每次评估结束时，员工需要向老板反馈他们在最近一段时间里如何使自己表现得更好，如何发展和学习，以及他们今后如何更有效地做到这一点。在教练活动实施前后跟踪这些评估，可以清楚地了解经理人员或领导者如何管理和培养（指导）员工的能力增长情况。

我们还可以使用"团队贡献网格"。在这种情况下，学员在接受个人教练之前，会从他们领导的团队或团队中的一员（或两者都是）那里获得反馈，了解他们当前对团队的价值贡献以及如何发展这种贡献。教练活动结束后，他们会收到关于这种变化的反馈。

价值创造

关于输入、输出和结果的要素，以及有效评估它们的方法，这方面的研究有很多，而关于价值创造的衡量标准，这方面的研究就很少了。

1. 利益相关者更高的参与度

为了创造价值，无论你是商业公司、公共部门服务组织还是非营利组织（更好的称谓是"盈利性"组织），创造价值的第一步是与组织内外的利益相关者进行更多的接触。通常，我们希望增加参与度的第一个群体是员工。

克莱尔·查默斯（Clare Chalmers）是一家大型共同保险和投资专家组织的

领导力发展专家。她对如何让教练活动在组织中发挥作用特别感兴趣。2017年至2018年间，该组织的42名经理人员接受了有关其团队成员参与度的教练活动。在2017年参与度评估结果中，所有绩效处于倒数1/4并且其经理人员也参与教练活动的团队，在一年后绩效均至少上升了1/4。董事会认为教练活动在领导者持续发展和提升团队参与度中发挥着重要作用。

2. 利益相关者更高的评价：参数分析

组织绩效的主要指标之一是所有利益相关者对组织的看法。许多企业投入大量时间和资金收集员工、客户、投资者和其他利益相关者的反馈，并分析关于组织的新闻和媒体报道。很少有人系统地整合他们需要的所有数据来创建一个完整的"组织360度反馈控制板"。当多个利益相关者的看法结合在一起时，就给我们提供了一个有价值的组织绩效和价值创造变化的中间衡量标准。我们开发了一种 "参数分析"方法，它可以通过非正式的方式进行，探询利益相关者将使用什么样的词汇来描述当前学员的参与风格，以及他们希望在一年内能够使用什么样的词汇。后续反馈可以重复这一练习，并评估不断变化的看法。

就在一段时间前，与我们合作的一家大型英国金融组织被贴上了"官僚主义英国机构"的标签，它希望转变成为"领先的欧洲创新企业"。通过调整其文化变革和领导力发展流程，它实现了这一转变目标，并且在接下来的3年里，每个利益相关者团体都对公司及其领导层的看法慢慢发生了转变，同时公司正朝着希望被看到的方向发展。

然后，在个人或团队教练活动实施前后，可以将描述性分析构建到利益相关者反馈问卷中，以查看个人或团队是否正在将其对整体文化变革的贡献转向利益相关者更积极的看法。

3. 留住最佳员工、晋升和影响

衡量员工保留率不但是一个粗略的衡量标准，而且可能会产生误导，因为你可能会留住表现最差的员工，而会失去最好的员工。尽管如此，它仍然可以作为一个有用的指标来衡量教练活动的组织效益。附录中来自印度的"案例研究5"显示，员工流失率从非常高的39%下降到12%，这是一个明显的戏剧性变化。

一些组织试图通过使用3×3评分表（3个关于绩效，3个关于潜力）来衡量其最佳员工的保留情况，该评分表对所有员工的绩效评分为1~3分，对晋升到更高级职位的潜力评分为1~3分。这为衡量接受教练的领导者是否保留了他们在3×3评分表中的团队成员和其他高评分者提供了基础。这个评分表还可衡量他们在团队成员中获得改进的能力，以及在直接下属中加速晋升准备和实现的能力。这种方法强调每个经理人员和领导者在提供"在职"管理人员和领导者力发展方面的关键作用，并侧重于提高领导者在这方面的成功能力。

4. 增加倡导者客户

从衡量客户满意度，到衡量客户保留率，到衡量客户在其"净促进者分数"中的宣传，再到衡量客户体验和参与度，评估方式已经出现了普遍的转变。这由一些行业所主导，因为他们意识到客户短期的高满意度可能会产生误导。在汽车经销行业，经销商会发现，客户在购车时的高满意度与他从同一家经销商购买下一辆车并没有很大关系。保留客户的关键影响是他们的经验，即他们与组织的关系和参与程度，这不仅表现在购买时，还表现在购买后。越来越多的公司依赖客户作为他们的"无报酬销售力量"，即向家人和朋友宣传他们的产品和服务，并通过社交媒体在猫途鹰和Trustpilot（面向全球企业的消费者评论网站）等网站上推广他们的产品。积极发布正面建议的客户百分比增加而发布负面评论的客户百分比减少，这才是衡量价值创造的关键指标！我们曾与医院合作，帮助他们监控赞美或投诉医院的信件，这是另一种客户反馈过程，可以通过教练活动与组织发展联系起来。

5. 增加收入和利润

许多投资教练的组织会询问"投资回报率"，以及在员工发展上的支出如何影响"底线"。"投资回报率"传统上被定义为投资产生的税前和折旧后的利润额与原始总投资成本的百分比。许多作者［麦戈文（McGovern）、帕克-威尔金斯和安德森等］在他们的教练研究中使用投资回报率，声称投资回报率在600%~700%。

马歇尔·戈德史密斯虽然没有使用精确的公式，但他采用了"按结果付费"

的方法进行教练。在会见开始时，他要求在以下两个方面达成一致：

- 在提高领导效率方面，哪些关键行为会带来最大的积极变化？
- 谁是确定（6至18个月后）这些变化是否已经发生的关键利益相关者？

他接着说："只有当我们接受教练的客户在关键的领导行为上取得了积极的变化，并成为更有效的领导者——由他们的关键利益相关者决定——之后，我们才能获得报酬。"

《2016年里德勒报告》显示，组织衡量的投资回报率只有14%，与2007年的13%相比变化不大，尽管80%的组织表示，如果数据可用，他们将"重视这种能够对教练活动进行评估的方式"。E.ON英国公司采用了这种相关性评估方法。他们的第一步是从雇用54个通常为单一的教练提供者转变为雇用一个使用"嵌入教练过程中的专有评估方法"的教练提供者。他们在执行任务开始、过程中和结束时使用三方会议，询问的问题包括教练目标的实现（8.6分，满分10分）和教练对他们工作表现的积极影响（8.8分，满分10分）。"展示市场和客户导向"的得分最低，仍然是7.2分。尼克·史密斯的案例研究（附录"案例研究7"）展示了几年来严格评估的项目。

2010年的高管教练调查由得克萨斯州的夏尔巴高管教练公司（Sherpa Executive Coaching）开展，从来自各种公司的200多名人力资源专业人士那里获得了反馈。其中，87%的人认为高管培训的价值"有些高"或"非常高"。然而，只有18%的人力资源专业人员计算了他们教练支出的投资回报率，但这比去年调查的7%有所上升，增幅超过150%。

教练方面的投资回报率可以简单地从以下公式中计算出：

$$投资回报率 = \frac{计划收益 - 计划成本}{计划成本} \times 100\%$$

彼得开发了一种相对简单的方法来计算教练遵循夏尔巴方法的投资回报率。

1）对于每个教练协议，收集通过教练解决的问题，并对每个问题估计出不解决该问题的成本，即绩效改进的成本收益。例如，团队生产力提高（24 000 英镑）+员工流动减少（36 000英镑）=总收益（60 000英镑）。

2）将收益乘以学员个人或团队贡献归因于教练的百分比。例如，学员报告说50%的生产率直接归因于教练，20%归因于员工流动率的减少。我们就得到12 000英镑+7 200英镑= 19 200英镑的教练收益。也可以要求学员的老板和下属来估计这个百分比并把它们平均起来，这样就能得到更复杂的测量值。

3）再乘以估算的置信度——假设为80%，就得到15 360英镑，即调整后的教练收益。

4）减去教练的总成本5 000英镑，净收益为10 360英镑。

5）为了计算投资回报率，我们将净收益10 360÷教练成本5 000 = 207.2%。

这些方法有许多不足，因为它们试图用金钱来衡量教练的投资回报率，而没有首先在价值链的所有阶段建立一个更加严格的系统方法。这通常是一门不精确的科学，带有很大的主观判断，并受到压力的驱动，要求快速证明纯财务价值。它忽略了许多其他可能有助于创造价值的因素。在许多情况下，它只显示一种关联联系，而不是一种因果联系。迈克尔·韦斯特曾与英国国民健康服务（NHS）合作，在医院实施有效团队发展项目。他先是表明，拥有有效真实团队的医院死亡率较低（一种关联联系），但随后又表明，那些后来提高了有效真实团队数量的医院出现了患者死亡率下降（一种更强的因果联系）。

我们认为，只有让利益相关者更多地参与以下活动，才能克服在衡量教练活动投资回报率的尝试中出现的几乎所有弱点：

- 商议和设定教练目的；
- 审查教练过程；
- 评估整个价值链中的教练输入、输出、结果和价值创造。

| 结论

在本章中我们已经说明，无论你是组织中的学员、教练、督导者、教练经理，还是发起教练活动的领导者，你都必须参与确保教练沿着整个价值链创造价值的工作。这包括思考教练输入的评估如何与学员的发展、行为、参与和行动的输出相联系，与这些变化创造的结果相联系，以及与它们为所有利益相关者创造的价值相联系。我们认为，只有通过发展这些联系，我们才能以更严格和更有根据的方法解决评估投资回报率的问题。

评估不应该留到教练过程的最后，或者只留给教练研究人员和教练经理。每位教练都需要考虑如何将纠正性反馈循环和评估融入每一个教练关系中，并广泛融入他们的教练实践中。

要做到这一点，我们需要询问学员以下问题（即要有一个反馈形式）：

1. 通过上一次教练课程的学习，你在工作中有何变化？对于每个变化，请写出问题2~6的答案。

2. 这和你之前所做的有何不同？

3. 这种干预导致其他人做了什么不同的事情？

4. 这给组织带来了什么不同？

5. 这为组织的利益相关者创造了什么价值？

6. 作为一名领导者，上一次教练课程如何提高了你的资质或能力？

教练督导有"定性"的一面（见第10章），每个教练督导者不仅需要鼓励和实现对教练过程的个人反思，还需要对教练工作及其创造的价值进行更严格的评估和评价。这不仅是针对直接相关方，而且针对所有更广泛的利益相关者。

第13章

系统化教练培训

| 简介

正如我们在第3章中所描述的，教练已经从心理学，特别是心理治疗和咨询的世界发展而来，同时借鉴了其他元素。因此，它在大约40年前备受众人瞩目，这自然在情理之中，也不难理解大部分训练都把教练放在那个背景之下。但在21世纪20年代还会这样吗？我们邀请你和我们一起来探讨这个问题。

作为教练，让我们首先从我们自己的训练开始：

- 教练训练包括哪些科目？

- 回想一下在你的教练实践中，你遇到了哪些你希望包含在培训中的事情？

- 你觉得准备好了哪些元素？你觉得哪些元素准备得还不够充分？

- 自你接受培训以来，环境发生了什么变化？

- 如果你正在设计一个教练培训，你会把哪些额外的材料放在适当的位置，你会做哪些删除或修改？如果你已经设计了一个教练培训，你现在想增加、减少或发展什么元素吗？

- 读过本书后，你认为作为一名系统化教练还需要哪些额外的课程元素？

- 作为教练和人类，我们如何才能更好地为我们面临的挑战做好准备？

在本章中，我们将探讨：（1）教练培训在全球的成功发展，（2）系统化教练发展之旅（包括一个案例），（3）系统化教练培训的核心课程，（4）支撑系统化教练培训的核心原则。

| 教练培训在全球的成功发展

在过去的几十年里，教练训练呈指数级发展。2016年，国际教练联合会（ICF）估计有53 000名教练，几乎是10年前的两倍。截至目前，教练人数又增加了几千人。随着教练加入和离开这个职业，人员发生流动；有些人退休后离开，有些人离开是因为商业原因，而有些人现在加入并接受培训。虽然不是所有的教练都接受过特定的教练训练，但我们可以假设大多数教练都是这样的。

实际上有数以千计的课程，有些是持续几年的硕士课程，有些只是几天的课程，有些是一般性课程，还有一些是专业领域的课程，如职业、管理、关系、健康、精神、个人、商业督导等。主要的教练专业机构现在设有认证课程。还有两个全球教练培训机构，即教练培训组织协会（ACTO）和研究生院教练教育联盟（GSAEC）。这些课程的价格从几百英镑到几千英镑不等。有些人对教练督导感兴趣并希望课程中包括这些内容，而有些人则不会。有些人会特别关注于教练协议或道德，而有些人可能会草率行事或根本不去做。有的课程由领先的从业者管理，有的课程由该领域的学者管理，还有的课程由那些主要动机是增加收入的人领导，而我们的教练课程介于这几种之间。

在20世纪，教练和督导培训的重点大多在于体现培训课程的稀缺性。多年来，培训课程主要在少数几个国家开设，其中大部分讲英语（法国、德国和荷兰等例外）。到21世纪，这种情况已经发生了变化，教练培训现在已经广泛存在，尽管还不算普遍。

| 系统化教练发展之旅

要有效地实现帮助另一个人实时学习和发展，教练人员需要终生致力于自我发展。这不仅意味着获得知识和技能，更广泛地说，是发展一个人的整个生命。伊芙回忆起2007年参加过一个由已故的教练先驱约翰·惠特默爵士举办的大师班。他说："如果你只能进行一项发展，那就是发展自己。"个人发展是职业发展的核心。

我们认为培训部分是关于学习新技能和获得新知识，但所有培训的核心涉及教练人员的成熟和发展。许多人认为教练质量中最重要的区别在于关系的质量，而教练人员所贡献的最重要方面是他们自己的存在和成熟。

因此，所有教练培训的核心是教练人员不断发展自己，因为他们自己的认知、情感和道德成熟度是他们将提供的所有教练活动的核心。他们接受教练或咨询及心理治疗，对于自己能够从学员的角度理解自己的工作，培养自己的自我意识、情绪调节，以及关系和情绪智力至关重要。

克拉特巴克和梅吉森分别在2011年、2010年提出了"教练成熟四阶段模型"。在这四个发展阶段中，教练人员分别基于模型（控制）、基于过程（包含）、基于哲学或纪律（促进），以及采取系统化折中（运用）。他们发现，许多教练人员最开始都是严格地应用教练模型或方法，然后更多地以过程为导向并发展到更大的灵活性，再在第三阶段更多地基于基本原则和哲学。而在教练人员成熟的第四阶段——系统化折中，其标志是他们能恰当地运用广泛的存在、感知和反应方式。通过与教练评估中心的合作及对教练方法的培训和研究，克拉特巴克和梅吉森在2010年的著作中提出了以下方法，以证明教练人员已经达到成熟的第四阶段：

- 他们非常冷静，因为他们有信心在需要的时候找到合适的工具。

- 然而，他们几乎从不使用工具。当他们这样做的时候，这些工具会被巧妙地融入谈话中，几乎是天衣无缝。事实上，他们允许对话发生，让客户发展洞察力，只需用最轻微、几乎察觉不到的触摸来控制方向。

- 他们非常重视理解某种技术、模型或流程在原始哲学中的起源。

- 他们使用实验和反思性学习来识别新技术、模型或流程在哪里，以及如何适应他们的哲学和帮助框架。

- 他们的标准是"这会丰富和提高我对客户需求潜在反应的有效性吗"，并根据这个标准来判断新技术、模型和流程是否适用于他们的教练活动。

- 他们利用同事和督导者来挑战他们的教练哲学，并作为尝试新方法的合作伙伴。

- 他们对客户及其环境和教练关系采取系统和整体的观点，这使他们对情况的细微差别更加敏感，从而对他们可以采用的方法更加敏感。

这与我们自己的方法相呼应，即培训和督导教练发展到他们的工作不再基于工具和方法，而是与学员一起合作，共同创造性地工作，通过关系对话发现必要的发展。我们的系统化方法更强调克拉特巴克和梅吉森上述观点的最后一点，即教练人员不断发展自身能力，并将这些能力引入学员的利益相关者世界的更多方面及更广泛的系统层次，包括生态系统。

对于系统化教练来说，进一步的自我发展至关重要，除了传统教练所必需的智商（IQ）和情商（EQ）之外，众商（WeQ）即协作智慧也很重要。这包括超越看到个人和个人视角的能力，去感知个人之间、团队之间、组织和他们利益相关者之间的联系，最终感知人类和超越人类的世界之间的联系。

许多教练都在走一条不断发展之路（见表13.1），但许多教练会在旅途中的某个地方停下来。这本身并没有错，但我们认为，人们迫切需要更多的教练从他们目前的休息之地站起来，继续踏上他们的发展之旅，以便有能力从事更复杂的系统化教练工作。

表13.1 不断接受更复杂的系统化教练的10个步骤

序号	发展内容
1	教练自己
2	教练同事
3	个人生活教练
4	对经理、主管、高管的系统化教练
5	对经理、主管等人员实施小组教练
6	对管理或领导团队实施督导
7	对领导团队实施涉及其利益相关者的系统化团队教练
8	对多个团队实施团队督导
9	在企业范围内实施教练
10	生态系统化教练

在本书里，我们重点讨论了步骤4、步骤5和步骤6。彼得关于领导力团队教练的著作重点介绍了步骤7和步骤8，在第8章中我们提到了步骤10的迫切需要。

下面是彼得督导的一位名叫科里内·海因斯（Corine Hines）的简短案例，这名学员描述了自己的学习旅程和一个更系统化方法的发展，以及这个方法对她工作的影响：

我曾经认为自己是一名领导力教练，帮助处于领导力角色的人在商业中获得更大成功。我相信我的课程对学员个人有益，而且对他们的经理也有用。我确保目标与业务有联系，并进行三方签约。我得到了非常积极的反馈，一切都很好。然而，对于为更广泛的团队、业务及其他方面创造的价值，我的脑海中经常有一个问号。

我继续我的个人发展之旅，几年来完成了一个团队教练课程，接受了希拉里·莱恩斯（Hilary Lines）的督导及彼得·霍金斯的业务指导。

　　我进一步发展了对系统化教练的理解，这极大地改变了我对自己的看法，以及我与客户合作的方式。

　　这方面的一个例子是，我最近从一家快速发展的分销企业得到一份推荐，为他们的3名高级经理提供教练和培训，目前该企业的年营业额为3000万英镑。当我见到DVS有限公司的总经理蒂姆·古德森（Tim Goodson）时，我没有把注意力集中在3位经理的发展需求上，而是向他询问了公司的发展计划、继任计划（或缺乏继任计划）、文化和战略，以及公司所服务的不同利益相关者。

　　随着对话的发展，我逐渐成为一个与蒂姆及其团队并肩站在一起的值得信任的伙伴，而不仅是一个外包的培训资源。这次会面产生了一种不同的前进方式。我们一致同意，我将与组织的其他成员一起实施一次诊断性反馈调查，而不是三次为期6个月的一对一教练干预。

　　这促使我们与整个管理团队合作，从集体领导力、企业文化和组织结构中探索"未来的企业需要什么"，以及他们如何共同创造这一切。帮助他们个人和集体发展下一阶段的业务，而不只是试图让今天的高级经理"工作得更努力一些"和"跑得更快一些"，用不再符合目的的"燃料"来驱动当前的领导"引擎"。

系统化教练培训的核心课程

　　关于教练训练的核心要素已经写了很多，在本书里，我们将重点关注发展系统化教练需要加入的核心课程。

三腿凳

　　在过去的40年里，有许多人投身于教练这个职业，他们要么来自商业背景，对帮助个人比对追求自己的商业和组织角色更感兴趣，要么来自心理学、咨询或心理治疗背景，希望帮助组织中相对健康的人变得更加成功。前者中的许多人缺乏深入的心理理解，而后者中的许多人缺乏对业务、组织动态和系统的理解。那些有组织背景的人可能也在人际关系部门工作过，或者担任过中层经理，但同那些来自人力资源背景的人一样，他们从来没有在领导团队中工作过，或者作为一名高级领导者体验过被诸多期望、评价和责任重重压在身上的感觉。

在第4章中，我们介绍了一个重要的概念，即商业培训或高管培训的技巧基于以下"三条腿"：

1）教练的技巧和实践；

2）了解心理学，尤其是成人发展和生活阶段；

3）了解团队、组织、更广泛的利益相关者及系统动态。

高管教练需要站在这三条腿上而获得一个安全的基础。这包括原则、模型、工具、方法和途径。

1）**学习教练的技巧和实践。** 这包括教练活动的原则、模型、工具、方法和途径，但首先必须从区分教练人员的角色开始，即他们作为督导者的角色，以及由于对学员实施督导而无法从事被人们广为熟悉的其他角色，如领导者、经理、问题解决者、教师、导师、顾问、心理治疗师、调解员、指导者等。这主要涉及他们需要主动地抛弃那些通常是无意识的习惯，这些习惯伴随着其他角色的参与和反应。

2）**了解人类心理学，** 尤其是成人发展心理学，同时需要了解人的早期发展心理，以及它如何在成人的行为、情感反应和行为模式中表现出来。此外，了解一些精神障碍方面的知识也很有用，如成瘾、妄想状态、自恋及教练可能遇到的社会病态和精神病态倾向等。

3）**了解企业、组织和系统。** 了解企业、组织发展的各个阶段——从初创、成长、发展不同职能、变得更加官僚、创始人离职或移交、收购和合并、引入私募股权或与股东一起上市。理解组织动态和组织变革过程也很重要。我们督导的许多教练都倾向于从个人的角度来看待一切，却没有看到很多看似个人的东西其实是团队、组织或系统动态的指示器。

大多数教练人员都有一个不平衡的"三腿凳"，有些教练人员的凳子甚至缺少一条腿。训练的作用就是确保所有三条腿都到位且平衡，并在教练、反思性学习，以及督导过程中注意这三条腿是否固定好，同时相互之间的关系是否平衡。

必要的资质、才能和能力

在2013年彼得·霍金斯和尼克·史密斯的著作中，彼得广泛地写到教练发展需要整合3个层次：获得资质、发展能力和增长才能。

我们认为资质是关于如何利用技能或使用工具。

能力是关于如何在适当的时间、以适当的方式并在适当的地点利用技能或使用工具。

而才能是一个人的素质……而不是一种技能，更多的是关于你是怎样的人，而不是你做了什么。

许多培训方案几乎完全侧重于资质，特别是学员获得认证所需的资质。对于纯粹基于资质的教练方法，其局限性在于，拥有必要的技能和工具并不一定意味着你知道如何恰当而有效地使用这些技能，以及如何根据不同的人、情况和文化来调整它们。资质通常是基于什么使"昨天"的教练有效，而不是基于"明天"的教练需要什么。我们认为教练培训是一个终生的旅程，通过反思性实践和督导，帮助教练人员将资质转化为能力。此外，关注核心才能，为我们提供了一个容器，通过这个容器，教练人员可以持续地发展新的和不断变化的资质和能力。

系统化教练资质

在本书中，我们展示了系统化教练所必需的关键工具和方法，在教练培训的早期都会详细地介绍这些工具和方法。这主要包括：

1. 签约技巧（第5章）。

2. 管理多方利益相关者的参与（第5章和第6章）。

3. 收集意见并反馈（360度反馈法）（第6章）。

4. 协作探询技巧（第6章）。

5. 系统性聆听技巧（第7章）。

6. 管理教练课程和关系的阶段与过程（第6章）。

7. 团体与系统化团队教练（第9章）。

8. 充分利用督导（第10章）。

9. 在明确的界限内理解道德和督导（第11章）。

10. 理解评估、关注结果和价值创造（第12章）。

这些资质需要建立在坚实的基础上，并系统地嵌入思考和感知中（见第3章及后续章节）。这需要线性思维、实体思维的反学习，将一切视为"属于"个体、极性和二元论思维。如果不真正重视这种反学习，新的资质和能力将建立在错误的基础上，而教练活动仍然是有用的。

能力只能通过经验和行动学习来获得。为了真正能够胜任好的工作，教练或见习教练需要有能力提供教练活动，包括对他们实施教练、让他们接受反馈、反思他们的工作，并利用这些反馈和反思加深他们的理解，将他们的资质转化为能力。这种学习过程可以带来真正的融合。在帮助被督导者将他们的资质转化为能力方面，督导发挥着至关重要的作用，它确保被督导者的能力被融入他们不断增长的各种才能之中，并以无畏的同情心与他人合作。

在第5章、第6章和第7章中，我们概述了一些我们认为对系统化教练至关重要的关键资质和能力。这包括：与多个客户和利益相关者签约和续约；确保工作不仅为个人和他们的组织（双重客户）提供价值，也为两者的利益相关者提供价值；聆听，不仅要积极、准确、富有同情心地聆听，而且要系统地聆听更广泛的领域，听听客户说了什么，删除了什么，曲解了什么，否认了什么；从探索和洞察转向具体的变化，并实现快进排练；使教练发展能够在课程之间和教练关系结束后继续进行。

系统化教练能力

你已经掌握了上述领域的资质并将它们用于教练过程中，那么你还需要通过这些教练过程进行实践、反思和督导来发展你的能力。通过这种方式，教练学会了如何根据学员个人的需要和他们更广泛的环境的需要，有区别和恰当地运用能力。

在此阶段需要开发的一些重要能力包括：

1. 通过四级参与模型加深教练对话（第7章），从解决问题到探索行为模式，然后是情绪模式以及驱动这些模式的心态和假设。

2. 超越洞察力和良好的意图，通过使用"快进排练"和其他体验技术，在教练室创造"转型转变"和体验学习（第6章和第7章）。

3. 让利益相关者参与教练过程的所有阶段，并管理利益相关者的冲突需求（第5章和第6章）。

4. 有效签约（第5章）。

5. 有效评估（第12章）。

6. 能够帮助学员对他们自己的员工和团队实施教练（第9章）。

"才能"与一个人的存在有关，而不是与他的行为有关。它是可以培养和完善的人类品质。才能还可以被认为是我们自身容纳复杂性空间的根本内涵。我们都遇到过似乎没有任何与我们相关的内涵的人，也遇到过那些似乎拥有无限内涵的人，这告诉我们，无论我们觉得需要分享或做什么，才能都是完全存在的。

才能不是要获得的东西，也不是要到达的地方。每一种才能都需要我们用一生的时间去发展，而且发展也不是单向的。如果我们不注重于实践和督导，那么我们体内的每一种才能都会萎缩，我们的效率也会下降。发展和学习是为了生活，而不仅是为了学校。令人高兴的是，总有更多的东西要学。

系统化教练才能

彼得和尼克列出了我们认为应成为所有教练和督导持续终身发展的一部分的核心才能。现在列举如下并在后面稍加补充：

1. 适当的领导力。

2. 权威、存在和影响。

3. 关系参与能力。

4. 发展领导力、反思实践和自我督导他人的能力。

5. 保持权力和影响力。

6. 跨越差异，对个体差异具有跨文化敏感性，了解自己的文化历史和视角。

7. 道德成熟度。

8. 幽默感、人道和谦逊。

我们认为，要发展成为一名有效的系统教练，以上这些才能都很重要，但我们还需要发展一些其他才能：

1. **系统化存在和关联**：在训练的早期阶段，系统教练已经学习了系统化思维和感知，他们需要不断地以系统化存在和关联的方式发展他们的才能。在彼得2018年的著作中，他开发了13种"系统化幸福"（即生存态度），它们是系统化团队教练的核心才能，同样也适用于系统化教练。

2. **生态意识**：能够意识到所有人类活动都是在更广泛的超越人类的生态世界中进行的并受其支持的能力。

3. **系统化希望**：当面对我们这个世界所面临的巨大挑战时，能够避免在绝望和英雄主义之间摇摆不定，但在时间和空间两个维度上持有更广泛的视角，并希望更广泛的系统有更大的治愈能力。

4. **广角共情和同情**：共情和同情的能力不仅是针对教练课上与你在一起学习的个人，而是针对他们故事中提及的每个人、组织和系统（Hawkins，2019年）。发现问题、困难和冲突的地方并不在个人或系统的一部分，而在它们的连接上，并且还要对这些连接实施教练。

5. **成为终身学习者**：作为一名新教练，要能够看到每一个学员和教练的情况，尤其是最困难的情况。这种才能需要通过持续、积极、有效地使用督导而获得。它对于帮助客户成为终身学习者至关重要。

6. **正念和自我反省**：能够注意到自己转瞬即逝的想法和情绪，而不被它们所吸引，或对它们进行评判，并看到你参与的系统化舞蹈，而不仅看到你的舞伴。

| 支撑系统化教练培训的核心原则

我们认为，通过系统化教练方法培训教练很重要，而培训本身必须建立在系统化原则的基础上，并在其教育方法中展示这些原则。

终身学习

教练不是在短期或长期教练训练计划中可以学到的东西；这是一门你一生都在不断学习的技艺。我们经常用这样一个比喻：训练计划就像是刚开始攀登一座高山时的"大本营"。"大本营"是你适应环境的地方，你可以尝试各种工具，凝视这座高山，将它与地图和可能的路线联系起来，在山的较低位置进行各种练习，研究不断变化的天气，分享过去攀登的故事。当你在山上，天气变得不可预测，地图上没有显示峡谷和意想不到的雪崩时，你会有更深的了解。独自攀登难度大的山峰是那些非常有经验或者有勇无谋的人的所为，并且伴随着巨大的风险。我们强烈建设你依靠团队合作并有当地导游相伴。这就是为什么我们认为终身督导对所有教练来说都至关重要。

投入整个自我

我们仍然会遇到以学习模型、工具和方法为中心的教练培训，它希望你有一个良好的教练过程模型，如GROW或CLEAR，并且有一个有用的问题库和一些流行心理学知识，这样你就可以成为一名教练。我们认为教练带进教练室的主要工具是他们的整个自我，而这整个自我需要被关注、发展和成熟。大卫·克拉特巴克开发了"教练成熟四阶段模型"。在以前的著作中，我们（和其他人）也借鉴了一些教练模型，如咨询心理学的发展模型、领导力发展的垂直模型，以及道德和道德成熟度的发展模型。我们相信所有的教练培训师都需要了解不同的成熟阶段，并使用这些模型来设计他们的训练阶段。此外，我们认为应该在教练培训中教授发展阶段，因此学员可以使用这些地图来查看他们的客户和自己的成熟之旅，以及两者之间的关系。

行动学习周期

我们同意贝特森（Bateson）1972年的观点，认为所有重要的学习都是行动学习，"知道却不采取行动，就是不知道"。获取数据就是贝特森所说的"零学习"——这可能是为真正的学习做准备，但它本身没有什么价值。像许多教练一样，我们受到了科尔布（Kolb）的"学习周期"、尤赫（Juch）和雷文斯（Revans）的"行动学习"，以及其他人发展的成人学习方法的影响。这些方法表明，最富成效的学习需要遵循一个包含几个步骤的周期：行动，对行动的反思，新的意义创造和理论化，然后计划新的行动。彼得和尼克简化了最初的科尔布学习周期，并开发了行动学习周期模型（见图13.1）。

图13.1 行动学习周期模型

在培训教练时，我们鼓励并引导学生和读者反思任何新的思维、理论或模型，并考虑这些对他们意味着什么，以及如何与他们的经验和其他学习相关联，然后探索这些新思想如何影响他们的实践（从"思考"到"计划"）。当学习处于短期记忆中时，重要的一点是学生将这种学习转化为"行动"，即指导他们的同学或客户（从"计划"到"行动"）。重要的是，在这一过程之后是反思，包括客户和观察员的反馈、自我反思及督导。对这种反思性学习进行督导，可以启发和改革思维（从"反思"到"思考"）。然后，新的学习周期又开始了。

通过这种方式，学习不是"内省"和囫囵吞枣，而是真正地被咀嚼、消化，并融入学生对工作的具体认识和理解中。

在教练的终身学习过程中，行动学习发生在许多周期和不同的层次中。以下是一些周期：

- 第一个周期，当学生教练开始他们的初始训练时，"行动"可能包括三人一小组的训练。每个人都有机会扮演教练、学员和观察员的角色。每一次"真正游戏"（不是角色扮演）的教练课程之后都会有结构化的反思和反馈。有时培训师会旁听这些练习并提供反馈。

- 第二个周期将带我们与志愿者一起实践，进行有组织的反思和反馈，并进行定期督导。在这一阶段，通常会从与该方案相关的培训师或督导者那里接受督导。

- 第三个周期是与实际客户一起实践，并且继续进行督导。在这一阶段，学生已完成初始培训，可能进入高级培训的一部分。

- 第四个周期需要一个人在整个职业生涯中围绕行动学习周期不断行动，并且仍然继续进行督导。这可能包括写下自己的工作，在会议上分享，或开始训练和督导他人。学生参加培训并开始成为一名教练督导者，这将如何发展他们的教练实践？许多在世界各地参加我们教练督导培训的学生对此都发表了评论，对这个问题的关注甚至超过了高级教练培训。到了这个阶段，我们已经学会了在行动中反思，以及对行动进行反思——这意味着我们在课程期间将反思的技巧融入我们的客户中，而不是仅仅在课程之后，不管是单独还是在督导中。

科尔布在1984年描述了不同的学习风格，这种风格后来得到了其他人的发展，如霍尼（Honey）和芒福德（Mumford）。科尔布举例说明了四种风格和一个学习风格调查问卷，可以用来确定我们的特殊风格：

- 分歧（感觉和观察）。分歧型思考者倾向于敏感，喜欢在行动前观察和等待。他们需要时间来吸收新的知识。

- 同化（观察和思考）。同化型学习者更喜欢抽象的想法而不是关系，他们更喜欢在尝试实践之前先学习理论。

- 融合（行动和思考）。融合型学习者最擅长于技术技能，而不是人际交往技能，因此教练可能不是他们的最佳职业，但如果他们能边做边学，那么他们更有可能学到需要的东西。

- 适应（行动和感觉）。适应型学习者更喜欢直接"动手"做某事，而不是用分析，依靠直觉而不是逻辑。

大多数人都倾向于一种风格，但重要的是学生和教员必须明白，我们所有人都有不同的学习风格，并考虑到这一点，从建立学生的主导学习风格开始，但要帮助他们扩展这种风格，避免陷入一个捷径式学习周期，如图13.2。这也有助于我们观察客户的偏好，以便我们能够最有效地帮助他们。

在彼得和尼克2013年的著作中，这些潜在的捷径被描述为：

1. **救火或强迫型实用主义行动**。即陷入"计划—行动—计划—行动"的陷阱，其座右铭是，"如果你的计划不起作用，那就计划做些不同的事情"。学习停留在试错阶段。

2. **事后检验**。即陷入"行动—反思—行动—反思"的陷阱，其座右铭是，"反思哪里出了问题，并纠正它"。这里的学习仅限于纠错。

3. **自我沉溺和理论化**。即陷入"反思—理论化—反思—理论化"的陷阱，其座右铭是，"思考如何让事情变得更好，但不要冒险让你的理论经受考验"。

4. **分析导致瘫痪**。即陷入"分析—计划—更多分析"的陷阱，其座右铭是，"三思而后行，计划如何去做，想得更多一些"。害怕犯错或冒险限制了学习。

5. **极权主义回应**。即陷入"理论化—行动"的陷阱，其座右铭是，"从理论上解决问题，然后强加给他们"。

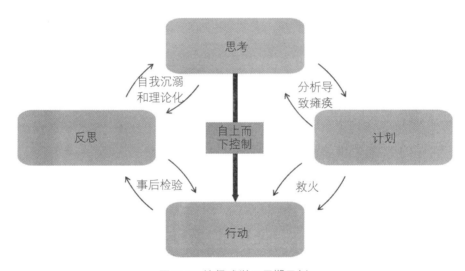

图13.2 捷径式学习周期示例

将培训系统及其学习社区用作学习实验室

要提供系统化培训，我们不仅需要关注每个学员的学习需求，还需要定期反思学习社区的更广泛系统。这确保我们不仅要了解学员个体的学习和发展如何嵌入其团队、部门、组织和更广泛生态系统的更广泛内属系统中，还要了解每个学员个体的学习如何内属于更广泛的系统中，这些系统包括同事学习团队、学员和教员的学习社区、个人和组织客户（当前和未来）的利益相关者社区、更广泛的不断发展的督导职业系统，以及人类大家庭和更广泛生态之间的整个地球。通过定期抽出时间关注学习社区中的众多内属系统，我们可以帮助学员发展系统化肌肉，使其将注意力从自我转到他人、关系联系、团队动态、社区文化、更广泛利益相关者的系统化流程和需求，最后转到更广泛的生态环境，然后再回来。我们关注每一个元素如何内属于更广泛的系统层次上，而这些系统层次又都内属于每一个元素中，并关注内属系统之间的系统舞蹈如何在众多层次上不断重复。

结论

我们不仅认为教练活动需要为21世纪发展一种新的范式，而且认为这必须从我们教育和训练教练人员的方式开始。培训的核心必须是认识到教练活动服务于个人以外的人，并帮助教练人员不仅要以客户为中心，还要以利益相关者为中心。

同样，我们主张教练活动需要基于伙伴关系，我们一直以来主张教练活动需要以利益相关者和以未来为中心，注重为所有当前和未来的利益相关者（包括人类和非人类）创造结果价值。在本章中，我们概述了培训不仅可以提供必要的训练，还可以在培训的结构、发展和反思方面建立一个系统化方法模型。

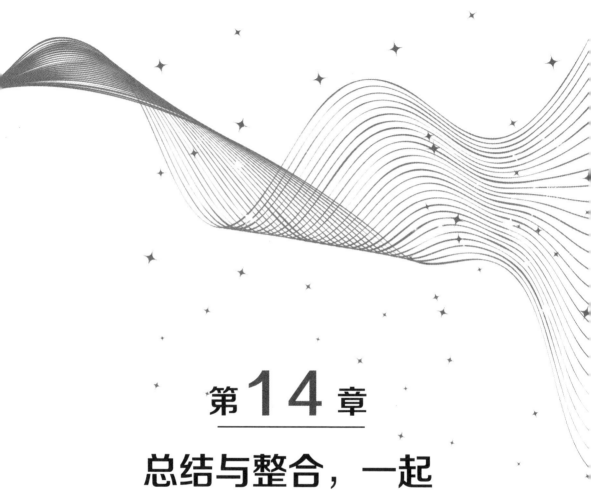

第14章

总结与整合，一起应对未来

| 简介

　　本书的核心任务是回答开普敦一名一线经理提出的质疑（见第1章），并揭示我们如何从"为享有高度特权之人提供昂贵的个人发展"转向如何超越个人传递更多价值。作为人类，我们生活在一个极具挑战性的时代，我们面临的挑战之一是学会如何在一个全球拥挤、相互关联的世界中与超越人类的世界合作，并认识到我们只是更大整体中的一小部分。我们需要找到如何扭转生态破坏的"自杀"途经；尽管有各种各样的地球峰会和充满善意的计划，人类污染、排放，以及破坏其他物种及其栖息地的现象正变得越来越严重。

　　我们再也不能把时间浪费在孤立地改变世界上了。

　　我们认为工作需要建立在生态道德的基础上，关注人类与超越人类的世界之间的相互关系，并同意奥布赖恩的以下观点：

　　一个有效的生态意味着人和组织的目标与所信奉的价值观相一致，并且一个机构在情感和心理方面与人性的基本属性，以及更深和更高的属性相一致。培育这种生态需要一种基于价值观、愿景驱动的领导力、对企业文化的精心培育，以及管理者和员工个人敏锐的道德意识。

　　我们只有一个非常有限的窗口来给我们的物种带来实质性的全球变化，否则全球变暖带来的一些影响将变得不可逆转（见联合国政府间气候变化专门委员会，2018年）。2019年5月，来自50个国家的专家发表了一份关于生物多样性的报告。该报告显示，在未来数十年内，100万种植物和动物物种将面临灭绝，这一毁灭速度比过去1000万年的平均速度高出数十至数百倍。这给世界带来了巨大的挑战，就像气温上升可能导致植物、昆虫和其他生物的数量减少，从而影响我们的食物供应、饮用水和授粉一样（生物多样性和生态系统服务政府间科学政策平台，2019年）。在教练职业中，我们必须问自己："作为教练，我们唯一能够为明天的世界做什么？""对于人类意识中必要的范式转变，我们最大的贡献是什么？我们如何与其他有同样担忧的职业开展合作？"

　　在本书前面的章节里，我们探讨了各种使教练活动不断发展并且能够发展得更远的方法——从以自我为中心发展到以利益相关者为中心，并为学员的团队、组织、他们的众多利益相关者，以及他们参与和支持的更广泛的社区和生态创造价值——这些方法就如同我们编织的一条条绳索。现在，我们首先需要做的是把这些绳索汇集在一起。

然后，我们将从多个方面阐述教练人员如何认识到他们的培训和职位所带来的特权，以及如何运用他们的教练专业知识，而不仅是教练个别经理人员和领导者。

最后，我们将呼吁并邀请读者与我们一起考虑我们每个人可以采取哪些行动来提高"比赛"水平，增加我们在教练活动之外的影响力，并在我们共同的世界中产生更大的积极影响。

因此，在最后一章中，我们请你考虑以下两个重要问题：

你如何给你的教练活动带去更多的价值，不仅为学员个人，而且为他们的所有利益相关者？

你如何利用你在教练培训和经验上的特权在这个世界上创造更大的有益影响？

转变教练模式

我们已经从多个方面讨论了教练如何变得系统化，以及如何超越学员而带来更多的价值。在这里，我们将对这些内容进行总结和整合。

与学员合作

在本书的前几章中，我们展示了教练活动如何从将学员视为客户，到认识到学员是个人和组织的双重客户，再到将个人视为我们在教练工作中的合作伙伴，从而为所有个人和组织的利益相关者提供价值。这展示了教练活动如何从教练个人做的工作转变为教练与学员合作完成的工作，以及教练的第三个关键要素，即生活向学员提出的挑战。我们认为是学员、教练和环境的三角关系共同创造了教练过程，为个人及其组织的众多利益相关者服务。

与雇用你的组织合作

许多组织正从简单地关注"股东价值"转向如何为所有利益相关者提供"共

享价值"；不仅是投资者和出资者、客户和供应商、员工和签约商，还有社区和组织运营与支持的更广泛的生态环境。我们认为教练应该在组织和个人层面积极支持这一趋势。

当督导教练时——无论是外部教练还是内部教练，如果他们在同一个组织中督导三个或更多的个人，我们会询问他们除了个人学习，如何支持组织学习。人数少的话，这可能会受到限制，因为我们要确保不会做任何违反与个人达成的保密协议的事情，但这是为了让人们意识到教练是一项系统化活动，教练人员处理的主题和模式越多，他们能识别和分享的主题和模式就会越多（这应在签约时提及）。在第4章中，我们分享了我们开发的"收获学习"的方法，通过这种方法，教练可以单独或集体地反映和分析在教练活动中出现的组织与文化模式，并找到将这些模式反馈给组织领导者的方法，同时保持个人问题和学员的保密性。最后，我们还描述了如何促进组织战略与通过教练社区展示的文化模式之间的对话。

以目标为导向的教练

以利益相关者为中心的教练活动，不仅通过"未来回溯"和"由外而内"的探询过程发现你当前和未来的利益相关者想要什么或需要你做什么，而且使学员知道如何发现和实现他们更深、更广的目标。在与需要接受教练的人最初会面时，我们探询的问题包括他们自己的情况：他们对什么充满热情？他们生活中真正重要的是什么？以及他们想要在世界上做出何种积极的改变？因此，教练活动要面向两个方面的工作：学员能够独一无二地做什么，以及学员因何种目的能为这个世界做什么。我们还展示了以目标为导向的个人和组织如何获得更大的创新、成果和成就。

通过签约发现更广泛的世界需要我们做的工作

为了实施以目标为导向和以利益相关者为中心的教练活动，我们需要与多方利益相关者签约；在第5章中，我们概述了这方面的最新研究和最佳实践。这种多方利益相关者的签约不仅需要在教练任务开始时发生，还需要在整个教练过程中作为一个常规的循环过程。

约定我们将如何一起合作

在发现学员、他们的组织和他们的世界需要教练活动来关注的工作后，教练和学员必须就他们如何合作来完成这项工作达成一致。在第5章和第6章中，我们探讨了双方在签约时不仅需要确定实施教练课程的地点、时间、费用、其间的工作、保密性和其他界限，而且需要确定最佳的协作方式，以及各方不同但同样重要的角色。

真正把更广泛的利益相关者带进教练室

利益相关者的声音不应该仅仅在多方利益相关者签约和审查时进入教练室，而应该贯穿整个教练过程。教练可以直接通过跟踪或指导学员与他们的团队或利益相关者进行互动，或者间接通过一些行动技巧，指导学员采取角色扮演等方式，站在利益相关者的立场上思考、塑造角色、系统化排列等。

超越洞察力和良好的意图，融入学习和行动

通过多年的督导，我们发现教练人员会遇到这样的最大挫折：虽然他们的客户会对课程中获得的洞察力表现出喜悦之情，并将这种喜悦变成非常明确的行动计划，但他们经常在回到下一个教练课程时重蹈覆辙，因为他们并没有认真贯彻那个行动计划。在督导过程中，教练通常会责备或指责学员，说他们缺乏勇气或责任感，或者自责于自己作为教练还做得不够好。相反，我们鼓励他们探索如何改进教练过程和生活方式，以避免上述模式重复出现。有一句谚语说："通往地狱的道路通常是由善意铺就的。"我们需要认识到，洞察力和良好的意图虽然有益，但不足以创造可持续的变化。尽管行动计划由大脑右半球新皮层通过语言来创造，但变化总会体现出来。真正重要的是，我们不要在行动计划阶段停止督导，而是促进从语言和思维到具体行动的转变。在第7章中，我们描述了如何实施"快进排练"和具体化承诺。

定期审查我们的合作，包括利益相关者的意见和续约

审查不应该发生在教练过程的最后，而应该在整个教练过程中定期进行。通过这种方式，教练伙伴关系可以反思已经取得的成就，如何合作完成商定的工

作，以及从第一个教练周期开始，我们如何改进第二个周期和后续周期。通常，在工作开始时设定的目标和安排可以升级和改变，因为我们一起在教练过程中会有更多的发现。教练活动本身应该是一个持续的行动学习周期，包括行动、反思、新的签约、新的合作方式和新的付诸行动的方式。

对我们的工作实施系统化教练督导

我们认为，如果没有高质量的系统化教练督导，就不可能执行高质量的系统化教练。正如我们在第10章中所探讨的那样，这是因为我们不能置身于我们工作的任何系统之外，我们是与之互动的所有系统的一部分，并且很难看到我们参与共同创造的系统。中国有句老话："唯有鱼最了解大海。"我们不仅有盲点，而且又聋又哑，这是系统里我们看不见、听不见，也说不出的东西。我们的身体从教练那里吸收的信息比我们意识到的要多得多。我们发现的大部分东西仍然是克里斯托弗·博拉斯（Christopher Bollas）所描述的"未经思考的已知"，即我们通过身体和大脑的其他部分所知道的东西，并没有被新皮层（即认知理解）所处理。而督导可以帮助我们走出教练关系的舞池，从露台上看到系统化舞蹈，从而能够处理已经传达的大量信息，但我们并没有意识到这些信息。

将评估纳入我们的工作及更广泛的教练研究

重要的是，我们不仅要不断学习和发展作为教练人员的工作，而且整个教练行业也要共同学习和发展，所以我们要共同发展"适应未来"的教练活动，而不是依赖于以前工作的教练活动。在第12章中，我们探讨了教练评估需要超越对输入的反馈，我们要求作为客户的学员对教练活动和教练人员进行反馈。这就是我们的同事乔纳森·帕斯莫尔在评估时所说的："学员有多么爱他们的教练！"评估需要关注教练活动的学习和发展成果，以及这些成果如何转化为对学员的利益相关者有益的结果，并通过这种方式为学员、利益相关者、更广泛的社区和生态创造有益的价值。

| 超越教练室的界限——扩大影响

在本书里，我们主要关注系统化教练活动如何通过与学员个人或团队合作的范式转变而产生更大的影响。对于教练人员而言，学员不是作为客户，而是作为他们的合作伙伴，与他们肩并肩地面对所有利益相关者的需求，并一起通过实施教练活动来推动利益相关者不断学习、发展和前进。我们已经展示了如何让利益相关者直接或间接参与协议签订、目标设定、反馈、审查和评估，从而增加教练活动的影响和连锁反应，为学员个人和教练带来更多益处。

然而，除了"为享有高度特权之人提供昂贵的个人发展"之外，教练人员和教练活动还有其他方式可以产生并且正在产生有益的影响，我们现在正转向这些方式。

教练活动的再分配

"20世纪的历史在很大程度上是围绕着如何减少阶级、种族和性别之间的不平等的"，但在21世纪短暂的历史中，社会不平等却迅速增加，对许多人来说，这令人惶恐不安。这由许多因素造成：房价的快速增长，尤其是在大城市；下层阶级的增长，包括临时工、自由职业者和临时工；资本的日益集中为富人创造了更多的财富；以及像亚马逊、谷歌和脸谱网这样能够控制价值链和积累数据的公司越来越少。据估计，世界人口的1%拥有世界财富的一半（《新闻周刊》，2017年11月14日），而根据英国下议院图书馆的预测，这一比例到2030年可能上升至64%（《卫报》，2018年4月7日）。2019年1月，牛津饥荒救济委员会的年度简报指出，"去年，26个富人与占全球人口总数一半的38亿个最贫穷的人拥有相同的财产"（牛津饥荒救济委员会，2019年：第10页），这一富人人数在一年前为43人（牛津饥荒救济委员会，2018年）。

哈拉里（Harari）担心贫富不均将会在多个原因的驱动下继续增长：（1）由于劳动力成本低，历史上的贫穷国家可以通过承接较富裕国家的外包制造和生产业务来发展，从而创造他们自己的工业革命，但是随着人工智能、机器人化和3D打印，这条发展之路变得越来越不可行；（2）财富将越来越多地流向那些能够控制和拥有数据的人，劳动力将成为不太需要的资源；（3）通过生物技术和信息技术的融合，富人将能够获得更大的优势，并不断增强健康、长寿、教育和大脑等方面的能力。2016年，哈拉里写道："如果更多的钱可以买到更强的身体和大脑，随着时间的推移，贫富差距只会逐渐扩大。"

施蒂格利茨（Stiglitz）和皮凯蒂（Piketty）已经表明，日益加剧的贫富不均不仅对那些变穷的人不利，而且对所谓的"赢家"也不利，因为日益扩大的财富不平等带来了更大的社会动荡和不稳定——富人不得不花费更多的财富来保护自己，为更多的警察、监狱、医院和社会福利支付更高的税收。威尔金森和皮克特（Pickett）观察到，随着富裕国家变得更加富裕，焦虑、抑郁和许多其他社会问题的比率会长期处于上升趋势。

除非我们作为教练意识到我们周围的社会、生态和政治正在发生的变化——我们也处于这种变化之中，否则我们实施的教练过程可能会加剧这种日益扩大的鸿沟。因为富人的生活和适应能力可以通过教练活动、弹性练习、瑜伽、正念等得到进一步提高，但对于无论富国还是穷国的下层阶级而言，他们只能变得更加边缘化。

在教练行业，许多人已经意识到了这种危险，并勇敢地承担起责任，努力做一些工作来重新分配教练的益处，在"为享有高度特权之人提供昂贵的个人发展"的经济大潮中逆流而动。我们知道，教练可以在这方面采取5种不同形式的行动，并且可以做得更多。现在，让我们简要地探讨这些行动。

1. 混合经济

多年来，就像我们督导、培训和会见的众多教练一样，我们双方都在自己的业务中经营着一种"混合经济"，为我们所培训和督导的不同行业与国家提供不同水平的费用。商业部门、公共部门和非营利部门的小时和日费率有很大的不同。无论是线下还是线上教练活动，我们还根据不同的国家收取不同的费用，这在某种程度上有助于认识不同国家的经济富有程度。

就业增长越来越多地不是来自大型跨国公司，而是来自小型初创企业和成长型企业，这些企业购买教练的时间和资金虽然都比较少，但需求总量却同样巨大，甚至超过大型跨国公司。据估计，50%的初创企业在成立的头两年就破产了，其中许多都是因为可以避免的错误。这些公司需要接受系统化的个人、团队和组织教练，以及与业务督导相结合——这是一种混合技能的教练与督导，目前仍然供不应求。一些国家和地区政府正在认识到这一需求，并在国家层面上支持为发展中企业提供领导力发展，以及系统化的个人、团队和组织教练与业务督导，彼得一直在参与其中一些关键工作的督导。在没有政府帮助的情况下，为了支持一些重要的小型企业不断发展，彼得向他们收取非常低的费用，并在他们实现一定的收入和盈利目标时支付"附带奖金"。

2. 十一奉献

查尔斯·汉迪（Charles Handy）是一位著作颇丰并且受人尊敬的商业大师，他对组合式职业的发展有很重要的预见。他描述了我们应如何思考4种不同类型的工作：（1）有偿工作，（2）免费工作，（3）家庭作业，（4）学习工作。这些工作与那些从事教练职业的人极为相关，他们要想取得成效，必须通过督导和其他形式的反思与学习工作不断发展自己的技能和才能；他们必须确保有一个强大而资源丰富的家庭和社会基础来工作，并通过"家庭工作"做出贡献；他们必须通过"有偿工作"赚取足够多的钱，让他们也拥有自由支配的时间从事"免费工作"——利用他们的技能对更广泛的世界产生有益的影响。

我们督导的一些教练，他们拿出或贡献一定比例（约1/10）的教练时间来支持甚至连低价教练都负担不起的工作。"十一奉献"是中世纪欧洲使用的一种方法，通过它，10%的农产品被用来支持教堂、修道院和修女院的工作。现在，十一奉献有一个条件更宽松但产生的效果更大的可能性，即不仅可以用金钱，还可以用我们的教育、培训和经验特权所获得的技能和能力来回报，而这是绝大多数人无法获得的。

2016年推出的"教练行动主义"就是这样的例子之一，这是一个由许多教练免费提供的集体项目——我们两人在这个项目的头三年实施期间曾是积极成员。莉莉·塞托（Lily Seto）是这样描述这个项目在加拿大温哥华岛发布的盛况：

当来自全球同行业的29名（共42名）参与者在我们的"教练行动主义"项目发布会上郑重签上自己的名字时，我看到现场的气氛达到了高潮。此项目的参与者来自包括加拿大、美国、黎巴嫩、南非、英国、希腊、葡萄牙等国家。组委会成员通过努力工作和极大的热情将项目带到今天的发布日；有些培训师主动提出为我们提供基本领域的培训，这是我们希望在培训难民运动时关注的领域（如创伤、道德、边界管理、交易分析和跨文化培训等）；有6位督导者自告奋勇表示愿意为教练人员提供督导；当然，还有来自加拿大和希腊的20位教练！

此项目旨在为难民机构的一线工作人员提供免费教练。为他们付出时间的教练从督导者（包括伊芙）那里得到免费督导。督导者们在一个线上督导团队中会面，这个团队接受彼得的免费督导。随后，包括我们在内的许多教练人员和督导者都参与了"免费"的"道德教练"项目（同前）。从监狱工作者到倡导农村社区志愿服务的EMCC社会责任计划，这样的例子在整个行业中比比皆是。

3. 使行业多样化

尽管世界各地的教练人员、教练督导者和教练培训都有了巨大的增长，但教练行业仍然主要由享有特权的西方白人主导，北美和西欧是训练有素的教练最集中的地区，其次是"欧洲移民"，如澳大利亚、新西兰、新加坡和南非。即使在这些国家，教练活动受"白人"主导亦一样显而易见。因此，要使我们自己的行业和职业多样化，我们需要做的工作还有很多。我们认为可以通过以下3种方式来实现：

1）**白人意识**。我们建议所有的白人教练在他们的培训课程中加入一些对了解白人文化历史、心态和特权的关注。他们将这些可能成为有效跨文化工作障碍的内容带入了教练活动中，而这种跨文化工作的意识有助于拓宽职业。对于白人来说，跨文化培训往往侧重于通过双筒望远镜来尝试理解其他文化，而不是照镜子看待我们自己习以为常的感知、思考和存在方式。为了通过白人意识的必要阶段，赖德为我们提供了一个有用的工作模式。

2）**向更大的多样性主动敞开大门**。来自南非的芭芭拉·沃尔什（Barbara Walsh）撰写了本书附录中的"案例研究3"。她认识到，在一个白人仅占人口8.9%（2011年人口普查），而在政治上和经济上占主导地位已经有几个世纪的国家，南非的整个教练业务都由白人教练、督导者和培训师主导。他们正在为所有的白人全职教练设立一个项目，以督导在组织内工作的年轻黑人内部教练，帮助他们加快自己的发展，并为南非教练行业做出贡献。

3）**为有需求但负担不起的国家提供教练**。全球最大的虚拟会议和教练培训社区WBECS的创始人兼总裁本·克罗夫特（Ben Croft）在2017年推出了"道德教练"（Ethical Coach）项目，并得到了包括彼得在内的许多创始教练的支持。2018年，第一个大规模的项目在埃塞俄比亚启动，伊芙和同事通过她的督导者学习组织"全球督导者网络"（GSN，2019年）参与其中，免费提供时间和技能。

"道德教练项目的愿景最早起于埃塞俄比亚，即通过向来自非政府或民间社会组织的领导者介绍教练的力量，目标是支持他们努力使数百万贫困儿童和家庭的生活发生实质性变化。2018年10月，埃塞俄比亚非政府组织领导力教练峰会举行，拉开了这个项目的序幕，并启动了一个教练方案，由世界级国际教练和当地教练组成的教练团队参与支持非政府组织为埃塞俄比亚一些最弱势群体提供教练服务。整个方案旨在促进当地的可持续发展，目前正在通过严格的程序进行评估，以便制定将来准备在全世界推广的最佳实践和案例研究。"

曾经接受过彼得培训并与之共事的超级教练之一特雷弗·沃尔多克（Trevor Waldock），已经从伦敦的一名教练和教练培训师变成非洲青年领袖的领军人物。他对自己的工作描述如下：

在个人、社区或国家生活的任何领域，如果没有良好、强大和有效的**领导**，世界上任何地方都不会实现可持续发展。我们将领导力培训带给每个人，因为我们相信**每个人都是领导者**……从现在起到2030年，实现所有17项联合国可持续发展目标（Sustainable Development Goals，SDG）需要领导力。让全世界更多的女孩上学需要领导力。在你的社区里，阻止基于性别的暴力或者让你自己接受艾滋病病毒/艾滋病（HIV/AIDS）检测需要领导力。我们需要领导力来修复破裂的关系，或者摆脱债务，改变生活中不起作用的事情，让我们抓住生命之笔，写下自己独特的故事。在人生的不同阶段，我们需要领导力去面对和攀登那些向我们发起挑战的不可逾越的高墙。我们需要领导力来为家庭实现目标，为更美好的未来存钱，而领导力让我们可以迎难而上，勇敢地生活。我们需要领导力来看到并承担我们想要改变的社区，为正义与和平而战，为弱者与弱势群体而战。所有这些都是领导力……我们的培训使人们能够：

- **领导**他们积极地生活，以及释放他们的潜能；
- **领导**他们的团队；
- **领导**他们的财务；
- **领导**一个项目以造福他人。

4. 将教练活动集中在未来的受益者身上

我们培训和督导的许多教练在选择培训的行业、企业和学员时变得慎之又慎。其中有一位，他从全球大型石油和天然气企业的高薪教练转变为可再生能源行业的小型初创企业和成长型企业的教练。其他同事已决定继续与碳排放、采矿和烟草行业合作，但仅限于他们能够指导这些行业中正朝着改变目标努力的那部分。例如，与一家大型烟草公司合作探究"后烟草时代的未来"，以及帮助一家大型石油公司研究如何超越碳基能源。居住在南非的普里沙尼·萨蒂亚帕尔（Prishani Satyapal）一直在利用自己的教练技能与教皇矿业委员会合作。新加坡的保罗·利姆（Paul Lim）将他的公益工作集中于对学校的一线教师进行督导，这些教师有责任培养下一代来应对我们留给他们的挑战。

5. 唤醒职业

要进一步唤醒我们自己、我们的同事、教练专业协会和广大公众，让他们认识到时代的挑战，并发现我们如何成为解决方案的一部分，而不再成为问题的一部分。我们还有许多工作要做，也必须完成。对于我们来说，参加教练会议并不罕见，这些会议主要是特权阶层（白人为主）和中产阶级教练与特权世界的其他成员之间的内部对话。彼得积极鼓励在平台上召开教练会议，邀请对教练持批评态度的首席执行官、正在寻找新的网络教练方式的年轻千禧一代、社会活动家，以及来自非特权群体的人士参加。我们认识到，我们正在付出真正的努力来接纳更多来自非白人背景的人，并希望我们能够一起加速使这些小种子发芽和成长。

我们还鼓励所有教练专业团队不要把自己的成员视为顾客，而要把他们视为推动职业发展的合作伙伴，超越已经享有高度特权之人的昂贵的个人发展，成为从集体意识转变为适应未来的一部分，以应对我们现在所面临的挑战。

绩效教练的创始人之一约翰·惠特默和《教练的未来》（*The Future of Coaching*）一书的作者赫蒂·艾因齐格都是"成为变革者倡议"的核心人物。

赫蒂将这场运动描述为：

"成为变革者倡议"（BTCI）旨在激励、推动和支持在环境可持续发展、社会正义和精神满足等领域的坚定行动。我们将这些问题视为一个而非三个，并将人类面临的危机视为我们变革的最大机遇。我们认为，人类面临着历史上最大的生态、社会和经济危机。现代文明对人类和自然的过度消费和开发，使我们陷入了僵局。我们通过举办各种教育和变革研讨会，以及建立一个相互联系和充满激情的社区来解决这些危机。在这个社区里，所有人都支持建立可持续、公正和人人实现理想的人类社会的愿景。这项工作的核心是"成为变革者"研讨会。我们相信，为了产生长期的系统化变革，我们需要将我们的集体故事的主题从工业增长的社会转变为维持生命的文明，这是我们这个时代最基本的冒险精神。

曾接受彼得督导的学员之一艾莉森·怀布罗（Alison Whybrow）也为教练行业的发展出版了许多著作，她决定通过帕卡马联盟（Pachamama Alliance）做出自己的贡献，其目的：

通过与土著人民的合作伙伴关系，我们致力于在地球上创造一个环境可持续发展、精神满足、社会公正的人类社会。

我们的独特贡献在于，让世界各地的人们参与到符合这一目标的转型对话和体验中来。我们将本土和现代的世界观编织在一起，这样人类就能触摸到自己的尊严，并因此时此刻人类可能拥有的辉煌、神秘和机遇而变得高贵。

我们在这里是为了激励和刺激人类大家庭为地球上繁荣、公正和可持续的生活方式做出重要的自觉承诺。这是一个致力于改变使我们彼此隔离的人类系统和结构的承诺，也是一个致力于改变我们与自己、他人，以及自然世界的关系的承诺。

艾莉森还做出了其他贡献。在写给我们的一封私人信件中，她描述了她如何主持所在街道的居民协会——其核心目标之一是减少气候影响，并在当地开展"街道植树活动"。她还是参与"反抗灭绝"游行的教练之一。"反抗灭绝"是一项全球环保运动，倡导通过非暴力公民不服从行为迫使政府在气候紧急情况下采取行动。因此，与其说艾莉森的贡献在于她将全球视角置入其工作的核心，不如说她把这个视角置入从本地到全球的所有参与者和互动行为的核心；在这个视角下，我们把目光从家庭和邻居关系延伸到教练活动和温和挑战中使用的框架，再延伸到更广泛的行业，让我们有机会将促进技能发展带到专门设计的项目中，以支持人们向意识和行动过渡，这将成为新兴的、富有创造力的人类地球故事的一部分。

在接下来的案例研究中，教练乔西·麦克莱恩博士与南澳大利亚阿德莱德的一个地方管理机构分享了她的工作，这是她在2003年听了约翰·惠特默关于全球不可持续发展的演讲后受到的启发。她加入了帕卡马联盟，当她目睹第6次大规模灭绝、社会解体和环境破坏的迹象悄然而至时，她经历了人类和我们星球的抑郁和悲伤阶段，但似乎很少有人注意到这些。对于蓝筹公司来说，工作通常意味着航空旅行。她写道："我现在意识到了生态足迹，以及我们的全球不可持续性，然而我四处旅行却没有考虑到这一点。我遇到的一位不可思议的女人对我说：'你的碳足迹一定非常大！'"这促使乔西重新定位自己的工作，为地方议会中的工作人员服务，为可持续发展的城市和社区服务，以及进行博士研究并撰写下面的案例研究。

马里恩（Marion）市案例研究

在2009年至2012年间，为了写博士论文《将可持续性嵌入组织DNA：一个复杂性故事》（*Embedding Sustainability into Organizational DNA: A Story of Complexity*），我进行了一项紧急的系统化行动研究。其中心问题是理解和追踪现有组织内范式转变的性质和动态。

这需要对系统化组织教练可能在组织内产生的影响进行简要概述，这些组织是我们全球可持续发展挑战的一部分，认清组织内产生的影响有助于我们解决问题。

许多作者已经认识到，为了保持可持续发展，我们需要进行范式转变，即从遵从公认的管理智慧的运营性企业，转变为通过复杂性（或生命系统）的视角来感知世界的企业。

生命系统的视角将注意力集中于相互依存上，并激发组织内人员培育环境——人和地球的内在动力。这是因为人们认识到，组织的成功与社区的成功及其所处的自然环境相互依存。

我首先在马里恩市担任的是中层管理人员和员工的教练兼顾问，为他们提供领导力发展项目，在管理员工和引领变革的背景下分享和探索生活系统的原则。这些方案均通过员工参与来提高他们以不同方式工作的意识和责任感。到2011年，我的公司已经与大约120名员工合作，占450名员工的27%。

在2007年至2011年间，马里恩市获得了5个行业奖项，以表彰了它在培育人才环境方面的成功，这种环境能够让人们在组织和社区中发挥最大作用。尽管取得了越来越大的成功，但首席执行官认为，要成为一个可持续发展城市的"实现社区愿景的领导者"，还可以做得更多。经过6个月的合同谈判，我们就如何在马里恩市开展博士研究达成了一致。

我招募了一小群充满激情的员工加入我的团队，一起参与研究工作。在大约2年的时间里，我们每2周会面2小时，在此期间，我们默认了一种小组教练的方法，通过它来探索一个问题，即"如果马里恩市是一个可持续的组织，它会是什么样子"。这是我作为小组教练，从生命系统的角度提出的问题。这些讨论最终将我带到了整个组织，因为小组成员将我与他们的团队和其他团队联系在一起，形成了一个非正式的关系和对话网络。此外，我不时回到管理团队，分享影响组织内部反馈循环的信息。我在组织内部工作，把它看作一个由其他生命系统（业务单元、团队和个人）的内属子系统组成的生命系统。

在2012年年初行动研究期结束时，我们可以从研究团队成员生活方式的微妙变化中追踪到许多重要的变化。例如，团队成员将以前被视为理所当然的活动促成了深入的对话：中央商务区发展规划对话变成了中央人才区对话，而这一对话将影响当选成员的战略规划论坛。

然而，范式转变的最有效指标是组织的战略规划过程及其计划、愿景和组织DNA形式的转变。在研究期间，首席执行官和负责战略规划的总监致力于寻找让每个人、员工和社区参与可持续发展愿景的方法。对此挑战，人们充满了兴奋和好奇。所制定的战略开始与愿景故事和愿景中蕴含的价值观产生互动。两年后的2014年，一种新的战略计划形式出现了。战略计划已从传统形式转变为一个新的一页计划，它描述了经济、环境和个人的福利愿景，以及该愿景中最重要的价值观（见图14.1）。

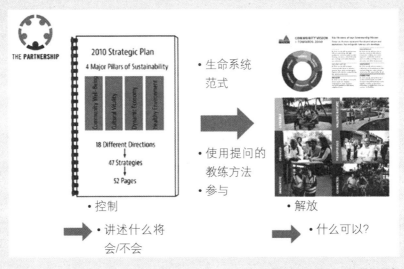

图14.1　战略规划流程和计划形式的转变（McLean，2018年）

2040年愿景描述了当组织维持自身和社区发展时，人们希望如何体验生活。战略计划旨在制定和实施各种项目，以培育围绕愿景而确定的6种价值观的项目：宜居、重视自然、参与、繁荣、创新、互联。新的战略计划形式是范式转变的一个重要指标，因为：

1）它的特点是将可持续发展的前4个支柱（独立部分）整合成一个具有相互依存的不同层面的幸福综合愿景（感知生命系统的标志）。

2）相互依赖意味着系统固有的不可预测性和不可控制性，因为反馈回路相互连接。有鉴于此，不可能确定2040年愿景的具体形式，甚至无法确定该时间框架内的具体目标；然而，我们可以说我们希望在2040年如何体验生活。从这个意义上来说，这个"计划"从控制将要做的事情转变为释放可以做的事情的可能性。

3）新战略的规划流程和形式的直接联系可以追溯到2010年与研究团队和管理团队的联合设想活动。

当已经转型和正在转型的战略规划过程出现时，马里恩市又赢得了一个奖项——"2013年澳大利亚可持续发展城市"。

在第8章中，我们提到了许多同事的工作，他们召集并培训教练积极参与提高气候变化意识和生态责任行动。

这些运动和其他相关运动正在吸引这样的教练：他们希望自己的工作对根本的社会变革产生更广泛的影响，并意识到他们在系统化教练方法方面的培训增长了他们参与上述这些运动的有用的技能和意识。

你作为读者，我们也请你仔细想一想，除了你目前帮助的个人、团队、组织及其利益相关者之外，你还可以使用这些方法中的哪一种来增加你在更广泛世界中的有益影响。请问你自己这样一个问题："明天的世界需要你做什么独特的事情？"——请结合教育、经验、培训、技能、网络等方面的特权回答这个问题。在写本书的过程中，我们接触了许多给我们带来灵感的人。

如艾莉森·怀布罗就是这样的一位，她对我们和我们的职业提出了以下这些问题：

如果我们真的为人类或地球关系的必要转变做出了贡献，那么在未来10年里，教练和教练心理学职业会有怎样的发展？教练和教练心理学实践会是什么样子？我们会问什么样的研究问题？

艾莉森目前正在研究一个"再生教练"框架，该框架以沃尔（Wahl）和其他人的工作成为作为基础。沃尔等人认为可持续性还不够，我们现在需要系统化健康的再生设计。

在与我们的一次个人交流中，大卫·克拉特巴克回忆起一次让他大开眼界的经历，并给我们接下来要介绍的系统化工作的教练职业提出了五大挑战。

多年以前，我应邀在加纳支持联合国气候变化团队的一个督导项目，该项目旨在应对环保倡导者之间的冲突，不仅是在机构内部，更重要的是在政府官员和政治家之间。我本可以住进一家五星级西式酒店，轻轻松松完成这个项目，顺便学点东西或什么都不学。相反，我们的全部时间都在体验当地文化——唯一的例外是他们给了我一套餐具。这是他们的世界，他们的环境，我在那里学习和教学。因此，我了解到印刷书籍是多么稀有和珍贵，这让我为房主孩子就读的学校组织捐赠了一整箱二手书。如果没有这种部分沉浸感，我不会想到识字和积极的气候行动之间的联系——这一点现在非常明显。我对此心存感激。

为此，大卫对我们和我们职业提出的五大挑战：

1）我们如何帮助教练不仅要对他们面前的客户负责，还要对客户影响和被影响的多个系统负责？

2）线上教练有助于减少教练的碳足迹。然而，要做好线上教练需要高水平的教练能力，远远超过普通教练。那么，我们是否简单地接受线上教练大部分质量差的事实？

3）没人认为向客户提供道德判断通常是教练的职责。但是道德责任和道德说教之间的界限在哪里呢？

4）为实现专业协调，我们现在有一个三大教练专业机构一起参与的论坛。他们如何在更广泛的社会、人类和环境影响问题上共同发声？

5）如果我们不同情他人（和我们自己），我们如何让他人承担责任？

| 教练永无止境的发展之旅

正如我们在本书里所强调的，教练使用的主要工具是他们自己，为了使这个工具有效，教练需要不断发展自我。我们需要磨利我们的"锯子"，提高我们的人际关系技巧，扩展我们的广角共情，增加我们同情心深度，并扩大我们系统化思考、感知和存在的范围。

我们的发展需要包括整合、发展和扩展我们的自我意识，以整合和发现我们许多自我之间的一致性。最基本的整合之一是在我们的"叙述自我"和"体验自我"之间，即关于我们自己的故事，它起源于我们的大脑左半球新皮层，以及我们每时每刻如何体验内在自我。通常我们的叙述自我还会有许多不同的方式：可以是我们告诉自己的故事，也可以是我们与他人相关的故事；我们给家人讲的关于我们自己的故事，我们去找工作时讲的故事，以及我们给未来的新伴侣讲的故事；还有其他人讲述的关于我们的故事。我们的生活常常被我们接受的关于自己的历史叙事所限制。教练、咨询、心理治疗、督导和其他形式的对话式反思性发展帮助我们重写我们的叙事，并成为自我创作，这种方式不会将我们的"多面自我"简化为一个单一的叙事，而是在每个叙事之间提供有意义的联系和连贯。

在这样的对话式反思过程中发展自我，我们从一个内在见证的地方增加了反思自我的许多不同方面的能力。我们学会越来越多地以更强的选择意识来应对情况，而不是情绪化地做出反应。这种能力不仅来自在一个情境中看到别人，也来自在这个情境中看到自己，看到自己的反应，而不是从他们那里采取行动。2006年，威尔伯（Wilber）把这描述为一个过程，通过这个过程，越来越多的感知世界和对世界做出反应的"我"变成了"我"所能看到的"我"。因此，他把所有的发展描述为"包围"。

在自我发展过程中，我们也认识到我们的生活嵌入环境的众多层面中，这些环境反过来又成为我们内在环境的一部分。我们发展关系，首先在内部，然后与我们的母亲，然后与其他人。我们成为一个家庭的一部分，有自己不成文的和口头的规则，以及联系和存在的方式。我们在不同的部落中成长——像我们这样的人——这可能是一个大家庭，或者当地社区、我们的学校、体育俱乐部或其他更广泛的归属方式。这些反过来又包含在共享的文化中，这些文化可能是区域性的、民族的、宗教的或种族的，它们共享语言（包括语言和非语言的）、存在和感知世界的方式，以及信仰和共享的思维定式。除了分裂我们的文化之外，所有的现代人都是同一个物种的一部分，这个物种在地球上已经进化了数千年，并且拥有独特的物种特征。在最近的历史中，这一物种在全球范围内的相互关联更紧密、人数更多，对我们共享生态的其他部分的剥削和破坏也比以往任何时候都要多。

因此，在教练室中有许多自我，因为教练和学员都内属在众多系统层次中，而这些更大的系统又内属于它们之中。教练和学员都把他们的个人自我、关系自我、家庭自我、部落自我、民族主义、宗教、种族自我、全球人类自我和我们的生态或生态自我带入教练室。我们不仅系统地内属于我们的家庭、文化和生态中，而且它们也深深地内属于我们自身中，内属于我们存在的每一个纤维中，内属于我们生活、移动、说话、聆听、感受和观察世界和思考的方式中，以及内属于我们构建叙事的方式中。

教练工作不仅是分离和寻找我们自己独特的身份，而是重新拥有我们扩展自我的每一个方面；不仅拥有我们的个人历史，也拥有我们的家庭、社区和文化。只有通过这个过程，我们每个人才能找到我们的归属、我们的根，以及对世界的充分参与，这既在外面，也在我们内心深处。正是通过与他人的对话探索，我们重新获得了参与意识，以及优美和雅致的生活。通过这个过程，我们找到了一条不断拓宽的途径，让我们的生态自我更加充实。在生态自我里，生态环境是我们的一部分，关爱与被关爱双向流动。

对于一名教练来说，在这个旅程中帮助每一个客户，他们也必须走这条路。他们的培训不仅需要了解个人的心理和发展，还需要包含关系、系统和生态的观点。我们需要学会如何与我们的客户互动参与，不仅是作为两个个体化的主观存在，而是作为两个人，每个人都深深地融入他们的家庭、社区和文化生活世界——两个人都只是一个大得多的进化生态系统中的一小部分。我们不仅需要学习如何加深我们对每个客户的共情和同情，还需要培养我（彼得）所说的"广角共情"——对每个人、组织、系统和他们故事中的存在，以及他们之间联系的共情。教练经常体验到对客户的共情，以至于他们开始对客户叙述中的其他人做出反应，通过客户的眼睛来看待他们。这很容易导致与客户的融合甚至共谋，或者上演卡尔普曼的戏剧三角：客户是受害者、故事中的其他人是迫害者、教练或督导者是救助者。这可能成为一个由所有三方不断转向的自生自灭的循环。我们也有可能将客户视为迫害者，并与他们的团队结盟，例如，将他们的直接下属视为受害者。

"广角共情"也需要扩展，这样我们不仅可以作为另一个个人进行共情，而且我们可以从内心层面满足他们的家庭、部落、民族和文化自我，我们在此称之为"深层共情"。这包括找到你内心的家庭、部落、社区或文化自我，而不是与客户的这些层面产生共情。没有这些，我们仍然是一个局外人，虽然努力去同情，却总是陷入外部的判断。

我们的工作是学会如何超越"广角共情"和"深层共情"，走向"生态共情"。在那里，我们找到对生活所有方面的自然反应和同情，不是来自我们单独的自我，而是来自成为生活的互联网络的一部分。正是在这个地方，评判性道德逐渐消失，我们承认所有生命都是我们的一部分，我们自己只是更大的生态世界的一小部分。教练不仅是一个终身学习和发展的旅程，更是一种精神实践。

我们以南非开普敦一位年轻的一线经理的故事开始了本书，他说高管培训听起来像是"为已享有高度特权之人提供的昂贵的个人发展"。在整本书中，我们借鉴了许多同事和同行的工作成果，对这一质疑做出了回应。

在过去的40年里，我们在教练方面取得了很大成就，但需要做的工作还有很多。我们要充分挖掘教练的潜力，超越"为享有高度特权之人提供的昂贵的个人发展"，尽力做出最大的贡献，以应对21世纪的许多重大挑战。

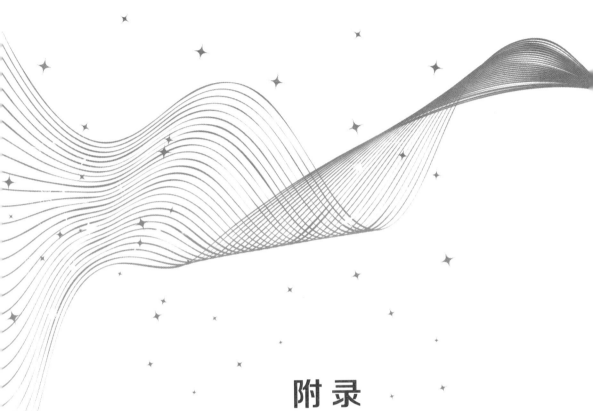

附 录

———————

世界各地系统化教练
案例研究

| 简介

至此，我们希望，从我们所列举的众多案例中，你已经感觉到系统化教练正在广泛开展，而不是像彼得和伊芙在他们的教练方式中所采用的名称那样，系统化教练在当前激烈竞争的市场中是一个新的类别。在第3章，我们展示了如何成为不断发展的活动中的一部分，并且仅列举了旅行中的几个旅伴。在本附录中，我们希望展示来自世界各地同事的更多故事和案例研究，让我们从他们的文化中吸取有益经验，学习他们如何实施系统化教练督导，从而创造超越个人的价值。首先，我们要进行一些思考，以将这些丰富的实践与本书其他地方概述的一些理论、模型和过程联系起来。

当你阅读这些案例研究时，你可能还会注意到它们会给你带来哪些启示，它们内部及彼此之间的模式，它们如何对本书中已探讨的观点进行阐释，以及它们是否对我们已经说过的话提出质疑，或者它们是否提出了不同的观点。

这些案例特别选自世界上截然不同的地方：澳大利亚、中国、法国、印度、墨西哥、南非和英国。你可能会探究作者在这些故事中展示了怎样的文化背景。

| 阅读案例研究以获得最大限度的学习

为了从这些案例研究中获得最大价值，我们建议你作为读者以一种对话的方式学习这些案例研究；这就好像你正在和作者进行一场有创见的谈话。无论你是教练、学员、见习教练还是教练督导者，在你阅读这些案例研究时，我们想请你思考以下问题（在你一边阅读时或在你阅读完所有案例后，请将你的答案写下来）：

1. 这些教练和学员做了什么？你可以从他们身上学到什么？

2. 他们使用了什么方法和工具，你觉得这些方法和工具是否会对你的工作有用？

3. 你从这些案例中收集到了什么信息？关于他们的生活方式和与客户的互动，你从中可以学到什么？

4. 这些教练如何与个人和组织客户签约？

5. 这些教练和学员如何将其他利益相关者带入协议、教练活动和评估？他们还能做些什么？（请注意，有的案例比较简短，这意味着一些确实发生的因素可能由于篇幅有限而被作者忽略）

6. 他们如何与更广泛的系统层面互动，并在教练互动中关注这些层面？

7. 有哪些利益相关者（包括更广泛的生态）可能在这些教练活动中被忽视或未被看到，你将如何使他们参与进来？

8. 这些教练和学员是否有未完成的工作（或者由于篇幅有限未包括），如果你是他们的话，你将如何替他们完成这些工作？

9. 你对作者有何想法或建议？

10. 作者的建议是否也适用于你和你的工作？

你可能还希望将第6章和第7章中的一些模型和方法，以及第12章中提到的评估方法应用到这些案例研究的教练工作中；这可能会提供其他一些指标，一是这项教练工作确实取得了哪些成果，二是如果你来督导该教练或者与该客户开展下一步工作，你会鼓励在哪些方面获得进展。例如：

1. 将七眼模型应用于案例研究中。

2. 将四级参与模型应用于案例研究中。

在第14章中，我们从多个方面讨论了如何实施系统化教练，以及创造超越个人的价值，并总结了以下10点：

1. 与学员合作。

2. 与雇佣你的组织合作。

3. 以目标为导向的教练。

4. 通过签约发现更广泛的世界需要我们做的工作。

5. 约定我们将如何一起合作。

6. 真正把更广泛的利益相关者带进教练室。

7. 超越洞察力和良好的意图，融入学习和行动。

8. 定期审查我们的合作，包括利益相关者的意见和续约。

9. 对我们的工作实施系统化教练督导。

10. 将评估纳入我们的工作以及更广泛的教练研究。

当你看完这些案例，你可能会注意到它们的安排顺序。一共有7个案例研究。其中，3个案例为一对一教练，分别是中国的朱莉、法国的米歇尔以及南非的芭芭拉（案例研究1至3）。还有4个案例涉及与跨团队个人或团队合作的项目，或者二者兼有，包括澳大利亚的塔米（Tammy）、印度的拉姆（Ram）和普利特（Preeti）、墨西哥的英格拉（Ingela），以及英国的尼克（Nick）（案例研究4至7）。

| 结论

本附录提供了一系列来自不同国家的系统化教练案例研究，包括制造业、制药业和公共服务在内的各类组织，涉及不同类型的个人和组织客户在团队和整个组织中独立工作。

我们在本书其他章节也包含了一些案例研究和故事小片段。

1. 美国大卫·马修·普赖尔的团队案例研究，见第9章。

2. 乔西·麦克莱恩博士的可持续发展案例研究，基于澳大利亚的一个公共机构，见第14章。

3. 贾尔斯·哈钦斯、凯瑟琳·戈勒姆、大卫·贾勒特、萨拉·麦金农和其他人的故事小片段（有些是匿名写的），阐释了我们探讨的许多主题。

我们还系统地描述了从阅读案例研究中获得最大学习效果的一些方法。

- 如何看待教练关系，通过我们的"变焦镜头"考虑：
  - 教练关系系统。
  - 个人（和教练）将他们的家庭、团队、社区、功能，以及组织、文化和生态动力融入教练活动中。
  - 需要服务至少两个客户——个人和组织。
- 如何通过教练督导的七眼模型来观察每个案例研究中的教练过程（见第10章）。
- 如何通过彼得·霍金斯和尼克·史密斯的四级参与模型来看待教练活动。
- 如何思考教练和学员之间的关系，以及这种关系如何随着时间发展。

- 如果你是教练、学员或教练督导，你应该如何以不同的方式处理教练的挑战和需求。

案例研究1：李（和埃里克）与"鹰眼"的故事

朱莉·张

那是12月中旬的上海。下午早些时候，李和我在他办公室附近的一家咖啡店见面，这是我们在他完成教练之旅后进行的一次随意的交谈。在欢快的圣诞颂歌中，我们坐在靠近窗户的椅子上。外面正下着雪。李心情轻松，喝着咖啡，欣赏着美丽的雪景。对他来说，经过又一年的奋斗，终于到了庆祝的时刻了。

"祝贺你今年取得的巨大成就！"我开始了谈话。"谢谢你！我很高兴我的团队实现了15%的售后收入增长，并保持了毛利率。"他继续说道，"我非常感谢你的督导，这两年来，你的督导帮助我建立了与老板和同事合作的更好方式，并且使我的团队也得到发展。"

我的思绪回到两年前，那时我正主持几场战略规划研讨会，帮助李所在的公司——一家欧洲领先的重型机械制造商——确立了一种新的业务模式，以便在中国市场开展更好地竞争。这家公司将售后服务视为新的增长引擎。当时，李从一名高级设备销售人员晋升为售后服务团队主管，直接向首席执行官埃里克汇报。埃里克是一名法国绅士，一年前移居中国。为了帮助李顺利过渡到他的新职务，公司首先为他提供领导力培训，然后安排他接受个人教练。

第一轮教练旨在将领导力培训课程中的见解和学习成果融入他的日常领导实践中。我们签订了6个一对一教练课程，首先与埃里克一起召开了一个简短的会议，希望埃里克对李提出期望，随后重点讨论了李作为领导者的新身份、领导风格和关键技能，如授权、激励、反馈等。埃里克和其他主要利益相关者在教练课程中的参与比较有限。

大约6个月后，我们很高兴地看到，李从一位个人贡献者转变为一名经理人员，他放下了之前做得很成功的工作，专注于让团队成员表现更好，并有意识地运用新学到的管理技能。为了让他进一步练习和融合这些技能，我们同意在半年内讨论是否进一步实施教练的需求。

时间飞逝。我了解到李面临着严峻的市场竞争形势，销售没有像预期的那样好转，他的团队似乎士气低落。当我听到埃里克说，"我无法相信他为什么看起来一点也不担心，也不急于按照我的建议采取行动"，我能感受到埃里克内心深深的焦虑。他们之间的关系越来越紧张。所以，我建议继续实施教练，这次使了更加系统化的方法。

"看！伞上的雪花！"李的声音拉回了我的思绪。"哇，太神奇了！"我惊讶于大自然的美丽，以及他敏锐的观察力。"鹰眼！"我们几乎异口同声地说了这个词，并且都笑了起来。这是埃里克的口头禅。"还记得我们刚开始的时候，我如何努力回答你的问题，比如，'你注意到你团队的反应了吗？你认为他们会怎么想？他们有何感觉？'埃里克说得对，作为一名领导者，我需要发展自己的所有感官。感谢你让我学会在教练课程之外有更多时间观察我的团队并收集他们的反馈。这样，我就能做出更好的选择，并反思我的方法。在第二阶段的影子教练课程上，你给我提供了你的观察和反馈，这对我帮助很大。我注意到我仍然错过了我周围这么多口头和非口头的线索。我完全赞成采取'行动'，但对'存在'几乎没有意识。你的反馈帮助我发现了自己的盲点。这比我们在第一阶段的早期课程要有效得多。"

"谢谢你认识到这一点，"我试探着说，"请告诉我更多你觉得第二阶段比第一阶段特别有用的东西。"

"嗯，我首先想到的是360反馈法。在担任这个职位大约一年后，我从我的老板、同事和下属那里得到了一些具体的反馈，这感觉很棒。我很高兴我们与埃里克进行了三方会谈，并且就反馈情况进行了讨论。在那之前，我真的感到被两股相反的力量撕裂了。"

当时，李陷入了文化冲突。埃里克不同意李的沟通和领导方法。他希望李能非常直接地给出负面反馈，对表现不佳的人迅速采取行动，并在团队面前表现出极大的热情。简而言之，李需要尽可能使用法国人的方式来领导他的中国人团队。

我促成了他们的讨论，以揭示两个国家在文化上的差异。埃里克和李一起发现他们在沟通、资源利用、情绪控制和决策方面有那么多不同。李学会了如何欣赏埃里克直接的、有时是对抗性的沟通方式。这种方式将有助于阐释问题并发现根本原因。埃里克也意识到，他需要给予那些很在乎"面子"的中国同事更多体谅，而李更偏外交手腕的方式可能更适用于中国人的团队环境。通过挖掘各自行为模式下的信仰和价值观，他们都惊喜地发现他们有着共同的价值观，如都对卓越、坚持、公平等充满热情。正是有了这些价值观作为坚实基础，使他们制定的策略能够满足彼此的需求并适应彼此的风格。因此，李的新教练目标与主要利益相关者的期望一致。埃里克也致力于改变，他们都同意成为彼此的支持系统。

"同样，影子教练的作用也非常强大，"李继续说道，"当你参加我们的团队会议并与我们一起回顾流程时，这也有助于我们团队的发展。"我笑着回答道："感谢你如此坦率，并邀请我在团队会议上给你提供实时反馈。"事实上，一旦他承诺将他的指令式管理方式转变为更具参与性的管理方式时，他的团队变得非常具有开放性和参与性，他们就如何改进每周例会的方式进行了精彩的讨论。

有了影子教练，我不再仅仅依赖于李在教练对话中带来的东西。我可以实时和他在一起，重复这个过程，激发他如何"由内而外"和"由外而内"地进行思考。

在回来的路上，我从与李的约谈中总结了两个非常有益的经验成果。一是召开三方会议，这可以使他的发起人和其他主要利益相关者的期望保持一致；二是提供影子教练课程，这可以迅速了解关于环境、组织文化、主要利益相关者，以及学员所在系统的大量数据。

案例研究2：营销总监埃莱娜（Hélène）的故事

[法] 米歇尔·莫拉尔（Michel Moral）

在我的职业生涯中，我一直对系统化教练很感兴趣。所以，当我在2002年开始教练生涯时，我引入了有关客户环境系统化展示的课程。2005年，我认为这种特别的课程是独一无二的。为此，我通常和客户在纸板上画一个"系统化简图"。这种展示在教练任务中不断得到丰富，并且我会在教练活动结束后交给客户。

当我在一个组织中指导多个客户时，这些简图说明了整体的系统化结构。我已经注意到，就我在这里谈到的情况而言，这个特殊的组织不仅遭遇了筒仓式思维，还遭遇了横向管理层之间的冲突。

我的客户埃莱娜是一条年收入20亿欧元产品线的营销总监。她的上级是高级营销总经理兼董事会成员。她的主要业务目标是制定每周的生产量和库存量，并获得总经理批准。埃莱娜遇到的困难是如何让极力维护自己目标的所有利益相关者达成一致意见。

她对教练课程的要求是管理好自己的时间，这样她就不会有精疲力竭的危险。在三方签约会议上，她的直线经理增加了一个避免冲突的目标。

第一次教练课程期间所做的系统化简图（图附录.1）显示，为了完成自己的任务，她必须与企业的大部分部门发生联系：销售、制造、采购、物流、财务和人力资源。在第一次课程期间，她详细描述了自己的日常噩梦，并将其比作马戏团中的旋转木马，例如：她需要与不同的部门达成共识，而这些部门的目标又和自己部门的目标不一样，她还需要了解同一产品所用的会计系统和参考编号等。她与其他部门负责人的关系也很糟糕。而这种现象在其团队成员与其他部门同事之间的关系中得到复制。

这个系统化简图让她感到震惊：她意识到公司内部不同部门和管理层之间缺乏共同的语言和理解。例如，生产部门谈论的是"零件编号"和成本，而销售部门谈论的是"产品型号"和收入。她首先想到的一个决定是创建一种转换表，但信息技术人员拒绝将其自动化，因为这不符合他们的战略。

在第二次课程开始时，我们两人之间的合作变得非常牢固：正是我帮助她理解了系统的功能。

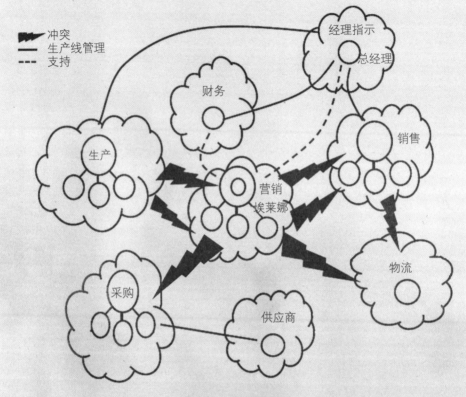

图 附录.1　系统化简图

在这一点上，我决定为这次特殊的教练任务实施以下策略：

1. 当她和别人有联系时，应专注于控制她的情绪。我会使用角色扮演和反向角色扮演技术解决这个问题。

2. 继续探索系统的功能和企业文化。为此，我给她发了一个叫作"IVA问卷"的文化转换工具（Cultural Transformation Tool，CTT）。

在接下来的课程中，她学会了如何退后一步，以便与系统中的参与者建立更轻松的关系，她还学会了如何在互动会议中强调不同参与者之间的心理模式或游戏（在交互分析的意义上）。这对她和她的团队产生了积极的影响，他们最终可以在更平和的气氛中开展工作。

在对她的CTT测试结果进行审查后发现，企业文化对她的协调努力极其抵触：筒仓式思维太强，每个部门都不想失去任何一部分权力。考虑到这一点，她变得心烦意乱，并考虑从公司离职。

就是那时候，她突然有了一个事后被证明特别有成效的想法：她邀请生产部门的同事参加她的一次管理会议，不仅作为嘉宾，而且作为积极参与者。令人惊讶的是，她的受邀者感到非常惊讶和高兴，并在会议结束时对她说："我有了全新的发现。谢谢你的邀请。我也想邀请你参加我的下一次管理会议。"

很快，所有部门之间相互邀请参加管理会议。利益相关者建立了新的流程，并以不同的方式分配职责。

由于组织内部平衡的原因，信息技术、人力资源和财务等部门对此产生了强烈的抵制，这引发了关于保密性、共谋和不尊重公司战略的争论。最终，总经理支持了埃莱娜的立场和她的建议，并将其纳入公司的流程。

探索

有许多工具、技术和模型可以用于系统化个人教练，我们在这个案例中已经看到了其中的两个：角色扮演和文化转换工具。就理论而言，我们处于复杂的适应性系统领域，在这个领域中，对行为者关系和行为的理解不足以预测整体的功能。在这些系统中，集体突变来自个人的自组织。

但是突变只有在满足初始条件的情况下才会发生。打个比方，森林只有在具备炎热天气和风（促成因素）的条件下才能燃烧。如果初始条件有利，那么一根火柴就足以生火。

教练的作用是评估初始条件是否只需简单的行为就能引发突变。如果它们不是，那么教练的工作就是启用必要的促成因素。

教练人员应如何评估初始条件并考虑可能的教练行动？如果督导者有足够的知识和经验来处理复杂的系统，督导活动就可以使这种反思发生。在教练人员和督导者中培养这种技能需要实施适当的培训，为此目的，我本人正在设计相关的培训计划。

案例研究3：塔利亚（Talia）和咨询公司外包团队的故事

［南非］芭芭拉·沃尔什

这是一个组织客户，一家著名的跨国咨询公司，自2011年以来，我为这家公司南非分部的许多员工和团队提供教练。我与业务部门的第一次接触是教练一名高级经理尤萨夫（Yousef）（化名），为他晋升到高管职位做准备。

塔利亚（化名）向尤萨夫汇报，她是从公司的一个东欧办事处调来的高级经理，专门负责管理大型呼叫中心系统。她需要完成的复杂任务是接管并运营这家咨询公司的重要客户之一——一家大型零售商的整个客户服务呼叫中心，包括雇佣呼叫中心的经理和代理，并将他们整合到现有的公司内部团队中。塔利亚有一个由7名经理人员组成的团队向她汇报。该零售商正在实施一项业务扭转战略，这给她带来了额外的压力。

最初签约教练的是塔利亚本人。她来自东欧，有着强烈的顺从文化，她发现很难适应她在南非遇到的状况和文化。来自新团队和现有团队成员的抵制、内部政治、权力游戏、种族影射和感知带来的破坏，以及零售商的要求和需求，让她感到焦虑不安和不知所措。尽管她被公司认为是一名优秀的员工，但她已经对自己的领导能力失去了信心，觉得自己不得不事必躬亲，并且压力非常大。

下一步是与她的发起人尤萨夫签约。团队内部及团队与领导者之间的脱节，这对他们向关键利益相关者和客户提供的服务水平产生了严重的负面影响。因此，管理团队的目标需要明确界定，绩效成果的证据需要阐释。还需要在团队成员之间建立信任，制定新的行为规范，培养相互尊重、开放诚实和及时沟通的企业文化。对于这个多元而分散的团队，尤萨夫希望塔利亚成为他们"有影响力的领导者"。

塔利亚和我还会见了他们的人力资源业务伙伴格雷斯（Grace）（化名），以获得进一步的见解。塔利亚不信任格雷斯，她觉得格雷斯与"其他阵营"有共谋。格雷斯表达了她对塔利亚团队的现状，以及他们无法与其他内部团队合作的担忧，并认为塔利亚应该在团队中建立更广泛的问责制。

除了塔利亚分别与尤萨夫和格雷斯开展定期谈话之外，塔利亚和我还在培训中期和接近结束时一起与他们会面，以获得他们的见解和反馈。在整个培训过程中，与其他利益相关者签约、获得反馈和续约主要由塔利亚执行。

复杂的局面反映了许多层面上的脱节：两种截然不同的文化在没有准备的情况下被融合到这个管理团队中。咨询公司希望来自零售商的"新员工"能尽快适应公司快节奏、高要求的企业文化，这些新员工则认为咨询公司的新同事"能力差"，注意力不集中，会给业务造成阻碍。而一位新上任的经理觉得她应该得到塔利亚的职位，这似乎削弱了塔利亚的领导力。

由于咨询公司本身存在重大问题，他们需要零售商和主要利益相关者能够信任他们有能力提供服务。与此同时，咨询公司中的其他团队也需要依靠零售商这个团队来实现他们自己的目标。这种脱节意味着必须对无人有效工作的局面实施危机管理。

塔利亚需要打造一个有效协同合作的管理团队，而不是把时间花在处理戏剧性事件上，或者自己尝试去预防危机。

我们首先从建立塔利亚与我之间的关系开始。利用卡尔普曼的戏剧三角作为探索关系动力学的情境地图，与此同时建立一个区分事实和假设（见第4章）及重构技能（见第5章）的框架，塔利亚学会了把"绝对"变成问题，并转换到一个更有利于自我授权的位置。当她"走出舞池，走向露台"时，她能够更清楚地看到真正的"脱节"在哪里，以及她应该优先考虑哪些工作。

利益相关者的反馈帮助塔利亚确定她需要在哪里建立更强的关系。她必须承认自己影响力的局限性，需要学会将问题定位在一个尚不存在的关联中，而不是某个人身上。

通过角色扮演、站在关键利益相关者立场，以及利用一张空椅子来代表其他观点，塔利亚能够更好地感觉到其他人可能会发生什么，并练习她与他们的下一次参与（见第7章"快进排练"）。这帮助她对其他人找到自己所处状况产生了意想不到的同情，并显著改变了她的观点。正是这种转变，使塔利亚一些最棘手的关系得到了显著改善。

塔利亚学会了如何通过提问来领导团队，而不是通过讲述和期望事情按照她自己的方式来完成。通过保持沉默，她鼓励团队给出答案，并在共同探索的过程中结合两个团队的经验。虽然起初令人并不舒服，但这带来了一些令人惊讶的发现，因为两个团队第一次有了诚实的对话；团队成员表达了他们的理解，即他们只有彼此取得成功，咨询工作才能取得成功，客户才能成功——他们不仅是各个部分的总和。

当塔利亚及其团队的绩效指标得到了他们主要客户的认可时，他们每个人都受到了鼓舞。与此同时，其他高级管理人员也对这一变化发表了评论，认为他们在实现共同目标方面展示了更好的合作。

塔利亚的家人给我反馈说，她变得容光焕发，觉得一个真正的塔利亚已经"回来"了。塔利亚还在家庭环境中运用自己学到的知识，并有能力教育她的成年子女如何转变为"南非生活方式"。

在塔利亚的教练计划接近尾声时，一场意想不到的危机导致了解散团队的决定。尽管塔利亚发现自己面临着另一个富有挑战性和情绪化的局面，但她坚持自己的立场，机智地完成了整个过程。尤萨夫反映说，他"不仅重视而且非常尊重她处理自己的方式，并顺利完成了这个异常困难的过程"。

塔利亚随后在欧洲获得了另一个职位，我们的教练关系就此结束。以下内容是我根据她职位变动后4个月收到的一封电子邮件改编的：

"我得到了一个客户满意度为3分（满分10分）的不稳定的项目。这是一个很大的客户，我们迅速把工作做到位至关重要……在团队共同努力下，我们仅仅通过执行一些基础工作就扭转了局面，在两个月内，我们的客户满意度达到6~8分，项目变得稳定……我获得了一个奖项的提名，以鼓励我为客户和公司做出的突出贡献。我认为，我身处一个有效运转的环境里，我采取了正确的步骤使团队达成共识并完成绩效目标。这是团队共同的目标。通过参加教练，我学有所获并学以致用。教练确实很管用。"

对于塔利亚来说，她最初的客户服务呼叫中心项目成功了吗？这取决于从哪些方面来评估。一些初步成果确实没有实现。但真正的成功在于这家公司逐渐认识到组织结构和某些职位不支持目标的实现，这阻碍了必要的联系。要想在未来取得更有成效的成果，这家公司很显然必须提出明确的实施变革的主张。

集体探索的意义可能是系统化教练最重要的技能。我们不知道答案，客户也不知道，但是在系统的某个地方必然会有一些线索。以"未来回溯"的方式工作及使用"三视野思维"模型将会为战略目标带来许多视角。区分利益相关者的期望和需求（由外而内）有助于将个人、团队和组织的注意力集中在如何创造最大价值上。从整体来看，回到局部有助于确定下一步。

作为一名教练，我们需要灵活地处理当前和即将出现的各种情况，这有助于将这种灵活性融入我们与客户的合作中——不论客户是个人、团队，还是组织内外的多个团队。共同探究、消除戏剧性和建立联系的能力创造了伙伴关系，实现了弹性的可变性和蓬勃发展的系统。

案例研究4：盲点服务于创造更美好未来

[澳] 塔米·特纳

简介

我满怀信心地期待着这次会面。这是我关心的领域，也是我有经验的领域。这家组织对一个为期18个月的项目很感兴趣，该项目旨在通过团队和个人教练来发展组织文化。学员们很聪明，并且有内在动力。我们召集的教练团队既有经验，又有丰富的技能和个性来提升客户体验。我为参与这个梦想项目而感到高兴,这种盲目的自信成为我最初的盲点。我很感激这项任务的复杂性在发现我的领导能力、增强我的签约能力和拓宽我对生态系统的视角方面起到了关键作用。

第1节:背景

招标之后,这家组织负责文化和领导力变革的战略总经理接见了我们。我们讨论了他们存在的问题、需求收集流程、高层领导团队,以及团队和个人教练匹配流程。客户和我们的教练团队都很高兴成为组织任务的一部分,希望通过在一个知识共享平台收集研究成果来推动行业的发展,并使组织成为行业的卓越发展中心。员工调查表明,组织愿景增强了内在发展动力和员工参与度。因此,我们接受了这次谈话内容,认可了他们提供了的文化数据,并对他们的最终投标信以为真。签署的合同成为我们满足他们要求,以及如何实施项目的正式协议。

更直接的基本工作包括与单个高管及其"团队"合作,设计一个增强的报告基础架构,从而增加项目资金,并让整个高管"团队"围绕一个共同的任务和目标开展工作。团队教练旨在促进高管之间,以及最终整个行业的知识共享。早期的盲点之一是将高管定义为"团队"。根据双方协议及我们对他们作为一个团队的无意识偏见,我们使用了彼得·霍金斯的团队标准:"第一级:团队教练认为团队由团队中的个人创造,并关注个人之间的相互关系和个人对团队的期望。"

当开始训练高管时,我们目睹了这支完整的团队像一个小组一样在运作:与他们的高管同事相比,每个人认为与报告经理一起合作更像一个团队。当我们开始与他们的经理和团队合作时,我们发现了盲点,而组织的关键绩效指标要求这支"团队"不得不更像一个小组开展工作:

- 高管没有称他们自己为"团队"。

- 大多数员工为独立签约人或从其他机构借调,每月的更替率是其他机构的两倍。

- 首席执行官的合同最近又延长了两年。大多数高管在那里仅待了不到一年。

- 整个部门的任务是遵守严格的协议报告要素，而董事会和行业本身都没有相关的例子来获得这些指标。个人不能跨部门共享数据，更不用说以一致的格式报告他们的学习情况了。

这些综合因素表明，最初的项目时间表和里程碑并不现实，除非我们能让团队成员建立"共识与和谐……以及人际关系的焦点"。因此，我们实施了个人教练，团队目标是要搞清楚："为了完成组织任务，我如何成为组织所需领导力的一部分？"作为教练，我们总是急于有所作为。但为了避免陷入"有所作为"的漩涡中，每一位教练都要有自己的反思实践，并且教练督导者要非常熟悉团队教练。

第2节：发现盲点并与之合作

我们面临着大大小小的困境，包括：我们是否仅在办公室使用环保家具？我们应该投资哪些项目？尽管政策议程不断变化，我们应如何保持相关性？虽然每个团队成员都聪明能干，但要在不同的内部和外部团体之间激发出最明智有效的想法来分享他们的学习成果，完成组织任务并推动行业发展，这十分困难。在高管层面，督导委员会的审查使情况变得更加复杂，而且督导委员会的成员会定期更换。此外，联邦政府也发生了一些政治变化。

几乎每一项决策都需要数据、签名或多个观点。作为外部教练，我们看到了他们在个人和集体责任方面的盲点。这在生态系统中很常见：作为一个人体，他们是组织的贡献者；在项目组中，他们是团队主管；他们需遵守政府法规或履行与外部合作伙伴签订的具有法律约束力的协议。利用问责制作为变革的杠杆，这对团队来说是一种刺激性激励。在团队教练课程中，我们引入了一些典型问题，例如：

- 对个人而言，什么最为重要？是小组或团队，还是项目？
- 他们如何评估自己的进步？
- 他们如何获取和分享他们的知识？
- 当事情出错时会发生什么？

这些为教练与个人、小组或团队之间的联系，或者团队成员相互之间的联系创造了机会。随着项目在整个组织中的级联，这些问题成为项目流程的支架，可用于部门小组之间、多组织"智囊团"项目团队内部，或者参与单个复杂项目的外部和内部利益相关者。

作为教练，我们认为我们只是在帮助他们解决内部困境，帮助他们解决自己的问题。然而，每一位教练都是责任生态系统中的一个要素，受制于权力的诱惑、提供服务或专业知识，而不是保持好奇和创造学习机会。有很多例子表明我们的团队表现出与我们所目睹行为同样的行为。在个人教练课程期间，负责员工和文化的高管人员希望利用课程时间讨论将教练与减少员工流失率联系起来的投资回报率指标。在一次团队教练课程中，一名团队教练与一位高管人员因为个性原因发生了冲突，双方采取了防御姿态，从而引发了一场权力斗争，同该高管人员与外部合作伙伴利益相关者在进展缓慢的谈判中发生的斗争相比，二者并没有什么不同。作为项目负责人，我与客户发起人和首席执行官就多团队教练、最后时刻的日程安排变更，以及延迟付款等问题进行了艰难的对话。

第3节：结论和建议

通过教练督导，一个类似的提问流程揭示了我们被卷入的"平行流程"，给了我们一个观察远景的视角。需要强调的是，我们的教练偏见，如"我们只是教练，所以我们不负责，应由客户负责"，应被视为一种共谋。

应鼓励将我们作为变革系统中的一个要素，在团队教练课程期间有责任适当地公开分享。这些因素让我们重新认识到我们是组织学习的一部分，分享我们的经验和失败将给组织成长带来机会。根据学员和教练的报告，这些因素共同提供了更一致的分享、示弱性和开放性。

尽管我有教练经验，但像我们的客户一样，我经常需要为别人解决问题。我明白了提供观点和提供解决方案之间的不同之处，因为我并不依赖于结果。这让我能够在不同的时刻，通过作为一个观察者和系统的一部分，与教练和管理团队一起提供反馈或鼓励。我认为最简单的问题同时也是简练的，是心理契约的基础。在没有有效阐释项目细节或在初始协议中增加咨询发现阶段的情况下，我了解到，尽早解决问题会为双方带来更大的清晰度、更受重视的业务关系和更互惠互利的业务方式。渴望成为更伟大事物的一部分是人类与生俱来的。我们如何塑造生态系统，生态系统如何塑造我们，以及我对服务的渴望，为我提供了一个令人兴奋的持续发展的机会。

案例研究5：通过信息、团队和自我的系统化整合，在参与、对话和社交方面创造组织实践

〔印〕拉姆·S.拉马纳坦（Ram S. Ramanathan），

〔印〕普里特·德梅洛（Preeti D'mello）

背景

本案例研究涉及的是一家印度的工程和汽车产品跨国公司，它拥有10万名员工，主要为男性，在全球有20个分支机构，年增长率为12%。

作者拉姆·S.拉马纳坦是一名外部教练，同时为一些教练提供督导。另一名作者普里特·德梅洛是上述公司的项目架构师和内部督导教练。

这家公司面临的问题是，在直接向高级领导汇报的团队中，流失率高达39%，令人十分吃惊。通过调查发现，这种现象的出现与缺乏心理安全的不良督导关系有关，这种不良督导关系由事务型领导者产生，他们没有与直接下属建立有意义的人际对话。

尽管财务增长可以接受，但公司首席执行官担心的是持续的长期绩效。他认为，组织文化和领导力需要在有意义的对话基础上发展新的思维方式和行为，并提高认识。首席执行官发起了对300名高级领导者的教练，让他们学习、重视和参与生成性对话，以便将自己的心理与工作场所生态系统紧密结合。他任命领导者实施这项发展新思绪方式和行为的教练

活动，并确信公司将通过帮助领导者树立发展目标来更好地服务于所有人利益相关者，尽管人力资源总监担心这可能会导致他们探索组织之外更好的工作机会。

系统化教练框架和结构

参加教练活动的这些领导者一共举行了4次教练峰会，他们在会上阐述了组织需求和最新目标，针对组织治理和变革所需内容达成共识并明确所有权。通过这种方式，公司开发了一个系统化教练框架，使组织目标与个人和团队的需求相一致，然后确定同意满足这些需求的个人和团队。人力资源团队作为发起人，与9名外部教练、9名高管人员及其团队成员正式协调保密协议。这已经非正式地传达给所有利益相关者。教练活动作为一个概念对于印度来说是陌生的，这家公司及其人力资源团队同意教练的意见，即他们将与客户建立信任的联系，然后更全面地关注行为转变，以最大限度地减少对教练的焦虑。教练人员可以创造一种伙伴关系，包括生成性聆听、好奇式提问、发展性反馈和建立多种视角。

组织目标集中在一项关于高层领导流失率研究的建议上，特别是关于建立心理安全和更好的人际关系。团队目标和个人目标由教练共同制定并汇报。领导者将他们的业务成果作为行动学习项目展现出来，并通过他们不断发展的自我来汇报进展情况。这些项目——从建立协作到增加收入——都支持团队目标。在教练的支持下，基于个人价值观及如何实现团队和组织目标，他们确定自己的个人目标。

整个教练过程历时6个月，包括6小时的个人教练课和2个团队教练课，每个团队8小时。

教练和团队会使用各种支持性信息，如关于高层领导流失率研究、领导风格调查、自我意识调查和个人记分卡，以及通过学员对他们的督导者、团队成员、同事、家人和朋友的口头360反馈，以了解学员如何看待他们。据报道，在这段时间里有许多突破，团队公开发言，并且要求改变管理方式，诚实对待工作/生活、平衡工作与家庭时间。

评估指标

在教练之前、期间和之后，人力资源团队通过个人发展的转变来衡量教练过程的有效性，并重新执行领导风格调查、自我意识调查和个人记分卡。此外，对教练课程的出席和参与情况也进行了监控、记录和审查，缺勤率很低，而且仅是出于业务需要。

定量和定性评估结果

教练结束后一个月实施的评估结果显示，自我意识提高了17%。在领导风格方面：业务重点增长了23%，人际关系关注增长了20%，结果导向增长了15%，社会关系增长了19%，参与度增长了15%，81%的人愿意接受督导，并且领导者渴望保持影响力。

这家公司通过研究发现，教练结束后6个月，生产率提高了27%，员工流失率减少了2/3以上，从39%降至12%。从管理质量上来说，公司发现会议次数更少或持续时间更短，增强了公司内部有效的专业互动。领导文化与全球数字革命越来越一致，并且拥有更大的自主权，每个团队都自主设计切实可行且可评估的行动计划、跟踪机制、截止日期，以及口头和书面承诺。

从反馈、建议和自我报告中获得的见解

系统化过程创造了好奇心和兴奋感，形成了发展自我、团队和系统的共识，允许工作场所文化和绩效的转变。行动学习项目贡献很大。注重结果可以实现协作式所有权与"我作为领导者的愿望和组织发展的需要"之间的一致性

在探索背景之前，建立客户联系的督导过程使学员成为桥梁、镜子和共同探询者，从而产生有意识的变革行动，并且创造团队和集体组织的更大意识。

这种转变是一项艰苦的工作，尽管热情高涨，但在工作场所推动个人和团队发展的过程中，这种系统还是显露出了阻力的阴影。领导者们经常

会问"为什么需要发展干预",以及"为什么是我"这样的问题。教练将此作为文化背景的一部分,针对最近的组织经验进行丰富的反思性对话,并不断发展以适应未来的组织背景。

一个在意料之中发生并被接受的两难局面是,一些领导者在接受培训后离职,原因是他们对个人目标有了更深的认识,并且他们明白这不是适合他们的组织。

建议

通过这一教练过程的学习,我们可以向未来的教练项目和读者提出以下这些建议:

在个人层面上,教练需要首先考虑客户的价值观和信念,然后再考虑组织目标的外部世界。与此同时,此方法需要系统化,以帮助客户增强能力和承担风险,探索一种新的存在方式,以更大的组织目标为出发点。

在团队层面,通过公开对话建立心理安全是个人探索和走出舒适区的关键。此外,在系统结构的支持下设定明确的目标,并与有意义的工作生活平衡元目标相结合。

在组织层面,行动学习项目对于实施变革、体验个人和集体影响非常重要。

此外,教练需要有组织经验、团队督导技能及与客户建立信任和共情的能力,以建立明确的目标和行动方向。客户的选择需要基于持续行为改变的意愿,并通过化学反应式会议与教练进行适当匹配。

教练过程必须简单,需要用实用的语言和工具来表达,而不是用复杂的想法来使教练驱动的洞察力变得容易理解和有效。通过系统化教练,个人有能力建立和扩展他们的思维模式,而团队则在探索能产生组织成果的新的存在和行动方式时承担情感风险。

总结

一个有影响力和变革性的系统化教练过程提高了个人和团队的意识。

正如这位人力资源总监所担心的那样，一些高管离开了公司，去寻找更有利的空间来推进自己的目标和职业生涯。通过与工作场所以外的生活建立情感联系，这家公司的元目标深深扎根于以印度家庭为导向的坚实基础之上。

案例研究6：公司转型故事

[墨西哥] 英格拉·坎巴勒德洛（Ingela Camba Ludlow）

5年前，我和一家移动公司的老板坐在一起交谈。他对一个基于特定教练模式的建议很感兴趣，因为这个教练模式包括与公司的多个层面进行互动。他的父亲在50年前创办了这家公司，现在由家族的第二代人管理着公司。他当时的具体目标是重获市场领导地位，确保客户获得更高质量的服务。公司最近的努力集中在员工发展上，并成功地达到了全行业最高的忠诚度。

这家公司由纵向互动的董事、经理和一线员工组成。当前的第一项任务是组建一个领导团队，共同指导、沟通和制定战略。这个团队从来没有像这样合作过，尽管有多次互动是他们日常任务的一部分。

培训计划最有价值的部分是与整个领导团队的个人教练对话和团队教练课程。最初，个人教练关注的是他们是谁、他们的历史、他们最喜欢的工作是什么，以及什么工作难以应对。这种个人反思空间对于加强他们作为个人存在、克服不确定性和保留意见，以及帮助他们重新展现自己的愿望和面临的必要挑战至关重要。这也对于他们准备在集体对话中诚实和勇敢地做出贡献至关重要。然后，我们作为一个团队进行了类似的对话。这让团队和我自己都能够在由个性、规则和信念组成的复杂网络中，发现他们的集体愿望和价值观，以及他们的共同目标，并拥有自己独特的动力。这也提供了测量系统"温度"的好处，这个系统从整体上看起来是健康的。

对公司所有者和他身边的董事们来说，一个重要的发现是，公司由微系统组成，每个微系统都有自己的规则和联盟，这些规则和联盟不与他人自由互动，类似于中世纪的争斗，受到保护但有围墙。有趣的是，忠诚和妥协在当前现状的起源中起了很大的作用。这些团队如此专注于寻找最佳的方式来应对他们密切的环境需求，以至于他们无法看到他们认为自己职责范围之外正在发生的事情。

大多数规则都集中在调查在过程中是否存在任何异常，尽管这在部门之间产生了明显的冲突，但没有采取任何措施来阻止它。所有部门和中高层管理人员都需要教练工作。

在整个过程中，有3个问题至关重要：

- 你必须做哪些工作？

- 谁是你的客户和利益相关者？

- 你自己的工作和经营方式对公司里不同的人有何影响？

有趣的是，这些对话开始后，对系统影响最大的人觉得没有改变的可能，认为他们对"公司"旧方式的忠诚阻止了任何改变。比如，有以下一些评论，"多年来，我们一直是一个非常成功的企业……为什么要改变？""我需要其他部门的人了解我工作的重要性，这样他们就能遵守我对他们的管理和控制要求"。这种情况很常见。一旦参与教练过程中，领导团队是产生最大影响的变革团队。挑战现状总是被认为是一种威胁。我特别记得在第一次课程上，一位离退休还有两年的经理向我提出了质疑，抗议他为什么需要在工作中交朋友（这是他解释不同层次合作的方式）。不到一年后，这位经理的团队和经营业绩发生了最深刻的变化。他成了这个教练过程的最佳倡导者，也是团队其他成员的榜样。当他退休的时候，他有一种莫名其妙的感觉，他仍然和以前一样，但是他对此感觉不同。他是对的。他不再像他自己那样思考，而是将自己作为一个动态生活系统的一部分。

在整个过程中，有两个因素非常重要，这两个因素涉及许多不同级别和团队的教练对话。第一个是，我与他们见面的每一天都至少要与领导团队进行一次会面；第二个是，在每次谈话中，尽管眼前的问题迫在眉睫，但人们都意识到他们的工作如何影响他人的工作、效率或生活，不管对话是针对个人、部门内部还是跨部门进行的。

5年后，事实证明有关教练活动方案的所有努力都非常成功，并在以下领域产生了有意义的成果：

1）业务

即以一种可持续多年的方式为客户提供最高质量的服务。在教练过程开始之前，公司的客户服务结果已经恶化。消费者的期望已经改变，而公司在之前无法应对这一市场变化。尽管他们尽了最大努力，但仍未能满足消费者的期望，这确实让团队感到意外。通过实施教练活动，客户满意度有所提高，达到创纪录的水平（消费者对销售的满意度从最初的80%上升到现在的97%），并成为行业的基准。

2）整体团队动态利用了以下关键价值

- 信任。跨部门和级别的持续互动使得信任作为文化的一部分得以增长。这在许多方面都成了一种美德：分享发现和想法，开诚布公地解决冲突或预见潜在的冲突，鼓励个人寻求帮助，甚至更好地创造新的可能性。

- 灵活性。修改或改变要求的意愿。这使得董事和经理能够根据业务需要以更快的方式做出决策。

- 共情。从其他团队的角度考虑生活和工作的可能性，并采取行动实现这一新愿景。

这些都是相互关联的价值观。未来几年的挑战将是加强这些新的能力。

作为一项建议，确定对教练方案成功起关键作用的人至关重要。他必须能够参与关键决策并帮助整个组织提高认识。

最后，所有这些工作都考虑了组织的互联系统、不同级别的员工、利益相关者和客户。我们需要关注的下一个重要步骤是让人们意识到如何在考虑环境和社区的更大系统中积极互动。

案例研究7：为全球性公司提供全球教练服务

［英］尼克·史密斯

一家全球产品公司更换了首席执行官，并希望研究如何最有效地外包全球200强高管培训。即将上任的首席执行官要求人力资源团队解释他们自己之前尝试实施的教练"长凳"所创造的价值。人力资源部门很清楚，外包教练需要提供多种好处，并为通过以下原则分配的预算创造明确的价值：

- 全球"教练活动"的一致性。
- 人力资源部门在其他发展活动中所使用领导力原则的一致性。
- 教练的个人需求和公司的组织需求之间的一致性。
- 成本的透明度和对增加的价值进行定性分析的能力。

为了满足这些需求并为教练供应商提供增值，我们必须：

- 与公司讨论并协调他们将如何在内部确定谁有资格接受教练，以及适用的标准。
- 建立和管理一个外部高管教练的全球团队。
- 建立评估教练优势的方法。
- 找到向组织反馈全球不同教练关注的文化主题的最佳方式。

教练的目的是什么

正如斯蒂芬·科维（Stephen Covey）在2004年所建议的，我们需要从终点开始。公司希望教练将个人发展与组织发展联系起来。因此，我们决定领导者需要创建一个业务案例来获得教练，并阐明为什么教练比其他发展方法更有效。每个业务案例都与领导者的人力资源业务伙伴一起开发，并由学员的直线经理签署，这使得个人发展变得明确，并提醒直线经理正在尝试改变行为。这为公司创建了一个明确的目标，即支持领导者适应企业不断变化的环境，从而让领导者发展领导行为所需的相应变化。因此，公司负责确定由谁来实施教练和设定目标。

建立全球高管教练长凳

让每个人都以同样的方式进行教练既不实际也不可取，所以我们创造了一种共同的核心教练方法，无论他们接受什么样的训练，教练都会接受。这5条标准线为：

- 将个人目标和业务目标联系起来。
- 运用假设，而不仅是感觉和行为。
- 在课程中创建快进排练，以体现新的行为。
- 更多的使用教练获得的数据，而不是外部报告的数据。
- 致力于系统化和内部个人教练。

我们已经有很多以前从事过教练工作的教练人员，所以他们的入职非常简单。为了在特定地区建立我们的资源，我们通过我们自己的网络寻找其他有经验的教练。候选人需要完成一份半结构化的问卷，并阅读5种核心方法。然后每个教练都要接受一个一小时的线上课程，在这个课程期间，首席教练反馈他们是否需要成为替补；如果是，在什么情况下我们可能会考虑使用他们。重要的是要清楚我们对新教练的反馈，这样我们就能模拟出我们期望的教练类型。

为了提供持续的支持，在每份教练合同期间，会为每名教练提供一小时的督导课程，并且对他们哪些工作做得好，哪些需要改善进行年终评估。

教练过程

这项服务提供了两个潜在的教练，学员在一个简短的化学反应式会议后从这两个人当中选择；然后，被选中的教练会收到经学员同意的业务案例。作为签约过程的一部分，教练与学员和他们的直线经理将举行三方会议，对需要改变的行为达成一致。然后，两人都根据双方约定的变化对学员进行评分：他们现在如何评价学员，以及学员在哪些方面的评分使他们被认为是成功的教练。有一份14小时的初始协议，但如果公司同意，可以延期。

大约在教练过程实施到一半的时候，教练人员和教练督导者会得到一个一小时的督导课程，为教练人员提供支持，并允许对教练质量进行检查。最后，鼓励教练人员再举行一次三方会议，讨论已经达成一致的初始变化，并根据教练当前的行为对这些变化进行重新评估。这可以对教练带来的变化进行一些定量和定性评估。只要有可能，还可以获得教练反馈，并将其上传到公司内部网上，以促进公司教练文化的发展。

从所有教练活动中创建组织学习

大约每年，我们都会创建一个包含以下要素的组织评审：

- 通过人力资源部门，我们构建了一个半结构化的调查问卷，寻找在过去一年中接受教练的行为模式和更广泛的系统化教练模式。我们请教练将这家公司的高管及其问题与他们合作过的其他公司的高管进行比较，以获得更广泛的行业比较。我们还添加了一两个人力资源可能需要反馈的具体问题（如对新的领导力标准产生了什么影响）。

- 当数据返回时，督导者会引出广泛的主题，确保学员的个人机密不会被泄露。

- 将这些主题发送给教练进行合理性，并且安排两个覆盖所有时区的电话会议。

- 在每次电话会议上，目的不是重新访问原始数据，而是通过共同构建这些数据来改进我们对正发生事情的理解。同时，收集更多的模式分析数据。

- 最后，督导者修改最初的主题，并为人力资源创建组织学习成果审查，通常伴随着督导者和人力资源主管之间的简报会议。

增值教练活动

在8年的时间里，这家公司已经能够：

- 跟踪教练费用。

- 开始量化教练影响。

- 了解教练活动的发展方向。
- 了解高层领导面临的问题。
- 支持领导者在动荡的业务环境中迎接不断变化的领导力挑战。

有关教练活动如何鼓励高管人员转变行为的报道更加具体。通过回答问卷，我们收到了学员和直线经理关于积极影响产生的反馈。教练服务部门定期收到8成到9成问卷对他们各个地区的教练质量进行评估。86%的教练认为他们实现了最初三方签约会议设定的主要目标。因教练活动带来的业务影响和绩效改进包括以下几个方面：

- 公司内、外部有更好和改善的冲突解决结果。
- 特定领导者对业务机会有更大的把握能力。
- 在同事大力支持下，一个重大而复杂的项目得以完成。
- 学员的个人发展计划显示，与以前相比，他们的个人业务贡献显著增加。
- 根据年度员工调查反馈，一些教练在团队领导方面取得了显著进步。
- 领导者对员工发展的改善导致较低级别团队业绩完成的连锁改善。

结论

当教练活动被恰当地嵌入公司的业务战略中，并且通过对业务系统需求的理解得到支持时，个人教练的增值就会很高。它为个人、团队和整体业务提供服务。它还通过教练所持有的有关学员的策略重点，提醒企业注意其环境和利益相关者。